CICIR 中国现代国际关系研究院中青年学者纵论

新视野下的国际货币体系变迁及中国货币战略

徐飞彪◎著

时事出版社

图书在版编目（CIP）数据

新视野下的国际货币体系变迁及中国货币战略/徐飞彪著. —北京：时事出版社，2016. 2
ISBN 978-7-80232-894-5

Ⅰ. ①新… Ⅱ. ①徐… Ⅲ. ①国际货币体系—研究②货币史—研究 —中国 Ⅳ. ①F821. 1 ②F822. 9

中国版本图书馆 CIP 数据核字（2015）第 320468 号

出版发行：时事出版社
地　　址：北京市海淀区万寿寺甲 2 号
邮　　编：100081
发行热线：（010）88547590　88547591
读者服务部：（010）88547595
传　　真：（010）88547592
电子邮箱：shishichubanshe@ sina. com
网　　址：www. shishishe. com
印　　刷：北京市昌平百善印刷厂

开本：787 × 1092　1/16　印张：23. 25　字数：292 千字
2016 年 2 月第 1 版　2016 年 2 月第 1 次印刷
定价：88. 00 元

序　　言

国际货币体系是国际金融和贸易的基础。随着经济全球化的深入发展，国际货币体系已成为影响世界经济稳定发展的重要因素，进而影响世界的和平稳定。历史经验表明，公平合理、稳定有序的国际货币体系，能为全球和谐发展提供良好“公共产品”；反之，失衡无序的国际货币体系，则是世界经济混乱与动荡之源。2008年那场史上罕见的“金融海啸”，以及之前的亚洲金融风暴等系列重大金融危机，充分暴露了现有的以美元为核心的国际货币体系存在严重问题，亟待调整完善。对此，国际社会要求改革当前国际货币体系的呼声持续高涨，从未停歇，但因为众所周知的原因，改革至今遥遥无期。如何推进现有货币体系改革，如何改善全球金融治理，是摆在世界各国人民面前的重大课题。

然而，“青山遮不住，毕竟东流去”。世界发展潮流浩浩荡荡，最终会以不以人的意志为转移的方式和方向前进，不可阻挡。越是困难重重，其所积蓄的力量也就越大。时代发展到今天，世界政治经济格局已出现巨大变化，一方面，在旧的国际秩序框架下，世界经济仍未走出危机阴霾，严冬并未过去；另一方面，中国等新兴经济体群体性崛起，各种新型的国际金融组织不断涌现，国际货币金融体系在酝酿着越来越浓厚的春天气息。

首先，危机爆发7年后的今天，世界经济仍面临结构性问题的严重困扰。世界经济增长依旧乏力。2015年极可能弱于上年，国际货币基金组织（IMF）继7月调降世界经济增速，10月再次调降至3.1%，为近年最低。全球增长分化加剧。在发达经济体阵营内，美国经济“一枝独秀”，持续稳健复苏，但欧洲、日本等其他发达国家增长遇阻，而新兴市场总体将延续过去数年走缓势头，面临内外部风险上升。世界贸易与投资增长持续低迷。据经济合作与发展组织（OECD）统计，2015年全球贸易增长率仅为2%，低于过去数十年均值，全球投资同样不振。世界经济形势严峻，加大国际货币体系改革的难度和复杂度，但也显示改革现有国际经济体系的迫切性和重要性。

其次，中国、印度等新兴大国持续活跃，在国际舞台上的影响力不断增强。虽然新兴经济体面临持续走缓和结构调整的压力，但其国际影响力和发展潜力并未受到根本削弱。国内外客观条件的变化使中国经济进入“新常态”发展阶段。作为世界第一贸易大国、第二大经济体，中国在“新常态”下顺利实现调整转型，对中国自身的经济持续发展意义重大，并且可以为世界经济增长注入新的动力。虽然6.5%—7%的中低速增长率低于往年，但中国仍是全球增长较快的经济体，仍是拉动全球经济的主要发动机。随着“十三五”规划的颁布实施，中国正稳步迈向“全面建设小康社会”的光明大道上。此外，中国还加大“走出去”步伐和对外开放，发起“一带一路”宏大倡议，加速推进人民币国际化进程，并与印度等其他新兴和发展中国家一道，发起“亚投行”、“金砖银行”等新型国际金融机构，成为近年国际经济的一道亮丽风景线。所有这些都是现行国际体系重要的积极的补充，也间接推动现有国际货币金融体系的改革完善。

因此，国际货币体系虽然是“老问题”，但新的国内国际背景，又赋予该领域研究以新的意义。徐飞彪同志长期致力于国际经济金融问题研究，作为年轻一代学者，在众多选题中选择明显已被“过度开垦”的国际货币体系问题为研究对象，颇具勇气；同时，立志打破经济学与政治学的窠臼与门户之分，尝试用政治与经济相结合的方法来探索国际货币变迁的逻辑，又颇具创新精神。

一是角度较新。国际货币问题，从来就是经济学家、货币学者、政治理论家等热讨论的问题，并有其各自角度的解读，一直不乏黄钟大吕，从来不缺名家大腕。但即便如此，正如作者所说，该领域仍然有诸多“空白”和未解之谜，至今仍缺乏有力度和说服力的解释。作者以市场为起点，深挖市场、权力与制度之间内在逻辑关联，从而构建国际市场、国际权力和国际货币体系三者相互作用相互关联的新理论分析框架，无疑具有一定创新性。

二是观点较新。新视角新思维，往往容易带来新发现和新观点。细读本书，不难发现一些新的观点和闪光见解，比如权力与市场的边界、国际货币制度选择空间、国际货币制度的中心—外围结构、国际货币体系的量变质变进程、国际货币体系“三步走”改革路径、货币霸权的利弊转折点等。

三是材料较新。作者显然在该领域的研究过程中，阅读了古今中外大量的相关资料，具有较丰厚的文献积累。尤其是在关于当前国际货币体系改革、人民币国际化最新进展、“一带一路”发展战略等问题上，作者充分发挥其在中国现代国际关系研究院的动态研究和政策研究的优势，紧跟形势，广泛取材，具有鲜明的时代特征。

当然，新尝试总是伴随高风险。作者在前言、绪论与后记中，也坦承该书存在尚待后继补充完善之处，比如：新框架仍不够精细，相关理论论点的论证仍显粗糙，案例分析的史料收集与分析仍有加强空间，相关实证分析还须加强，对中国货币战略的构想仍可进一步优化等等。但总体而言，瑕不掩瑜，本书的理论创新之处值得嘉许，本书的理论梳理和对策建议有较大借鉴意义，作者的大胆探索精神则更值得肯定。

是为序，以为鼓励。

郝如玉

2015 年 11 月 16 日

目　　录

第二部分　案例剖析

第三部分　前景与应对

前　言

国际货币体系问题是“老大难”问题，同时又攸关世界各国福祉。有关国际货币体系的研究文献可谓浩如烟海，其中不乏凯恩斯、哈耶克、蒙代尔等经济学巨匠的力作。本书是本人博士论文的扩展和升级。2014 年，本人的博士论文有幸被选为中国现代国际关系研究院两篇优秀论文之一，并因此获得现代院出版基金的资助出版。坦率地说，以国际货币体系为选题，存在很大风险，需要一些勇气。风险之一，在这个大腕云集、“过度开垦”的领域，可能很难提出新见解。风险之二，题目中冠有“国际货币体系”一词，有贪大求全之嫌，在当前“以小为美”的时代，可能吃力不讨好。

但思虑再三，决定不改初衷。其一，货币问题是我一直感兴趣的议题，我硕士论文即与此相关；参加工作后，国际货币问题也一直是我研究的重点。其二，以“体系”为题，并非“题目过大”。“大题目”之所以不受欢迎，往往是指内容过于广泛分散，过于空洞抽象，使得研究难以集中深入，而本论文重在研究体系本身，对汇率问题、收支调节问题等货币体系各环节并不深究。研究对象的“大”并非题目分散空泛。三是迄今为止，虽然该领域已有非常多的研究，但仍不“解渴”，许多问题仍无让人信服的解释。目前，该领域研究主要以经济分析为主，较少有政治经济相结合的综合性分析。正如罗伯特·吉尔平（Robert Gilpin）、罗伯特·基欧汉（Robert Keohane）等大师所言，仅仅用经济学视野分析国际问题，有巨大理论缺陷。K·W·罗斯柴尔德（Kurt Wilhelm Rothschild）强调，“权力”应是经济学研究的重点问题，但目前将权力与市场等因素相结合，系统综合解释国际经济问题的著述少之又少。因此，国际货币体系问题仍有值得研究的“空白”。

正如古代寓言所说，路边无人采摘的李子必然苦涩。果然，我在研究中发现，要想在“空白”或该领域“裂缝”中有所斩获，要付出比预想多得多的艰巨劳动，我一度曾想到过中途放弃。但广泛艰辛的苦读，还是让我获得一些灵感，这其中包括：亚当·斯密的“两种市场理论”、马克思演绎资本主义政治经济学的方法、吉尔平对经济学和政治经济学之间区别的论述、尼尔·弗格森（Niall Fenguson）的“政治与经济相结合才能理解现代社会”论断、道格拉斯·诺斯（Douglass North）的“制度是理解政治与经济相互关系的关键”以及“市场是人类社会最好的制度之一”，罗伯特·蒙代尔（Robert Mundelly）和罗纳德·麦金农（Ronald Mckinnon）关于国际货币体系整体的理论模型，以及米尔顿·弗里德曼（Milton Friedman）、苏珊·斯特兰奇（Susan Strange）、金德尔伯格（Charles Kindleberger）、曼瑟尔·奥尔森（Mancur Olson）、巴里·艾肯格林（Barry Eichengreen）、本杰明·科恩（Benjamin Conon）等大师的精思妙想。通过对名著的反复咀嚼，我的研究思路逐步清晰，那就是以制度为主线和抓手，分析国际货币体系变迁背后市场逻辑和权力逻辑，从而将政治和经济两大因素综合在整个分析框架之内。

基于此，本书分三部分：第一部分构建基于权力与市场的国际货币体系分析框架，即市场和权力相互交叉渗透，形成合力，推动国际货币体系（制度）的发展演变；制度发展具有相对独立性，对市场和权力产生反作用。第二部分是案例研究，通过剖析金属本位和主权本位的国际货币体系历史，探讨推动国际货币体系兴替的动力和发展规律，对所构建的理论框架进行解释和检验。本书认为，美元本位制、美元霸权和“深嵌的西方自由主义”是当前国际货币体系的核心。第三部分是前景和对策研究，分析当前国际货币体系的缺陷及其发展前景，提出“三步走”的长期改革路线图，最后分析了当前国际环境下中国面临的机遇和挑战及中国的货币战略构想（该部分的写作中，中国大数据问题专家、龙信数据集团董事长李钰先生对本部分写作提出许多宝贵建议，并在一定程度上亲自介入部分内容的修改完善过程）。

将市场、权力和制度相结合，使我获得一个分析问题的新视角，也让我在梳理分析国际货币体系变迁的历史、现状和前景时，有了与他人不同的看法。虽然所有这些探索仍处在初步阶段，相关观点仍显稚嫩，但我对本人所选的道路和方向满怀信心。

绪　论

货币是不能拿来开玩笑的，不能仅仅交给中央银行家……1873 年的铸币法中删掉了一行字，就把某个国家的政治和经济搞糟了几十年——实际上近乎决定了国家的发展方向。

——米尔顿·弗里德曼，1994

毕竟，一国的货币是该国主权的明确宣示。

——路德维希·艾哈德，1969

无论如何，亚洲区域新的货币安排很可能在未来数年内出现。该货币安排由北京锚定，其特征、实践和规范将显著不同于"二战"后的美国模式。

——乔纳森·科什纳，2014

2008 年国际金融危机的爆发，使当前国际货币体系的弊端暴露无遗。七年过去了，危机阴影徘徊不去，世界经济持续下滑，国际金融动荡频仍，大国博弈复杂激烈，国际货币改革任重道远。世界经济病根何在？什么样的国际货币体系才是合理的？为何改革久拖不决？未来该向何处去？中国如何应对？等等，这一系列问题，当前无疑仍需要深思求解。

一、新一轮大讨论掀起

国际货币体系关乎世界经济稳定与发展，相关研究古已有之，近现代以来著述更丰。此前，有关国际货币体系完善和改革的大讨论，至少已有三轮：19 世纪末 20 世纪初关于金本位和复本位的讨论；20 世纪 30 至 40 年代围绕“二战”后国际货币体系的讨论；以及 20 世纪 60 至 70 年代关于“后布雷顿森林体系”的讨论。一轮比一轮广泛激烈，牵涉政府高官、学术精英、商界巨贾和黎民百姓等社会各大阶层。

2008 年，美国“次贷”问题引发 20 世纪 30 年代“大萧条”以来最大的国际金融危机，至今仍持续蔓延深化，对世界经济带来巨大冲击。2015 年 7 月，国际货币基金组织（IMF）再次下调本年度的经济增长率至 3.3%，为近年来的新低。[①] 10 月，IMF 再次下调全球经济增速至 3.1%。美国经济在 2013 年之后逐步走出衰退，经济持续温和扩张，经济表现“一枝独秀”，但仍面临结构性难题，前景仍存在不确定性。[②] 欧洲经济或长期陷于泥潭，在经济二次探底和“欧债危机”冲击后，欧洲央行（ECB）接连出手相救，包括欧洲金融稳定工具（EFSF）及欧洲稳定机制（ESM）、长期再贷款操作（LTRO）、“直接货币交易”（OMT）以及 2014 年出台的大规模量化宽松（QE）等多种全新手段，向市场投放空前救助资金。欧洲经济几经波折最终探底回升，2014 年达到 0.8% 的正增长，但 2015 年中，希腊债务危机再度爆发，

① “IMF,” Slower Growth in Emerging Markets, a Gradual Pickup in Advanced Economies”, *World Economic Outlook Updated*, July 2015, http://www.imf.org/external/pubs/ft/weo/2015/update/02/.

② Lawrence H. Summers, U. S. Economic Prospects: Secular Stagnation, Hysteresis, and the Zero Lower Bound, Business Economics, Vol. 49, No. 2, Feb. 2014.

欧洲经济不得不遭受新一波的严峻考验。日本经济已经再次探底，“安倍经济学”在2014年6月正式射出“第三支箭”后，2014年第二、第三季度大幅度负增长，在第四季度和2015年第一季度回升后，2015年第二季度再度负增长。日本经济欲振乏力，要走出通缩和增长困境难度增大。大型新兴经济体自2013年以来持续下滑（印度经济经调整后，于2014年回升），整体潜在增长率不断下降，据IMF预测新兴市场和发展中经济体的增长将由2014年的4.6%放缓至2015年的4.2%。在美不断释放升息信号的刺激下，国际资本大规模流出新兴市场，大宗商品价格持续大幅下跌，新兴市场货币集体跳水，金融市场巨幅动荡，险象环生，新兴市场已由之前世界经济增长主要动力转变为主要风险源。金融危机的“后遗症”日益显现，表明全球经济和货币体系结构性老问题并未解决，新问题却不断出现。

（一）危机爆发引起国际社会新一轮的激烈讨论

危机初期，国际社会关注重点是危机救助和金融监管等问题，但随着危机的深入，有关重塑国际货币体系的呼声高涨，国际上有关经济与货币金融主导权的新一轮国际博弈拉开帷幕。欧盟打响第一炮。2008年10月，欧洲首脑法国总统萨科齐、德国总理默克尔和英国首相布朗等在欧盟布鲁塞尔峰会上，呼吁建立国际金融新秩序，改革当前国际金融体系。新兴经济体也提出自己的诉求，主张推进国际货币体系改革。2009年3月23日，周小川发表《关于改革国际货币体系的思考》署名文章，明确指出当前国际货币体系的内在缺陷和系统性风险，力主创建超主权国际储备体系，当前应充分考虑特别提款权的地位和作用。[①] 俄罗斯等立刻热烈响应。当月底，俄总统助理阿尔卡季·德沃尔科维奇称“俄中立场相近”，俄支持建立超主权储备货币。到目前为止，主要大国中除了美国等少数国家之外，都赞同对现有体系进行改革，实现国际货币体系的“再平衡”。

国际组织层面，亚欧首脑会议[②]、联合国、国际货币基金组织等相关会议和组织均纷纷跟进，提出改革国际货币与金融体系的建议，其中联合国组建“国际货币与金融体系改革专家委员会”，由约瑟夫·斯蒂格利茨（Joseph E. Stiglite）领衔负责研究、讨论和评估各项改革方案；多次召开高级别会议并发布报告，提出改革全球货币体系的看法。[③]。国际货币基金组织（IMF）加大了对国际货币体系改革的研究，并在2010年2月开通有关改革的专门网站[④]。最具权威性的国际组织当属二十国集团（G20）。2008年11月，二十国集团在美华盛顿召开危机后首次峰会，全球金融体系改革被列为重要议题，欧盟、中国等提出改革当前国际货币体系主张，但由于美国的原因，本次会议最终仅涉及国际

---

① 周小川：《国际金融危机：观察、分析与应对》，北京：中国金融出版社，2012年10月版，第26—30页。该文章也得到部分国外专家的支持，如彼得森国际经济研究所的弗雷德·伯格斯滕（Fred Bergsten）于2009年4月撰文称，应认真对待周小川的提议。

② 2008年10月24—25日，第7届亚欧首脑会议在北京召开，发布《第七届亚欧首脑会议关于国际金融形势的声明》，宣布各国领导人对国际货币和金融体系进行全面改革的决心。温家宝总理提出三条改革建议：增加发展中国家在国际金融机构发言权和代表性；扩大国际金融体系监管，增加对主要储备货币发行国监督；建立合理的国际金融救助机制。

③ 2008年10月20日，时任联合国大会主席米格尔·D. 布洛克曼宣布建立专门专家组；2008年10月底、2009年3月、2009年6月联合国举办多场高级别会议，提出建立新布雷顿森林体系、建立新的全球储备体系等主张。

④ 参见 http：//www. imsreform. org.

货币基金组织的改革，其他重要问题均未涉及。[①] 直到2010年6月多伦多峰会，提出“建立更稳定和更有韧性的国际货币体系”，之后韩国首尔峰会、法国戛纳峰会等都将国际货币体系改革列入议程，其中，法国当选为轮值主席国时，将国际货币体系改革列为优先议题。2011年3月底，法国还推动在中国南京召开有关国际货币体系改革的高级别研讨会。但是近年来，随着国际金融危机最危险期的过去，国际社会有关国际货币体系改革的动力加速流失，G20的作用和地位下降，功能日益虚化，“愈来愈偏离核心目标”。[②]

尽管国际社会对当前金融危机的讨论已经过去了7年，但并没有结束的迹象。国际货币与金融体系并未进行根本性变革，国际经济基本矛盾没有解决，国际货币体系改革问题仍是摆在全世界人民面前的重要课题。2015年12月，美国会在巨大外在压力下，终于批准了久拖不决的IMF份额改革方案，但此次调整也只是对制度的微调，美一家独大和一票否决几乎不受影响。对此，本书拟在国内外现有的研究基础上，以更广时空背景和思维视角，对国际货币体系变迁路径、机制及其背后的动因等进行进一步梳理，并对当前国际货币体系困局、发展前景和改革路径进行探讨。

（二）解决当前困境亟需新思路

“金融是现代经济的核心”，而货币是金融的核心，国际货币体系则是世界经济与金融的核心。“货币是经济中一个非常重要

① 此次G20峰会，萨科齐等质疑美元的世界地位及当前国际货币体系的合理性，中国国家主席胡锦涛提出四点建议：一是加强国际金融监管合作；二是推动国际金融组织改革；三是鼓励区域金融合作；四是改善国际货币体系。

② “G20正偏离其核心目标”，《华尔街日报》中文网，2013年4月22日。

的因素，甚至货币制度中出现的一个微不足道的变化，也会对经济产生深远而预料不到的后果。”[①] 但多年来，因国际货币体系弊端丛生，国际金融动荡不居，世界经济因此屡遭冲击，给包括我国在内的世界各国带来巨大损失。而且，国际货币老问题没有解决，新问题却又不断蘖生，新老问题叠加共振，加剧世界经济困境。因此，拓宽思维，厘清国际货币体系演变的内在逻辑，探讨国际货币体系未来发展路径，有助于更好应对当前国际货币迷局，把握前进的方向，因而具有重要的现实意义。

当然，货币问题本身是复杂的问题，历经数千年，至今仍然是人类社会探讨不完的话题。“货币是一个引人入胜的研究课题，因为它充满了神秘与自相矛盾……欺骗性反复出现。”[②] 与国内的货币相比，国际货币问题更具复杂性。由于国际社会的“无政府性”以及各国政治、文化的多样性，货币的各种职能均得到扩展。随着世界经济全球化的加速发展，国际货币体系越来越成为理解国际经济运行的关键环节。此外，货币体系是个复杂、综合性历史现象，不仅牵涉经济、金融因素，也关乎政治和权力。“在市场经济中，货币已经触及经济生活的每一方面，因此它不可能不对政治产生影响。”因此，研究货币问题“应对经济和政治历史进行全面描述”[③]。同时，货币涉及利益分配、国家权力和福利等问题，任何社会政治因素的变动，不可避免将对货币体系造成冲击，影响货币制度的选择及其运行。自民族国家产生以来，国家垄断货币发行，权力便是货币制度、货币价值的内生性

① ［美］米尔顿·弗里德曼著，安佳译：《货币的祸害——货币史片段》，北京：商务印书馆，2008年5月版，第261页。

② ［美］米尔顿·弗里德曼，安娜·施瓦茨著，巴曙松等译：《美国货币史（1876—1960）》，北京：北京大学出版社，2012年6月版，第497—498页。

③ ［美］米尔顿·弗里德曼，安娜·施瓦茨著，巴曙松等译：《美国货币史（1876—1960）》，北京：北京大学出版社，2012年6月版，第2页、第482页。

变量。货币控制权从一开始就被视为政府权力的一个根本性因素，是实力的象征，是展示至高无上权力的手段。[①]货币在历史上早已成为政客手中的“骰子”，权力的介入，改变了货币的演进进程。[②]从某种角度讲，“货币即政治”[③]。研究国际货币制度安排，离不开对国际政治问题的考察，但是，目前国内外从政治与经济相结合角度探讨国际货币体系的研究成果并不多见。货币理论大师米尔顿·弗里德曼在写作《美国货币史（1867—1960）》的过程中，将未能把政治与经济结合起来研究货币问题引为“痛苦的”憾事。[④]因此，拓宽思维广度，从更广义上将权力与市场选择等作为变量纳入货币体系变迁的研究，具有重要理论意义。

二、文献回顾与述评

国际货币体系是一个古老又长青的研究课题，古今中外相关研究文献很多。总体而言，主要有两类文献：一是以国际货币体系为独立对象的宏观研究，但数量不多；二是对国际货币体系某方面内容进行的专门研究，比如有关货币本位制度、汇率调整机制、货币合作、货币制度改革、货币国际化、货币制度发展历史等方面的专门研究。下面围绕国际货币体系历史演变、变迁动因、未来走向、运作机制、利弊影响等，对现有文献做分类梳理

① ［英］弗里德里希·冯·哈耶克著，姚中秋译：《货币的非国家化》，北京：新星出版社，2007年8月版，第27—28页。

② ［英］弗里德里希·冯·哈耶克著，姚中秋译：《货币的非国家化》，北京：新星出版社，2007年8月版，第196—198页。

③ 何帆：“货币即政治”，《嚣张的特权：美元的兴衰和货币的未来》（巴里·艾肯格林著，陈召强译）前言，北京：中信出版社，2011年12月版，第1—4页。

④ ［美］米尔顿·弗里德曼，安娜·施瓦茨著，巴曙松等译：《美国货币史（1876—1960）》，北京：北京大学出版社，2012年6月版，第2页。

和简要述评。

(一) 关于国际货币体系及其演进

目前，理论界对“国际货币体系”的界定尚不统一。国际货币体系（International Monetary System），也称为国际货币制度（International Monetary Institution）、国际货币体制（International Monetary Regime）或国际货币秩序（International Order）等。很多时候，这些称谓是相互混用或可替代使用的。一般而言，国际货币体系有广义和狭义之分。广义而言，国际货币体系是国际货币的发展格局，以及支配国际货币关系的原则、规范、规则、治理等的总和；狭义而言，国际货币体系是就是指国际交易、支付和结算活动所适用的货币制度。[①] 因此，国际货币制度、国际货币机制与狭义国际货币体系高度重合。而国际货币秩序则是比较大的国际关系概念，是指整个国际货币体系运转的框架和背景，是建立在一定国际格局和国际政治背景下各种规则、规范、法律的总和，因此该概念与广义国际货币体系有所重叠。[②] 关于大家对国际货币体系有不同看法，第二章将有更具体的阐述。综合各

① 参见陈彪如、戴金平等国内学者的定义：陈彪如：《国际货币体系》，上海：华东师范大学出版社，1990 年版；戴金平、熊爱宗、谭书诗：《国际货币体系：何去何从?》，福建：厦门大学出版社，2012 年 10 月版等。一些国际学者也持类似看法，如萨姆尔森和诺德豪斯（2004）认为国际货币体系是跨国交易的支付活动所经由和遵循的规则体系，皮尔比姆（Keith Pilbeam，2006）将国际货币体系定义为规范国家之间金融关系的一系列惯例、规则、程序和组织的总和。

② 罗伯特·蒙代尔（1972）首次对国际货币体系（System）和制度或秩序（Order）进行明确区分，认为“体系”是多个实体的集合，是根据实体间依据某种规则进行相互交易、相互联系的网络，因此国际货币体系就是各国进行相互交易、相互联系的一种机制和制度。而“秩序”是一套法律、惯例、规章和规则，是整个体系运转的框架和背景，国际货币体系是国际货币制度或秩序的具体表现和实际运作。

家观点，国际货币体系是指国际交易支付、结算等所应遵循的制度体系。

国际货币体系是不断演进的体系，但学界对于国际货币体系的发展阶段的划分标准有不同认识

一是四阶段论，即认为国际货币体系发展至今，共经历4个阶段。有学者认为国际货币体系历史始于19世纪70年代，先后经历国际金本位时代、国际金汇兑本位时代、布雷顿森林体系时代和当前的牙买加体系。陈彪如（1990）认为，研究国际货币体系应从国际金本位开始，随着世界经济以及资本主义的矛盾发展，国际货币体系历经国际金本位体系、金汇兑本位制、布雷顿森林体系，发展到当前的“无体系的体系”。姜波克（2009）认为，第一个国际货币体系是国际金本位制，之后历经两次大战间的过渡期、布雷顿森林体系和牙买加体系。

二是多阶段论，即认为国际货币体系演进超过4个阶段。如，戴金平等（2012年）认为，国际货币体系的开端可上溯至1870年，历经8个阶段：国际金本位（1870—1914）；国际金本位过渡时期（1914—1925）；国际金汇兑本位制（1928—1931）；美元、英镑、法郎三足鼎立阶段（1931—1939）；布雷顿森林体系（1944—1971）；过渡阶段（1971—1976）；牙买加体系（1976—1999）；后牙买加体系（1999—当前）。[①] 一些学者认为国际货币体系还应追溯到更早远年代。巴里·艾肯格林（2008）认为，国际货币体系的历史是否以19世纪70年代划线值得商榷，准确地说这只是国际金本位的历史开端，而国际货币体系历史应该包括更早的发展阶段。罗伯特·蒙代尔（2003）将国际货币体系划分为：金银复本位时期（1815—1873）、金本位时期（1873—

① 戴金平、熊爱宗、谭书诗：《国际货币体系：何去何从?》，福建：厦门大学出版社，2012年10月版。

1896）、脱离金本位阶段（1914—1924）、美元本位阶段（1936—1973）、有管理的美元体系（1985—当前）。金德尔伯格（1992）从更远视角考察了国际货币演变历史，从中世纪拜占庭帝国的金币和文艺复兴时期威斯尼杜卡特和佛罗伦萨佛罗林（地区性国际货币），到西班牙比索、荷兰盾、英镑、美元，国际货币演变历史久远。[1]

关于国际货币体系发展的驱动因素及发展前景，也是仁者见仁，智者见者。恩斯特·哈斯（Ernst Haas，1983）[2] 认为，国际货币制度的产生发展是各经济体相互依赖和交往孕育出来的。在相互依赖的国际货币关系中，当面临外部冲击时，利益相关方就会出现权力和责任的冲突和协调问题，需要协商有关行为的规则和准则，从而发育出正式或非正式的国际货币制度。陈彪如（1990）认为，决定国际货币体系变迁历史脉络的根本动因是世界政治经济发展不平衡规律，因为相对统一的国际货币体系需要一个强国货币为中心货币，随着该中心国的兴衰起伏，国际货币体系也将变动不居。未来国际货币将呈现美、欧多强并立局面。金德尔伯格（1992）认为经济发展和霸权国的崛起推动国际货币体系发展变化，当一国经贸快速发展，该国实力增强，该国货币将逐渐成为他国经贸金融交易使用的货币，该国成为世界经贸与金融的核心和主导国家。经济、国际政治包括战争往往是推动国际货币格局变动的力量。当前美元独霸的格局难以持久，因为美国地位下降难以避免，国际货币体系未来格局演变方向具有不确定性，但极可能在经过一段时期的过渡期后，由某新兴大国取代

---

① ［美］查尔斯·金德尔伯格著，徐子健等译：《西欧金融史》（第二版），北京：中国金融出版社，2010 年 10 月版，第 488 页。

② Ernst Haas, Words Can Hurt You or Who Said What to Whom about Regimes, in Stephen D. Krasner ed. *International Regimes*, Ithaca": Cornell University Press, 1983, p. 23.

美国地位。蒙代尔（2003）认为，国际政治经济格局决定国际货币格局走向，其中超级大国因为具备否决权而具有决定性作用，但体系内其他各国的货币合作也影响货币体系稳定与发展。未来数十年，欧元、日元、人民币等将崛起，挑战美元地位。艾肯格林（2004、2005、2008）称国际货币体系的演进只有在较少情况下是全球各国共同协商的结果，而主要是在政治民主化和经济自由化的推动下，世界各国渐进和自主性选择的历史进程。[①] 一般而言，一国货币制度安排通过“网络外部性”影响其他国家，导致越来越多的国家选择该制度安排，最后蔓延至全球。在此过程中，各国既受当前形势影响，也受历史的惯性作用（即路径依赖）。由于国家数量众多，且各国历史文化相异，国际货币体系改革必然是复杂、高成本的集体行动，离不开政治权力的介入。当前国际货币体系是美元为主导的多元货币竞争的格局，美元在欧元、人民币等冲击下，地位逐步下降，但主要货币无序竞争导致当前货币体系崩溃的风险上升。罗伯特·吉尔平（2001）称，国际货币体系的运作机制反映各国利益，因此该体系的运转离不开政治介入。[②] 由于当前国际货币体系无法协调政策，无法实现合作与监督的制度化，各国为了自利无序竞争，除非找到政治解决机制，否则国际货币体系前景不明朗。

---

① Barry Eichengreen, The Dollar and the New Bretton Woods System, The Henry Thornton Lecture Delivered at the Cass School of Business, Dec. 15, 2004; Barry Eichengreen, Sterling's Past, Dollar's Future: Historical Perspectives on Reserve Currency Competition, NBER Working Paper, NO. 11336, May 2005; Barry Eichengreen, *Globalizing Capital: A History of the International Monetary System* (Secondary Edition), Princeton University Press, 2008.

② Robert Gilpin, *Global Political Economy: Understanding the International Economic Order*, Princeton University Press, 2001.

（二）关于当前国际货币体系的缺陷及其改革方案

当前国际货币体系是“无体系”的货币体系，对各方面运转机制均无国际普遍认可的规则，也被认为已经不适应世界经济发展的需要，有必要进行改革。一是内在不稳定性。当前体系只是布雷顿森林体系解体的无奈承认，并没有解决之前体系的固有矛盾和缺陷。舒尔迈斯特（Schulmeister，2000）、斯塔尔（Starr，2004）以及联合国贸发组织等称，美元的“双重角色”是当前国际货币体系动荡的重要原因。由于当前国际货币仍是单一主权货币，美元既充当国内货币，又充当国际货币，两者必然会有冲突，而美国往往优先国内目标，带来世界经济动荡。夏斌、陈道富（2006）、奥坎波（Ocampo，2007，2009）、拉戈（Isabelle Mateosy Lage，2009）等认为，当前体系下，虽然美元与黄金不再挂钩，国际主要货币汇率浮动，但“特里芬难题”并未消失，各国对流动性和储备资产的需求与储备货币国收支逆差的矛盾无法化解。斯蒂格利茨委员会（UNPGA，2009）、樊纲（2006）、黄泽民（2008）、余永定（2009）等认为当前国际货币体系下，各国地位不平等，各国权利与义务不对称，美国霸权及储备国缺乏约束和监督，使得国际货币体系在流动性管理和货币纪律约束等方面，均存在制度性根本缺陷，国际合作缺乏基础。二是不公平性。货币体系的核心国家享受过多好处，但承担义务过少。奥坎波（2007，2009）指出，美国作为储备货币发行国，享受巨大“铸币税”收益，以廉价纸币换取非储备国实际资源，低成本获取非储备的金融资源，而其他国家还必须承受储备财富缩水的损失。斯蒂格利茨委员会（UNPGA，2009）称，由于当前货币体系，发展中国家每年须向发达国家转移巨额资本，加剧发展中国家资本短缺问题，其中仅2007年发展中国家输出资本大3.7万亿美元。

至于当前体系的改革方案，各界分歧尤其明显。自二战结束以来，国际货币体系经历数次危机冲击，至少带来三次有关货币体系改革的大讨论，分别是布雷顿森林体系建设之初的大讨论，70年代布雷顿森林体系崩溃引发的大讨论以及本次金融危机引发的大讨论。简言之，大概有三类改革方案：

一是非主权或超主权货币体系。包括金本位、商品本位、特别提款权等世界单一货币方案。罗伯特·巴罗（Robert Barro，1965）、鲁伊夫（Jacques Rueff）等奥地利学派专家、格林斯潘（Greenspan，1966）、林毅夫（2012）[①] 等主张恢复金本位制度，或至少是类似于金本位的非信用货币本位，因为金本位具有稳定、可信、透明、自我调整等优点。哈耶克（Hayek，1943）[②]、本杰明·格雷汉姆（Benjamin Graham，1944）、哈特、卡尔多以及丁伯根（Hart，Kaldor and Tinbergen，1964）等主张建立商品本位。他们认为商品本位制可减少货币实际价值的不确定性，能克服金本位下货币价值波动的缺陷，而且能够遏制货币当局对货币政策的滥用。张五常[③]坚持各国货币与可成交的一篮子物品价格指数挂钩（包括期货或现货）。多名经济学家主张建立全球的超主权货币体系，且该思想源远流长。哈耶克（1937）、凯恩斯

---

① 林毅夫著，余江译：《从西潮到东风》，北京：中信出版社，2012年9月版，第216—218页。

② ［英］弗里德里希·冯·哈耶克著，邓正来译：《个人主义与经济秩序》，上海：三联书店，2003年1月版，第303—317页。

③ 张五常：《货币战略论：从价格理论看中国经验》，北京：中信出版社，2010年1月版，第147—185页。

(1930，1943)[①]、特里芬（Triffin，1969）、库伯（Cooper，1984，1988）等都提出建立世界中央银行，推行全球单一货币的想法。斯蒂格利茨（2003，2006，2009）、周小川（2009）[②]、奥坎皮（2009）等主张逐步扩大国际货币基金组织（IMF）特别提款权（SDRs）在国际货币体系中的地位，取代当前主权货币充当国际储备货币的局面。亚历山大里尼和弗拉蒂安尼（Alessandrini and Fratianni，2009）则建议创立超主权银行货币。拉戈（2009）等提出更激进方案，建议国际组织（不是IMF）发行一种全新货币，不与任何非国家经济及发行机构的资产负债表挂钩，重组国际货币体系。罗森斯维格（Rosensweig，2009）建议建立单一全球货币（SGC，Single Global Currency）。

二是主权货币体系。有学者认为超主权货币在现实中难以推行，应该继续使用主权货币体系，但须对当前体系进行改良。这方面的建议包括：维持当前货币体系、多元储备货币体系，以及改良当前货币体系的种种设想。德意志银行经济学家（Dooley，Folkerts—Landau and Garber，2003，2009）主张现有国际货币体系可称之为"布雷顿森林体系Ⅱ"（Bretton Woods SystemⅡ），是可持续的，不需进行改革。蒙代尔（1997）、弗兰克尔（Frankel，2009）等认为应该将当前美元本位体系推向多元货币体系，包括美元、欧元、特别提款权、人民币等。戴拉米和马森（Dailami

---

① 凯恩斯在1930年《货币论》中提出创立超国家银行，其创立不需创办资本，负债由各中央银行担保，该国际银行经营对各中央银行业务，其资产包括黄金、有价证券、在各央行的垫款等，负债包括各国央行的存款等。各国存款及其创造的流动性被称为"国际银行货币"，用于国际支付和清偿。1943年，凯恩斯提出"凯恩斯计划"，提出"清算同盟"和"世界货币"的设想。2008年金融危机后，一些经济学家重提"凯恩斯计划"，认为凯恩斯设计的多边清算体系，可以避免当前国际货币体系不平衡现象，摆脱美元依赖症，如皮法雷迪（Piffaretti，2009）。

② 周小川：《国际金融危机：观察、分析与应对》，北京：中国金融出版社，2012年10月版，第26—30页。

and Masson, 2009）主张建立一个以美国、欧盟和“金砖四国”为支柱的多元化国际货币体系。艾肯格林（2009）认为多元储备货币体系是相对安全可行的体系，历史上出现过多元货币并存的体系，没有“一家独大”的货币，各货币体系共存很好，没有产生大的危机，而按照当前国际货币体系的自然演进，将来美元地位仍将领先但重要性会下降，欧元、人民币等则会在各自所在地区扮演重要角色。一些经济学家主张对当前货币体系进行“改良”。蒙代尔（1961）、麦金农（1963）等主张实现区域货币合作，成立各种区域型货币联盟，一方面可以避免全球固定汇率的不利冲击，同时又可一定程度上享受固定汇率和浮动汇率的好处。各区域货币加强协调，可以推动国际货币体系步入良性发展。约翰·威廉姆森（John Williamson，1985）、克鲁格曼（Krugman，1991）等提出“汇率目标区”方案，即有关国家设定一组可调整的基本参考汇率，制定一个围绕其上下波动的区是并加以维持，超出该区域就由各国当局进行干预。这样既可以维持国际汇率相对稳定，又拥有一定灵活性。

三是无主权介入的货币自由竞争体系。哈耶克（1978，1986）称金本位具有内在缺陷，而法币本位下，货币价值完全由政府操控，更加危险，因为该货币体系缺乏制约和监督，政府无法及时全面获知市场信息，难以保证能做出理智的判断和决策，而且政府必然受民主政治和利益集团影响，其决策难以代表全民利益。将货币“非国家化”（Denationalisation），改由银行自由发行各自“货币”，一方面可以防止权力的干预，另一方面，市场的选择又会对各自有货币产生约束，使得世界各国能够使用有利世界经济稳定的“良币”。

（三）关于国际货币体系运作机制及其影响的实证分析

国际货币体系的产和发展，由社会经济发展推动，是“内生于历史之中的”[①]。但一旦获得独立性，货币体系的发展便具备相对独立性，并对实体经济产生反作用。国际货币体系的四个主要部分，即储备货币制度、汇率制度、国际收支调整制度以及国际协调与合作制度对实体经济均有重要作用，其中储备货币制度和汇率制度是货币体系的核心，其他处于辅助和从属地位，其功能是维护和调整储备货币和汇率制度运行。[②]

一是储备货币制度的影响。弗里德曼（1991）[③] 就国际金本位、复本位对经济增长的影响作了深入分析，认为国际复本位的消失和国际金本位的确立，对美国乃至世界经济带来不利冲击，导致19世纪80和90年代全球范围的通货紧缩。弗里德曼和施瓦茨（1963）还对20世纪30年代“大萧条”进行研究，发现国际金本位是世界货币紧缩的罪魁祸首。麦金农（2005）对金本位、美元本位体制作了系统研究，认为古典金本位的汇率固定可信，但由于黄金消耗等因素引发经常性的流动性危机，不利全球经济稳定。而当前体系下，由于美元已成为欧洲以外大多数国家的货币锚，因而本质上是美元本位。与金本位相比，美元是有管理的法币，不会引发因货币短缺而导致的流动性危机，但美元本身无稳定锚，长期内缺乏可信度。乔杜里和科钦（Choudhri and

① ［美］巴里·艾肯格林著，彭兴韵译：《资本全球化：国际货币体系史》（第二版），上海：上海人民出版社，2009年8月版，第5页。

② 黄梅波，熊爱宗：《国际货币体系改革：困境与出路》，北京：经济科学出版社，2012年6月版，第7页。

③ ［美］米尔顿·弗里德曼著，安佳译：《货币的祸害——货币史片段》，上海：商务印书馆，2008年5月版。

Cochin,1980)、艾肯格林和萨克斯（1985）、伯南克和詹姆斯(Bernanke and James，1991)、康帕（Campa，1990）等的研究表明，国际经济危机期间，国际金本位制加剧通货紧缩和产出下降。再有一些学者坚持认为实体经济内在因素较货币因素重要。泰敏（Temin，1976）认为大部分货币收缩是货币对产出的被动反映，大萧条的主要根源来自于实体经济本身。

二是汇率制度的影响。目前国际汇率制度主要有三种：固定汇率、浮动汇率和中间汇率。弗里德曼、约翰逊（Johnson)、哈伯勒（G. Haberler)、约瑟夫·加格农（Joseph E. Gagnon)[①] 等赞成浮动汇率制度，认为浮劝汇率可确保一国货币主权和调节经济的空间和手段，具备实现内外部均衡的自动调节机制，政策效率高，有利经济长期稳定和增长。总之，浮动汇率制度的成本较小，而收益巨大，是理想的汇率制度选择。而纳克斯(R. Nurkse)、蒙代尔、麦金农和金德尔伯格等认为固定汇率促进经济贸易和投资发展，有利世界经济稳定和增长。

三是国际收支调节机制的影响。不同货币体系下，国际收支调节机制不同。持久的国际收支失衡，必然冲击一国经济内部稳定和经济增长，不可持续。总的来说，汇率变动、资本流动、储备增减、物价调整、就业波动、产出变化等都对国际收支产生调整作用，汇率、储备和国际资本变动是外部调整手段，而物价、就业与产出变化是内部调整手段，不同调整手段对实体经济的影响渠道和方式不同。纳克斯（1945)、斯旺（T. Swan，1963)、米德（J. Meade，1951)、丁伯根（J. Tinbergen)、蒙代尔和弗莱明、约翰·威廉姆森（1983）等著名经济学家均对国际收支调节的机制及其对实体经济的影响提出了一系列的理论和观点。莱恩

① Joseph E. Gagnon with Marc Hinterschweiger, *Flexible Exchange Rates for a Stable World Economy*, Peterson Institute for International Economics, Sep. 2011.

与米莱西—费雷蒂（Lane and Milesi—Ferretti，2001，2005），蒂勒（Tille，2003，2004），古兰沙与雷（Gourinchas and Rey，2004），奥伯斯菲尔德（Obstfeld，2004）等的研究则表明，经济全球化和金融一体化不断加强的背景下，国际收支自主性调节机制出现新的特点，即国际财富转移效应影响国际收支调节。由于当前世界各国私人投资者和政府持有的外币资产巨大，当汇率和其他资产价格变动时，会导致对外净财富价值巨幅变动，从而影响财富持有国的经济行为，出现全球性的财富转移效应。如果是贸易盈余国的财富转向赤字国，在财富效应影响下，前者支出减少，后者支出增多，促进国际收支的自动调整。总的来说，国际收支调节的目的是保持经济内部和外部平衡，但两者难以兼顾，经常处于冲突状态。在固定汇率体系下，国际收支调节更多是靠牺牲内部平衡来达成。而在浮动汇率体系下，一国经济政策优先考虑国内经济目标，有利于实现国内经济稳定和增长，但在金融霸权主导的体系下，各国国际收支调整的优势、便利以及调整成本具有不对称性，从而影响世界经济整体稳定。

四是国际协调合作与监管体系及其影响。国际货币体系建立和世界经济稳定，离不开国际合作。霸权与国际多边治理都是国际协调合作的形式，都能带来收益，但学者的偏好不同。一些学者认为霸权国是维系世界经济与货币稳定的关键。金德尔伯格(1976)[①] 强调“霸权稳定论”，认为维护国际经济稳定的国际公共物品应该而且只能由霸权国家承担。曼瑟尔·奥尔森（1995）[②] 论证了国际特权集团在国际合作与协调中的重要性和必要性，认为如果没有强权力量或激励性机制，集团中的成员不会为了集团

① Charles P. Kindleberger, International Public Goods without International Government, *America Economic Review*, pp. 1-13, Vol. 76, No. 1, 1986.

② ［美］曼瑟尔·奥尔森著，陈郁等译：《集体行动的逻辑》，上海：上海三联书店、上海人民出版社，1995 年版，第 37 页。

的共同利益而采取合作性的集体行动。罗伯特·吉尔平（2001）[①]认为，能否建立有效的国际货币体系，取决于国际政治与经济合作，由于制度很少“中立”，总是涉及各国经济、政治利益和国际权力的分配，因此，运作良好的国际体系需要由某国或国家集团领导，才能确保国际经济金融的稳定。另一些学者认为霸权国并非唯一关键性因素。蒙代尔（2003）认为超级大国在国际货币体系中具有决定性支配性地位，但离不开体系内其他国家的有效合作，这是决定货币体系是否稳定的关键因素，正是因为各国政策组合的破坏作用，导致了布雷顿森林体系的崩溃。罗伯特·基欧汉（1984）[②]、理查德·库珀（Richard N. Cooper，1989）[③]等认为，“霸权之后”的国际合作是可能的，因为合作带来的巨大利益将激励相关国际机制的创建，并且霸权国家衰落之前所创建体系的维持成本比创建新体系要低；国际协调合作也能带来收益，实现合作目的。吉勒斯和萨克斯（Gilles Oudiz and Jeffrey Sachs,1984）[④]论证了国际协调对各国都能带来显著收益，但各国的相对收益不均衡，如1984—1986年德、日、美的政策协调，分别为三国带来的收益约为各自国民生产总值的0.2%、0.7%和0.2%。其他多名经济学家也都证明了，在面临外部经济冲击时，

① Robert Gilpin, *Global Political Economy: Understanding the International Economic Order*, Princeton University Press, 2001.

② Robert O. Keohane, *After Hegemony: Cooperation and Discord in the World Political Economy*, Princeton University Press, 1984.

③ Richard N. Cooper, “International Cooperation in Public Health as a Prologue to Macroeconomic Cooperation”, in Richard N. Cooper et al. *Can Nations Agree? Issues in International Economic Cooperation*, pp. 178-254, Brookings Institution Washington D. C., 1989.

④ Gilles Oudiz and Jeffrey Sachs, Macroeconomic Policy Coordination among the Industrial Economies, Brooking Papers on Economic Activity, Vol 1, 1984.

国际政策协调与合作会带来巨大好处。①

（四）关于国际货币体系效率、利弊的规范分析

什么样的货币体系是理想有效的体系？什么样的体系符合国家利益？什么样的货币体系是好的或坏的体系？要对国际货币体系进行改革首先要解决此类应然性问题。

一是效率分析。卡尼（2009）认为良好的体系应能有效促进资源分配，促进国际生产的专业化分工，实现世界经济的增长与繁荣，同时有利于分散和管理风险，维护国际宏观经济和金融体系的稳定。格林沃尔德和斯蒂格利茨（Greenwald and Stiglitz, 2006）认为理想的国际货币体系应该是稳定与均衡的体系，稳定是指币值与汇率稳定，避免危机发生；均衡是指能促进各国经济内部和外部平衡，不会导致一国长期失衡。陈彪如（1990）认为健全的体系应该具备以下几个方面的条件：有好的收支调节机制，纠正各国国际收支不平衡；有好的国际储备管理机制，能有效控制国际货币的发行，使之符合世界经济的发展需要；有好的本位货币位制度，能保持货币体系的相对稳定。周文贵和肖鹤飞（2003）认为一个良好的国际货币体系应是公正合理的体系，能促进国际经贸与投资发展，能使得各国按照与各国总体能力相适应原则承担国际失衡调整的责任。周小川（2009）认为理想的货币体系应是：储备货币币值稳定，国际货币的发行供给合理有序并能根据世界经济需求灵活调整；国际货币供需调节超脱任何国家的经济利益。

二是利弊分析。国际货币体系对不同国家的利益影响有差

① ［英］保罗·霍尔德法莱、罗纳德·麦克唐纳著，何璋译：《国际货币与金融》，北京：北京师范大学出版社，1997年版，第139页。

别，学者普遍承认货币体系核心国（储备货币发行国或国际主导货币的发行国）与外围国（储备货币接受国）相比，具有不对称的优势与好处，而外围国则处于被支配、被剥削的地位。罗伯特·吉尔平（2001）认为货币体系是利益结构的反映，是各国为了自身利益博弈的结果，本位货币发行国能够提高其国际地位、增加银行系统收入、提高经济与政治的自主性，避免遭受国际约束。当前，美元本位体制给美国带来许多政治、经济上的好处，如果失去美元的关键地位，这些利益就将失去。阿尔温德·苏布拉马尼亚（Arvind Subramanian，2011）[①] 认为货币霸权国主导国际货币体系及国际结算、支付、借贷和国际储备发行，除了获得铸币税、经济调整成本的不对称优势、廉价国际融资等经济利益外，还具备制定国际规则、制裁或封锁他国经济等政治好处和战略优势，如美国在IMF初创时否定英国“凯恩斯方案”，推行有利于己的“怀特方案”；20世纪70年代，拒绝落实美元兑换黄金及稳定汇率承诺，打破并改变国际货币规则体系；在外交与地缘政治领域，多次利用经济与货币权力，实现其外交战略目标。周小川（2009）[②] 认为储备发行国可凭借其特殊地位获得多种潜在优势：铸币税收入；减少贸易和投资的汇兑成本与风险，有利于促进经贸发展；有利于维护国际金融中心地位；可使用本币对外举债，便利政府和私人部门融资；不必担心对外支付危机；转嫁危机，逃避债务或通过稀释债权转移全球财富等。但是，上述优势总体有限，而且还要承担发行国际货币所带来的代价，其不负责任的损人利己的行为也面临一定约束，比如国内政策调整效果受限，国内经济失衡调整成本增大等。

---

① Arvind Subramanian, *Living in the Shadow of China's Economic Dominance*, Peterson Institute for International Economics Press, 2011.

② 周小川：《国际金融危机：观察、分析与应对》，北京：中国金融出版社，2012年10月版，第267—268页。

（五）关于货币与政治的相互关系

到目前为止，论述国际货币体系的主要是经济学家、货币与金融学者或者经济史学家，因此，他们主要从经济和金融角度切入研究国际货币问题，所讨论内容也主要集中在国际货币的本位制度（比如金本位和金银复本位的优劣等）、汇率制度选择、国际资本流动管理、国际收支调节、国际流动性的供给等细节问题，对国际货币体系的整体研究偏少。他们研究的聚焦点主要是“效率”问题，即哪一种国际货币制度安排是最经济的，最有利于增加各国以及国际社会整体福利，有利于国民经济的内部平衡和外部平衡的调节。

但实际上，任何国际货币经济问题都不纯粹是经济、金融问题，而是与各国政治和国家利益息息相关。单纯从经济和金融角度讨论国际货币体系问题，难免偏颇，无法很好解释现实国际货币体系的演变，更无法准确预测其未来发展。国家、政治及权力等因素是国际货币问题背后的重要影响因素，将经济、政治等因素融合在一起讨论国际经济或政治问题的主要是政治经济学家、国际关系学者以及部分经济学家。最早一代将两者结合在一起的是古典政治经济学家，包括卡尔·马克思等。马克思的《资本论》及其关于货币和国际货币的思想，是政治与经济相结合理论研究的完美典范。第二代是“二战”前后的政治经济学者，其中，匈牙利裔英国经济学家卡尔·波拉尼（Karl Polanyi）被称为国际政治经济学的先驱者，包括对国际货币体系的政治经济学分析。他在《大转型》（1944）一书中，以资本主义统一市场的兴起和发展为主题，分析了英国在维也纳会议后所谓“百年和平”期间的对外政策，提出了应从均势、国家、市场和金本位制四个方面研究国际关系，力图克服国际关系研究中学科分立的缺陷。[①]此外，约翰·梅纳德·凯恩斯曾关注货币与权力、市场以及政治之间的关系，而赫伯特·费斯（Herbert Feis）对第一次世界大战前全球金融的政治经济学研究《欧洲：世界的银行家（1870—1914）》（1930）则堪称经典[②]。

第三代是20世纪60年代之后的一批现代政治经济学家。詹姆斯·布坎南（James Buchanan）创立“公共选择理论”，是政治与经济综合研究的重要开拓，其著名贡献是区分政治学和经济学的适用领域[③]：政治是游戏规则的制订问题，而政策是一定规则框架下的战略选择问题；政治学和社会学探讨什么是好的规则体系，经济学家探讨什么是好的战略选择；介于两者之间的则是政治经济学的领域。曼瑟尔·奥尔森则独辟蹊径，他的《集体行动的逻辑》提出利益集团、政治政策和国家行动的政治经济相结合理论体系。[④] 布坎南、奥尔森等指出了政治与经济结合的一个方向，但他们对国际货币体系的论述并不多。真正形成潮流是20世纪60年代之后涌现的一批国际政治经济学家，包括苏珊·斯特兰奇、查尔斯·金德尔伯格、本杰明·科恩、理查德·库珀、罗伯特·基欧汉、约瑟夫·奈、雷蒙德·弗农（Raymond Vernon）、罗伯特·考克斯（Robert W. Cox）以及罗伯特·吉尔平等大师们开始打破政治学和经济学的藩篱，不断开拓国际政治经济学的新疆

---

① Karl Polanyi, *The Great Transformation: The Political and Economic Origins of Our Time*, 2nd Edition, Beacon Press, March 28, 2001.

② Herbert Feis, *Europe the World's Banker* 1870-1914, Norton, 1965.

③ Boettke, P. J., James M. Buchanan and the rebirth of political economy, in (S. Pressman and R. Holt, eds.), *Against the Grain: Dissent in Economics*, pp. 21-39, Aldershot, UK: Edward Elgar Publishing, 1998, http://onlinelibrary.wiley.com/doi/10.1111/j.1468-0297.2006.01101.x/pdf.

④ Mancer Olson, *The Logic of Collective Action: Public Goods and the Theory of Groups*, Cambridge, Massachusetts: Harvard University Press, 1980.

域，国际货币与国际政治之间的关系开始逐渐交融。其中，金德尔伯格的《权力与金钱：国际政治的经济学和国际经济的政治学》（1970）是一部较早融合国际经济和国际政治论述当代世界政治经济的著作[①]，并于随后系列著作中提出经典的“霸权稳定论”：大国是国际货币体系稳定的基石；19 世纪 30 年代的大萧条是英帝国衰退、美帝国不愿承担霸主地位，导致“霸主缺位”的结果。苏珊·斯特兰奇可谓最早明确呼吁打破国际经济学与国际政治学“相互忽略”状态的第一人，并通过《英镑和英国政策》（1971）、《国家与市场》等著作[②]，提出生产、金融、安全和知识四个方面构成的“结构性权力”是理解国际关系的关键，并强调金融（货币）权力是国家权力的重要方面。本杰明·科恩则是国际货币金融领域政治经济学研究的领军人物，他在 1970 年之前，主要以经济学家角度考察国际货币问题，此后，开始转入政治与经济相结合的道路，他在一系列的著作和论文中[③]，提出了许多

---

① Charles P. Kindleberger, *Power and Money: The Politics of International Economics and the Economics of International Politics*, New York: Basic Books, 1970.

② Susan strange, *Sterling and British Policy: A Political Study of and International Currency in Decline*, London/New York/ Toronto: Oxford University Press, 1971; Susan Strange, *States and Markets*, 2nd Edition edition, Bloomsbury Academic, April 30, 1998.

③ Benjamin J. Cohen, *The Future of Sterling as an International Currency*, London: Macmillan, 1971; Benjamin J. Cohen, *Organizing the World's Money*, New York: Basic Books, 1977; Benjamin J. Cohen, *The Geography of Money*, Ithaca, NY: Cornell University Press, 1998; Benjamin J. Cohen, Money and Power in World Politics, In Strange Power, edited by Thomas C. Lawton, James N. Rosenau, and Amy C. Verdun, pp91-113. Aldershot, UK: Ashgate. 2000; Benjamin J. Cohen, *The Future of Money*, Princeton, NJ: Princeton University Press, 2004; Benjamin J. Cohen, "*The Macrofoundations of Monetary Power*", In *International Monetary Power*, edited by David M. Andrews, pp31-50, Ithaca, NY: Cornell University Press, 2006; Benjamin J. Cohen, "Dollar Dominance, Euro Aspirations: Recipe for Discord?" *Journal of Common Market Studies* 47 (4): 741-66, 2009; etc.

创见，包括首次提出“国际货币的不可能三角”① 等等。20 世纪 90 年代以来，随着国际政治经济学的深入发展，新一代的研究国际货币的政治经济学学者开始涌现，包括埃里克·海雷纳（Eric Helleiner）、乔纳森·科什纳（Johathan Kershner）、戴维·安德鲁斯（David M. Andrews）、托马斯·劳顿（Thomas Lawton）等，提出货币权力是国家权力的重要工具，以及国家如何利用货币权力实现目的等观点②。

（六）简要述评

国内外有关国际货币体系的研究博大浩繁，但是显然有关货币这座迷宫的“探险历程”远未结束③。货币体系是综合性社会历史现象，并且作为一种经济交易制度体系，必将随着时代的变化而“与时俱进”，不断具备新的内容和形式，需要人们总结新的规律。综合而言，现有研究有如下主要特点：

一是专门性研究较多，而系统性综合性研究较少。目前对国际货币问题的研究的专家有两类：经济与货币史专家，以及经济理论专家，但无论前者还是后者，多数专家并未将国际货币体系

---

① 本杰明·科恩在 1993 年提出：资本流动，汇率稳定和货币政策自主性三者是各国追求的目标，但这些目标之间存在冲突，不可能同时满足一国要求，必须有所取舍。

② Jonathan Kirshner, *Currency and Coercion: The Political Economy of International Monetary Power*, Princeton, NJ: Princeton University Press, 1995; Eric Helleiner and Jonathan Kirshner, eds., *The Future of the Dollar*, Ithaca, NY: Cornell University Press, 2009; Eric Helleiner and Jonathan Kirshner, eds., *The Great Wall of Money: Power and Politics in China's International Moneary Relations*, Ithaca and London: Cornell University Press, 2014; Andrews, David M., ed., *International Monetary Power*, Ithaca, NY: Cornell University Press, 2006; Lawton, Thomas C., James N. Rosenau, and Amy C. Verdun, eds., *Strange Power*, Aldershot, UK: Ashgate, 2000.

③ ［美］米尔顿·弗里德曼将货币理论比作“日本式花园”和迷宫。

作为完整的独立对象进行研究，而主要从某个角度对货币体系的某个方面进行专门研究，比如对国际收支调节机制、汇率机制、国际货币合作机制、金本位及其他国际本位制度、某个时期的货币运行历史等的研究。而且，经济史学家的研究在理论上稍显不足，而理论专家的研究往往过于偏重假设、模型和理论抽象，真正做到史论完美结合的综合性研究较少。

二是国际货币体系的时间跨度的局限性。多数专家将国际货币体系历史仅上溯到19世纪70年代，主要将研究集中在近现代这段不足150年的国际货币体系运作和变迁史，而对这之前人类数百年国际复本位或银本位体系的情况，研究较少。至于古代东亚、欧洲和阿拉伯世界等地区货币国际化的深度研究则少之又少。事实上，人类社会有数千年的文明史，货币的跨国使用早已有之，通过广泛深入的历史考察，应能总结、挖掘出更多有关货币体系的“秘密”。

三是国际货币体系研究视角与纬度主要集中在历史、经济、机制等层面，而从权力、制度等层面的研究明显不足。虽然近年来，有关国际货币和国家权力的研究成果明显增多，但总体而言，无论其研究广度还是研究深度，均有待深入。正如乔纳森·科什纳所言，“国际货币权力问题仍然是国际关系领域被忽略的问题”①，到目前为止，许多问题仍然需要深入研究。金德尔伯格从“提供国际公共产品”角度提出国际货币领域的“霸权稳定论”，但该理论已被国际货币的历史实践证明与事实不甚相符，

① Kirshner，Jonathan，*Currency and Coercion*：*The Political Economy of International Monetary Power*，Princeton，NJ：Princeton University Press，1995.

并且逻辑上也存在不少问题。[①] 而新生代学者如埃里克·海雷纳、乔纳森·科什纳等虽然提出更精细的“国际货币权力”体系，但该理论的构建主要建立在“联系性权力”（A对B施加影响，导致B违背自身意志被动行动）假设基础之上，局限在“国家中心主义”的现实主义框架内。这也是苏珊·斯特兰奇一直极力批判的，权力不仅包括联系性权力，还包括“结构性权力”（A通过某种综合性的国际现实存在，使得B选择空间受限制）。并且，随着世界政治经济的发展，跨国企业、国际市场其他参与者等“非国家行为体”也是权力的重要拥有者和实施者。更重要的一点是，他们所提的货币权力，主要是建立在国际货币的细分功能（计价、结算、价值储藏）基础之上，着重分析的是国际货币本身，而不是从国际货币制度体系整体角度分析。总而言之，在国际问题领域，“强调经济力量和政治力量互动作用”的综合研究仍是一个有待深入开拓的较新领域。[②]

四是国际货币体系研究主要以“西方”为中心，无论是研究方法还是实证经验，均以“欧美”为基础。这一方面是因为当前研究主要集中在近100多年国际货币历史，而这段历史“恰好”是西方文明处于顶峰和全球领先的阶段，西方国家也确实处于国际货币体系的核心位置。历时数千年的人类货币发展历史，主要的重大变革性事件也基本发生在西方国家这百余年内。另方面，在经济理论上，西方经济学的基本范式和理论在近现代以来始终占据国际主流，决定国际货币体系研究的“主风向”。但显然西

① 巴里·艾肯格林、佛朗西斯·加文（Francis J. Gavin）等通过大量史实表明，霸权在国际金本位、布雷顿森林体系等的形成和发展中并没有那么重要，至少有相当部分的史实不支持金德尔伯格的论断；理论方面，基欧汉的研究表明，霸权并非唯一提供“国际公共产品”的实体，国家集团或者一定国际机制也可以提供。

② ［美］罗伯特·吉尔平著，杨宇光等译：《全球政治经济学——解读国际经济秩序》，上海：上海人民出版社，2006年1月版，第1页。

方经济学不是货币理论研究的全部。实际上，中国古代、近代有丰富的货币金融思想，比如春秋战国时代管仲的“轻重论”、唐代张九龄“货币私铸”理论、宋代沈括的“货币流通速度理论”① 和纸币理论等等。伊斯兰世界的货币金融理念等非西方世界的相关理论，都可提供丰富的理论营养。中国、伊斯兰世界等相关货币实践的历史，更是可供开发的丰富“资源”。

三、研究思路、方法及主要创新点

（一）研究思路

本书拟在现有研究基础上，以国际货币体系的整体为研究对象，探讨国际货币体系的变迁演进规律，探讨当前国际货币体系发展及改革前景。国际货币体系本质上是国际制度体系，因此，本书拟跳脱当前偏重历史描述和货币体系运行机制层面的分析框架，以“制度”为研究抓手，从权力、市场及制度选择与演变的角度切入，重新梳理研究国际货币体系发展历程、内在规律及未来前景。任何制度体系的产生发展都离不开经济和政治等因素的共同作用，并反作用于政治经济现实，促进现实社会的发展变化，从而为下一阶段制度演变提供基础。

该研究设计的优点：首先，逻辑连贯。以现实世界为起点，各主体通过政治经济互动，产生约束各自行动的制度体系，后者形成后又产生政治经济影响，对主体行为产生作用，形成新的政治经济现实，回到新的逻辑起点。具体如下：国际各主体的政治

---

① 沈括有关货币流通速度理论的相关内容，较 17 世纪欧洲威廉·佩蒂、约翰·洛克的思想早了600 年。

经济交往→国际合作、竞争和博弈→推进国际货币体系的产生、发展和变革→反作用于现实社会→影响现实世界发展→影响各行为主体利益→新一轮合作、竞争与博弈（参见图1）。

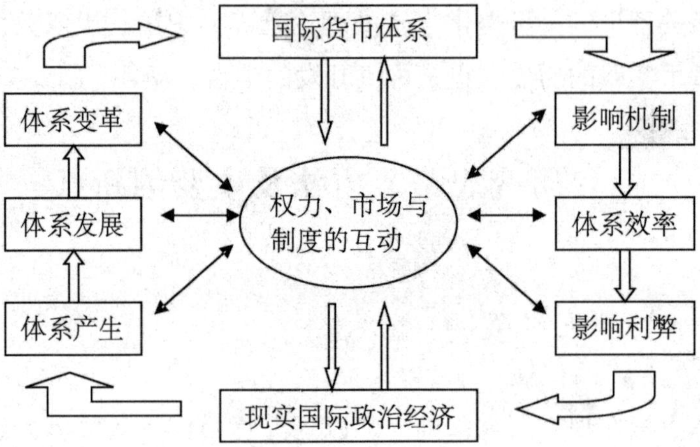

图1　研究思路

其次，突出政治与经济相结合的整体性研究。如何克服现有研究中经济、政治相互分离的弊端，是学界至今仍在探讨的话题。蒙代尔、麦金农和艾肯格林等经济学家从市场选择和运行机制角度对国际货币体系进行了卓越研究，但在政治、权力的影响和作用等方面的研究相对欠缺。基欧汉、吉尔平、苏珊·斯特兰奇等国际关系学者出色地论述了国际制度的产生发展路径，但对国际货币体系的运行机制、对现实社会政治经济的影响，以及这种影响对制度演进的间接影响等论述不足。正如道格拉斯·诺斯所言，“制度是理解政治和经济之间关系的关键”，本书拟通过制度分析，将影响国际货币体系的政治和经济因素统一成一个整体，放在一个总框架内分析，有利于国际货币体系的整体性研究。

（二）研究方法

首先，以唯物辩证法与历史唯物主义为方法论基础。国际货币是一个复杂的历史现象，其产生发展有着不以人的意志为转移的客观规律。本书拟以马克思主义世界观方法论和唯物历史观为指南，从国际货币体系的内在矛盾出发，探讨其演变发展的内在逻辑。此外，如何将政治与经济相结合研究国际问题，一直是当代西方国际政治经济学（IPE）苦苦追寻的目标，而马克思主义政治经济学理论提供了完美范例。马克思从商品与货币基本矛盾出发，经过严密的逻辑推演，得出资本主义必将消亡的宏大结论，其方法值得借鉴。

其次，案例研究法。历史是展开的逻辑，逻辑是浓缩的历史。本书拟在历史研究的基础上，以国际复本位货币制度（在1870 年之前的国际货币体系）、国际金本位体系、布雷顿体系等为案例，进行深入考察，总结历史经验，检验相关理论。

第三，归纳和演绎方法。一是经验归纳法。本书拟在梳理国际货币体系发展历史以及比较研究的基础上，总结共性，探讨货币体系发展变革的基本规律。二是逻辑推演法。为了从总体上对国际货币体系进行研究，本书拟建立一个统一的逻辑分析框架，即集约化的理论模型，作为对现实国际货币体系进行分析研究的基础。对此，本书需要大量借鉴、综合现有的相关理论框架，比如相关制度经济学、国际政治经济学、现代宏观国际经济学的相关理论分析框架。其中，制度选择理论、新自由制度主义理论、新现实主义相关理论等主要用来分析制度的选择、产生、发展和变化，因为国际货币体系本质上是一套国际制度或机制，它的发展演变是在国际大格局内进行的，离不开其所处时代的政治经济发展状况，离不开各种国际行为主体的选择和博弈。而当前国际宏观经济学的理论框架如蒙代尔—弗莱明的开放宏观经济模型、有关汇率决定的货币与资产组合分析模型、有关货币合作及货币体系效率和利弊分析的理论模型等，主要用来研究国际货币体系的运作机制、福利影响等相关实证分析与规范分析。在分析工具方面，要用到经济学的局部均衡分析与动态均衡分析法、博弈理论等。

第四，相关定性与定量研究方法。比如数理统计法、回归分析方法、文献分析法等。本书在历史案例研究的基础上，总结梳理以下有关货币体系运作效率、福利影响等方面的指标体系，需要对时间序列数据进行统计分析，总结规律，验证相关理论假说。另外，除了文献查阅之外，相关问题要进行调查研究和对相关机构与专家进行访谈。

（三）主要创新点和难点

本书的主要创新点（参见表1）主要有：

1. 建立政治与经济相结合，涵盖市场、权力与制度的理论框架。先从市场概念入手，通过对经济学市场范畴的梳理分析，挖掘市场的权力属性和制度属性，从逻辑上将权力、制度因素引入市场概念之中，为实现政治与经济相结合提供思路。在此基础上，本书进一步分析了权力与市场的本质、市场与权力的关系和两者的边界，并以制度将两者统合为一个有机的理论分析框架。

2. 在上述理论基础上，建立关于国际货币体系的分析框架。该框架的最大特点是具有逻辑自洽性：现实经济交易和权力博弈决定制度需求和制度供给，推动制度体系的发展演变，同时制度体系又因其特定结构、功能和运作机制，对现实经济交易和权力博弈产生反作用，从而形成类似于“作用与反作用”的逻辑环。目前国内外的货币史学专家、货币理论家以及国际政治经济学者分别从各自角度，对国际货币体系进行研究，但较少有类似的系统研究框架。在此基础上，本书作者对国际货币体系的概念、国际货币体系的结构、国际货币体系的发展动力提出自己的见解。

3. 对国际货币体系发展演变的历史进行重新梳理和解读。（1）重申并论证了国际复本位体系是国际货币体系的早期形态。本书认为古代社会实际上就已经形成区域性的国际货币体系，如古代欧洲、古代东亚（中国）；进入近代资本主义社会，国际性货币体系正式形成，并经历了国际复本位体系①（1870 年之前）、国际金本位体系、布雷顿森林体系和牙买加货币体系四个主要阶段。（2）论证了国际货币体系的两种演进变化形态：外围制度变化（渐变）和核心制度变化（质变）。前者常变，后者间断性变化，权力与市场博弈是推动变化的动力根源。

4. 提出货币霸权的成本收益理论。货币霸权使货币霸权国家获得政治、经济等方面收益，也带来一定成本，但货币霸权的收益和成本是多少？什么情况下利大于弊？目前理论界在这方面的研究成果较少。本书建立了可量化的成本收益分析模型，并提出货币霸权收益存在上限，而其成本随着霸权国实力的相对下降不断上升，最终存在一个利弊转折点。权力可在一定程度上延缓或推迟成本的上升，但最终无法改变该趋势。美国当前正处在利弊转折点附近。

5. 提出当前国际货币体系正处在牙买加体系的第 4 阶段（牙

---

① 对于有没有国际复本位体系，学界存在争议。一些学者认为国际复本位体系不是国际货币体系，只有 1870 年之后的国际金本位体系，才是国际货币体系历史的开端。但一些学者有对此有异议，比如尼尔·弗格森、金德尔伯格、艾肯格林和周小川等。本书认为，国际货币体系是国际经济体系内生的产物，并为后者服务。在 1870 年之前，已经有了相当程度的国际经济体系（相应地就有了国际收支问题），也有了国际广泛使用的国际货币，也就有了与此相适应的国际货币与金融规则和制度体系。

买加 Ⅳ），并在分析当前国际货币体系的发展前景时，提出未来国际货币体系将是“群龙无首”的体系，世界经济的不确定性上升，货币竞争与博弈将空前激烈。提出“特里芬难题”并非无法避免，而是可以通过金融、国际投资以及政治协调等综合方式，化解其风险。

6. 提出中国应对当前国际挑战的货币战略构想，认为应加强顶层设计，将货币战略纳为国家大战略的组成部分，以更大视野，处理好大金融与大贸易的关系，处理好与新兴强币和传统强币的关系，处理好新型大国关系，在加强内部经济金融改革的同时，优化国际货币合作和国际战略布局，以维护我国战略利益。

表1　本书主要创新点

序号	主要创新点
1	建立政治与经济相结合，涵盖市场、权力与制度的国际货币体系分析框架
2	分析了权力与市场的边界，阐述了市场的权力属性和制度属性
3	提出国际货币体系的核心与外围双层结构
4	分析货币霸权的成本收益，提出美元霸权当前正处在利弊转折点附近
5	提出当前国际货币体系正处在牙买加体系的第 4 阶段，提出未来国际货币体系将是“群龙无首”的体系，货币竞争将更趋激烈
6	提出可通过大贸易与大金融相结合，规避“特里芬难题”带来的挑战

四、内容结构安排

本书内容分三大部分，包括绪论在内共分七章，具体安排如下：

第一部分为理论框架构建，具体分两章。其中，第一章从一般意义上，对市场、权力、制度等核心概念进行梳理和挖掘，揭示三者之间的逻辑关系，为构建国际货币体系的分析框架奠定基础。在此基础上，第二章对国际货币体系、国际货币制度、货币权力等范畴进行界定和分析，并构建了政治与经济相结合的新的国际货币体系理论分析框架。

第二部分是案例分析，具体分两章，目的是对所构建的理论框架进行解释和检验。其中，第三章重点剖析和研究国际复本位、国际金本位、布雷顿森林体系等三大金属本位制的国际货币体系兴衰历史，分析货币体系的兴替动力和变迁规律。第四章着重分析当前国家主权信用本位制国际货币体系——后布雷顿森林体系的运行模式、发展历程及其本质。本章首先是剖析当前国际货币体系的特点，包括黄金非货币化，法币本位、美元主导地位、国际汇率和收支调节机制多元化等。其次是分析当前体系的制度变迁历程，以及各阶段特点。最后深入剖析了当前国际货币体系的本质与核心，分析了当前国际货币体系的核心—外围结构。与其他学者的研究不同，本书篇章从市场、权力和制度互动角度，对历史进行了重新梳理。

第三部分是前景和应对，具体分两章，主要是根据本书第二部分构建的理论分析框架，分析当前货币体系的缺陷、改革发展前景以及世界与中国的应对策略。其中，第五章首先分析了当前国际货币体系的特点和缺陷，包括不对称性、不稳定性和不公平性等，以及对当前世界经济的不利影响。然后，该章在评论现有各种国际货币体系改革方案内容、特点、可行性及缺陷的基础上，分析了未来货币体系演进的可能路径，并探讨了当前国际政治经济博弈格局下，国际货币体系最可能的发展方向，以及短期、中期和远期前景。最后，第六章提出了中国货币战略构想，根据当前国际政治经济环境及国际格局变化的大趋势，认为我国应对国际货币乱局、促进民族复兴的中长期战略。

第一部分　理论构建

截至目前，关于国际货币体系的学术成果可谓汗牛充栋，但主要是从史学和货币金融理论角度的阐释。而将国际货币从国际政治经济现实当中割裂抽象出来，单纯从货币金融角度解释国际货币金融现象，就像单独研究人体某器官而忽略循环系统、神经系统，以及其他人体组织和器官的相互影响一样，是不可能全面认识国际货币体系运行与演进规律的。正如米尔顿·弗里德曼所言，如果将美国政治因素考虑在内，那么他在《美国货币史》中所揭示的美国货币史将可能是另一番景象。因此，必须将当前国际经济学教科书中的国际货币体系“复原”至世界政治经济整体之中，以政治与经济相结合的角度重新解读国际货币体系，才能看清其“原貌”。正如英国学者尼尔·弗格森所言，政治与经济相结合，是理解社会现象的关键。

也有一些学者从国际政治经济学角度对国际货币现象进行解读，但总体而言，政治与经济缺乏有机联系。至今学术界仍无令人信服的自洽统一的理论体系，能够将两者之间的“鸿沟”填平。

本部分旨在尝试将国际政治和国际经济相结合，建立一个新的理论分析框架，纳入市场、权力等经济和政治领域的核心范畴，并探讨两者之间的本质联系，最终为分析国际货币体系本质及其演变提供新的理论分析工具。本部分包括二章，其中第一章着重分析市场概念，从一般意义上探寻市场的权力属性和制度属性，以及市场、权力与制度之间的内在关联。第二章在此基础上，着重分析国际货币（制度）体系的市场特性和权力特性，以新的视角探讨国际货币体系的本质、结构及其变迁机制，并建立分析国际货币体系的基本理论框架。

第一章

市场、权力与制度

市场和经济力量单独无法解释全球经济的结构和运作。各国的政治雄心和角逐之间的相互影响，包括他们在合作方面的努力，确立了市场和经济力量在其中运作的政治关系框架。

——罗伯特·吉尔平，2001

经济和政治的关系是理解现代社会的关键。

——尼尔·弗格森，2001

经济领域就像其他社会领域一样，我们应当预料到各个人会争取自己的地位，并且利用权力改善个人在经济竞争中的地位，以及尝试从经济中获取权力和影响。因此，权力应当是理论经济学或应用经济学反复研究的课题。

——K·W·罗斯柴尔德，1954

市场是经济学的核心概念，权力是社会学、政治学等的核心范畴，制度则是社会学、政治学、经济学等的重要概念。但是对于市场、权力和制度这三大概念，各学科目前并未给予权威统一的定义，学界均存在广泛争议，至于这三大概念之间的联系则更是较少论述，彼此相互隔离。当前，主流经济理论的基本假设是：首先，市场是促进个人利益和社会总体福利最大化的最有效方式，任何市场扭曲都将带来效率损失；其次，市场有大量“同质”主体（地位与影响平等，其性质都是追求利益的理性人），相互间进行平等竞争；第三，市场是纯粹的利益交换体系，存在于政治“真空”之中，没有外在权力的干预，没有文化、习俗、制度的约束。以上三点相互关联：因为市场主体是理性人，因此在进行交易和配置资源时总会寻求最高效率，以使得利益最大化，进而促进总体福利最大化；因为市场无权力、文化、制度等外在干扰，因此市场主体完全平等，市场主体才能依据利益最大化原则进行竞争。

而这与现实中的货币与市场有较大出入。实际上，作为经济学、社会学和政治学等学科大厦的逻辑基石，市场、权力和制度都是人类社会关系的反映，因此彼此间必有深刻的联系。首先，市场并非存在于“真空”之中。现实世界中的市场总是表现为一定国家或国家间的市场，与国家密切相关，因此市场总是受权力、文化、制度等各种因素左右和制约。政治权力决定市场“游戏规则”，从而决定市场的性质、运作机制及其效果；文化、制度等也影响市场主体行为及预期，因而影响市场行为的结果。市场是“嵌在”一定政治和社会文化体系中的市场。同样是市场经济，英美式的市场经济与日本等亚洲的运作模式不同。同样在欧洲，希腊等南欧国家与英法等西欧国家的市场绩效差别巨大。

其次，市场的主体并非完全“同质”，而往往是多样化的，且相互间地位不平等。一些市场主体拥有比其他主体更多的优势，成为市场主导力量，具有支配和影响其他主体的力量和意愿，影响市场交易的过程和结果，而其他主体则处在从属地位。参与市场交易的主体是多样化的，既包括追求利润最大化的经济行为体如居民个体、公司等，又包括追求政治、战略利益的非经济行为体，如政府或出于非盈利目的的其他行为体，包括国家投资参股的国有企业和准国有企业（包括公私合营的混合企业）。它们一方面有盈利动机，另方面与普通企业不同，体现一定的国家意志，代表国家稳定市场、提供公共产品。因此，市场主体是多元化的，市场主体并非只是“理性人”[①]，而应是“理性的社会人”：作为普通主体（企业和居民），在市场竞争中追求自身利益最大化；作为特殊主体（国家），通过市场实现国家利益最大化，不仅仅是经济利益，还包括政治利益等。

而现实中的货币则不同于一般经济范畴，它既是市场交易媒介，又是权力和财富的象征，具有影响一国经济、政治、军事、文化的属性。从经济角度看，货币是市场和经济体系的血液，联结生产、交换、分配和交换的纽带，是推动社会再生产进程的重要条件；从政治角度看，它是维系社会稳定和发展，影响国计民生，维持统治阶层统治地位的权力工具；从外交和军事角度看，货币还是主权的象征，是扩大国际影响力，支配和影响他国，动员金融资源谋取军事优势的战略手段。因此，从一开始，国家或有影响力的利益集团就介入货币的发行、管理等事务，为货币打上政治烙印。在国际关系领域，以国家为主要单位的国际社会是无政府社会和自助的体系，缺乏决定性权威制定法律法规，不像各国内部那样具有合法的统一的管理者，因此正如罗伯特·基欧

① 现代西方经济学中，理性人假说是该学科的基石，认为在一定的外在预算或其他约束下，理性人总是倾向于具有追求利益最大化或成本最小化。但是，如果市场主体是同质的个人或企业，理性人假说是科学的，可以接受的；如果市场主体多元，还包括国家这样的主体，并且市场是建立在一定政治、文化框架基础之上，那么，用“理性人”假定来推理市场的逻辑就明显具有较大的局限性，难以解释现实世界发展。实际上，目前经济学界已经开始对“理性人”假说进行反思和改造，比如金融学理论开始引入社会心理学等学科的理论成果，承认市场主体不仅仅是纯粹“理性”的，还是“感性”的，受多种非理性因素影响。但到目前为止，经济学界还较少引入“权力”这一社会领域广泛存在的因素（目前有“制度经济学”，但尚无“权力经济学”），本章的目的就是想做一个尝试，将权力、制度概念引入市场，构建政治和经济结合的分析框架。

汉所说，国际关系中大部分事件既有经济属性，又有政治属性。[①]作为国际经济交易媒介和财富储备的国际货币，权力等非经济力量的介入更加复杂，影响国际货币的供给和需求的因素更加多样，需要结合国际政治和国际经济因素予以分析。约瑟夫·熊彼特称，经济分析必须与经济学所无法解释的社会、政治和心理因素交锋，才会取得进展。[②] 罗伯特·吉尔平也指出，“市场是嵌入（Embeded）于更大的社会政治结构中的，这种结构在很大程度上制约着市场在社会和政治事务中的作用和功能，而社会政治和文化的背景大大地影响着经济活动的目的，决定着市场运作的范围。”[③]

本章的目的，是希望结合国际政治和经济理论，纳入权力、制度以及市场等变量，尝试建立新的分析框架，作为解释和预测包括国际货币体系问题在内的国际问题的理论基础。基本思路如下：

本章首先对经济学的“市场”概念进行了梳理，发现古典经济学对市场本身并无严格的定义和系统的探讨，主流经济学为市场概念设定了严格限定，而每一次对市场假说的突破，都带来经济学理论的一次扩展。

其次，从现有“市场”概念出发，引入“权力”因素，挖掘市场的权力属性。然后，引入“制度”因素，强调市场的建立和运行是基于一定制度基础上的，市场本身就是人类社会关系的一

① ［美］罗伯特·基欧汉著，苏长和等译：《霸权之后：世界政治经济中的合作与纷争》，上海：上海人民出版社，2006年12月版，第21页。

② Joseph A. Schumpeter, *The Theory of Economic Development: An Inquiry into Profits, Capital, Credit, Interest, and the Business Cycle*, Cambridge, Harvard University Press, 1934, pp. 4-5.

③ ［美］罗伯特·吉尔平著，杨宇光、杨炯译：《全球政治经济学：解读国际经济秩序》，上海：上海人民出版社，2006年6月版，第64页。

种制度形式，市场具有明显的制度属性。

最后，本章对市场、权力和制度三大概念进行分析总结，概括了三者之间的逻辑联系：市场、权力和制度都是人类社会关系的表现形式，其中市场是在竞争与合作基础上人类相互交换的关系，权力是基于实力与地位等条件下相互影响、支配与控制的关系，制度是以确立对人类行为的共同约束为核心的契约关系；市场在一定权力关系基础上运作，最终在生产、交换、分配、消费等经济环节形成特定的交易关系模式，而权力通过向市场渗透并发挥一定影响得以体现，并实现权力的目的；市场和权力作为人类社会关系的两种形式，相互间不可取代，两者间存在一定界限，但无论是市场还是权力，最终都可固定为某种制度体系，制度一旦固定下来，便具有相对稳定特性。在此基础上，文章提炼出简约的有关制度变迁的理论分析模型。

第一节　不断扩展的市场概念

市场这个概念是经济学的核心概念之一，但对什么是市场，市场的起源、本质和目的等问题，传统自由主义经济学家却没有做出权威统一的解释和深入探讨，而是将之当作不必论证的前提。然而，市场又是非常重要的，是经济学分析的重要基础，通过对市场的逻辑演绎，衍生出货币、经济制度等一系列概念。要分析货币，首先要对推动货币产生、发展的市场进行研究。

梳理经济学的发展不难发现，人们对市场的认识实际上是不断演进变化的，而每次对市场概念的突破，都会带来经济学理论的一次创新和拓展。

一、古典市场概念

传统的市场是无摩擦、自由的市场，一个抽象存在物。现代经济学奠基人亚当·斯密认为，市场的形成是人类天然本性自然而然发展起来的，人类具有“互通有无、物物交换、相互交易”的天性和倾向，而正是这种天性，导致社会分工，导致生产效率提高和剩余产品的出现，推动市场的形成和不断扩大。市场的壮大反过来进一步促进社会分工的深化和广化，促进人类社会的富裕繁华。[①]

其后的经济学家对市场虽然有多种不同的定义，但对市场认识仍具有一定共识：一是人类社会相互交易的平台。经济学家将市场定义为商品交易的场所，或者是有密切商业关系并进行大量商品交易的人（如杰文斯）[②]。阿尔弗雷德·马歇尔在其《经济学原理》中，进一步阐述了市场的空间属性和时间属性：由于通讯、交通、地理等技术条件限制以及不同产品的特性，使得不同地方、不同产品的市场表现形式不同；市场要达到出清和均衡，也需要经历一段时间过程。[③] 二是市场是自我调节、自我纠正、有效运转的机器，受客观规律和普遍原则支配。人类是自然界天生的独一无二的经济动物，为了改善生活水平，开展交易，他们自发创造了市场；但一旦市场形成，它就会依照内在逻辑自组织运转，不需要外来力量干预。三是市场具有有效调配资源的功

① ［英］亚当·斯密著，贺爱军、贺宽军编译：《国富论》，西安：陕西人民出版社，2005年版，第25—27页。

② ［英］阿尔弗雷德·马歇尔著，廉世杰译：《经济学原理》，北京：华夏出版社，2009年1月版，第270页。

③ ［英］阿尔弗雷德·马歇尔著，廉世杰译：《经济学原理》，北京：华夏出版社，2009年1月版，第269—273页。

能。亚当·斯密首先提出，市场是一只“看不见的手”，引导追求自我利益的理性个体。在信息充分、完全竞争的市场条件下，通过价格和供给需求机制，引导个体使用资源生产符合市场需要的产品，购买合适的商品，达到个人效用和利益最大化；而社会层面，因为没有人可在他人不削减福利的情况下增加自己的福利，因而达到“帕累托最优”效应。自此，自由主义经济学以“个人自私自利的活动促进社会福利最大化”为逻辑起点，推演出市场就是“自由放任”秩序，政府完全不能干预个人追求财富的活动。

二、市场范畴的不断拓展

实际上，亚当·斯密的市场概念具有双重性：在《国富论》中提出的市场模型，就像一架精密的机器，自我调节、高效运转，这是“经济人的市场”；但在《道德情操论》中，斯密强调了人类的情感因素，认为人类的感性、情绪和想象捉摸不定，主观性很强，因此作为联结人类交互活动的场所，市场必然具有人文和社会色彩，这是“社会人的市场”。但是斯密之后，出于“科学性”以及其他考虑，主流经济学家主要发展了“经济人的市场”，而市场的社会性被忽略和抛弃了。市场成为无数单纯追求利益最大化的理性经济人，在公平、自由的竞争环境下自主交易的场所，市场成为纯粹、抽象的技术工具。

新制度经济学①等学派的涌现，大大扩展了经济学对市场的理解。1937 年罗纳德·科斯（Ronald Coase）从新的角度，拓展

① 新制度经济学（New Institutional Economics），简单地说是以主流经济学的框架和方法分析制度的经济学，最早由奥利弗·威廉姆森（Oliver Williamson）命名，之所以有一个新字冠在前头，主要是为了和以凡伯伦、康芒斯等老制度学派相区分。

了市场概念，认为古典市场的有效性是建立在市场不存在交易成本基础上的，当市场存在交易成本，其效率将存疑。[①] 他在《公司的本质》一文，重新定义市场与企业以及两者之间的关系，认为市场与企业都是支配资源和组织生产的手段，经济主体可以通过设立企业或通过市场合作进行生产，其中，通过设立企业，以行政指令等方式维持体系运作而花费的成本为“内部交易成本”，而在市场上采购、营销以及订立合同等费用是“外部交易成本”，这两个成本相等时就是企业与市场的边界。[②] 在这里，市场的内涵被拓宽，通过放松传统经济学的理论假设，科斯引入交易成本概念，认为市场作为一种交易行为和过程，是有各种成本的，而非没有过程没有摩擦的体系。此后，市场这个“黑匣子”不断被打开，其内涵越来越丰富多彩。约瑟夫·斯蒂格利茨、乔治·阿克尔洛夫（George A. Akerlof）和迈克尔·斯彭斯（Andrew Michael Spence）等则从市场交易的信息分布角度，指出市场各主题对有关信息的了解是有差异的，掌握信息比较充分的人员，往往处于比较有利的地位，而信息贫乏的人员，则处于比较不利的地位，说明市场交易的过程充满不确定性。

随着传统“市场”范畴的缺口不断被打开，市场的概念越来越丰满，越来越贴近现实生活，也越来越具有解释力（参见表1—1）。市场不再是几何学上抽象的“点、线、面、体”，而是有丰富多彩形态的活的社会组织交往体系。除了完全竞争市场，还有独占市场、垄断市场、寡头市场等不完全竞争市场。此外，不同地点、不同时间、不同产品形态，市场的形态各异。其次，市场作为一种社会经济交往的体系，环境不同，市场的性质也不

① Ronald Coase，“The Problem of Social Cost”，*The Journal of Law and Economics*，Vol. 3，1980，pp. 1-44.

② Ronald H. Coase，The Nature of the Firm，*Economica*，New Series，Vol. 4，No. 16，Nov. 1937，pp. 386- 405.

同，包括市场的效率问题、公平性问题、阶级性问题的。比如，根据现有观点，即使从市场的运作机制角度，市场这只“看不见的手”有时也充满缺陷，存在种种“市场失灵”（Market Failure）现象。市场主体势力不对称（Market Power，Asymmetry）、不完全信息（Incomplete Information，可能会给生产者一种刺激，使他们把某些东西生产得太多，而把另一些东西生产得太少）、外部性（Externality，当某一种消费或生产活动对其他消费或生产活动产生了不反映在市场价格中的间接效应时，就存在外部性）、公共产品（Public Goods，向一部分消费者提供，很难阻止其他人免费搭车，具有非排他性和非竞争性的商品：增加额外一个消费者的边际成本为零，且无法排除人们使用这件商品）、价格粘性（Price Rigidity，价格反应迟滞，不能及时反映市场的真实需求）等，都会导致市场运作发生偏离，市场的运作模式出现变化。

表1—1　不断拓展的市场概念①

不断被打开的市场概念“缺口”	相对应的新学说
1. 交易过程无摩擦，交易主体自由平等同质，交易过程瞬时完成的市场	亚当·斯密首创“看不见的手”的市场概念，即可自我灵活调节自我纠正的市场，可导致个人及社会福利最大化，不需政府干预
2. 交易主体地位不平等，势力分配不均衡的市场	独占垄断、寡头垄断等非完全竞争市场，导致市场的效率缺失和福利分配不公效应
3. 交易进程有摩擦成本的市场	交易成本理论，即交易成本过高，将导致市场无法有效运转
4. 定价和交易过程有一定时间过程，价格变化迟滞的市场	价格粘性理论，价格信号无法引导市场交易
5. 信息分布不完全的市场	信息经济学理论，由于信息分布不完全，市场效率缺失，价格无法反应商品价值，导致市场失灵

① 此表是本人综合古典经济学和现代各经济学分支，初步概括总结的结果。

续表

不断被打开的市场概念“缺口”	相对应的新学说
6. 不同产权制度基础上的市场	产权经济学理论，产权不明晰或产权受到过多限制，会导致市场无法运转
7. 不同社会制度框架下的市场	如马克思主义政治经济学，指出市场在资本主义制度下出现异化
8. 交易商品属于公共产品性质的市场	公共产品理论，即消费的非排他性等特点，导致市场无法运转
9. 交易产品属于规模报酬递增的市场	自然垄断理论，即产品的规模报酬递增，产品供给边际成本递减，因而导致垄断
10. 交易主体有限理性的市场	有限理性理论或次优理论，主体并非总是追求利益最大化，而是多种目标的“满足”

三、市场的基本属性

从前述内容看，市场体系是一个复杂体系，包括市场交易主体、市场交易行为、市场交易客体等要素组成。一般而言，市场具有如下属性。

一是空间属性。市场为人类的各种交易而存在，而市场交易则是在一定的空间内进行的。原始的市场由于交易行为的偶然性，空间地点不固定；随着生产力的发展，劳动分工的深入，剩余产品增多，交易规模不断扩大，市场交易的地点逐渐固定化，开始形成不定期的集市和有固定场所的市场。交易的集约化，有利于寻找交易对象，便于搜集信息，便于集中交易谈判。随着交通、通讯和运输技术的发展，市场的规模也不断扩大，相互间距离遥远的交易主体也能相互交流，市场的空间边界趋于模糊，市场的空间甚至扩大到一个城市、一个省份、一个国家甚至全球。随着信息网络技术的发展，市场的空间再一次嬗变，开始向虚拟空间发展，产生互联网市场。空间是市场交易的重要内生变量，是交易成本的重要组成部分，最终使得市场披上“地缘”色彩。①

二是时间属性。市场交易主体间相互交易的过程，包括搜寻信息、询价、竞价、谈判、定价、签订合同、公证、执行合同、市场交割、仲裁、纠纷解决等环节。交易过程的时间不同，使得市场有即期市场和远期市场之分；交易对象对时间的要求不同，使得市场具有季节性等特征。

三是技术属性。市场交易是物与物的交换，需要各种物质和技术系统支撑才能完成。包括信息技术系统、交通运输和物流系统、交易的媒介系统、交易的清算交割系统、交易过程的认证和程序、评估交易对象的价值和物理、化学、生物特征的度量衡以及其他评估测量系统等。

四是市场的社会属性。市场是复杂的系统，但究其本质，是人与人的交易关系和经济关系，市场的社会属性是其本质属性。前面提到，亚当·斯密认为市场的产生，源于人们之间互通有无、追求利益的需要和天性。人类获取物质利益的手段主要有以下几种。第一，直接向大自然索取。但大自然直接满足人类需要的物品种类和规模十分有限，唯有通过人类劳动，对原材料进行加工生产，才能维持人类生存发展的需求。第二，通过暴力强制、欺诈和自愿贡献等形式从同类获取。但这只能满足极少数拥有特权或者特殊人群的需要，多数人缺乏这个资源和手段，而且这只是财富在不同人群间的分配，人类总财富没有增加。第三，社会高度有组织有计划合作生产。原始共产主义社会是如此。理论上，高度组织化的社会，可以通过计划和合作方式，进行全社会的劳动分工和生产，然后通过配给的方式满足人们多样化需

① 20世纪50年代以来，国际贸易“引力理论”开始发展，强调地理空间对国际贸易流量的影响，比如丁伯根（Tinbergen，1962）等。该理论认为地理位置与国家之间贸易流动存在密切关系，两国双边贸易规模与他们的经济总量成正比，与两国之间的距离成反比。

要。但计划经济主要依靠自上而下的组织推动，容易导致生产积极性能动性不足问题。第四，通过市场分工和交易。通过交易媒介、分散自主、公平竞争的市场经济形式，人们分工合作，将所生产出来的物品相互交换，满足人类多方面需求。上述四种获取物质的形式，前两种显然不可持续；第三种计划经济形式在人类当前发展阶段则具有多种制度缺陷，交易成本过高，不具有现实可行性；而市场经济是自下而上的生产形式，每个个体具有发展生产的积极性和能动性，交易成本最低，在人类社会当前发展阶段，是促进财富增加和增进每个人利益的最佳方式。

无论哪种形式的市场，推动市场产生发展的原动力是人类趋利避害的天性。在任何环境下，人类群体基于天性，总会创造出一个交易市场来。当然，在不同社会政治经济体系下，市场的特点和运作方式会有差异，从而具有鲜明的当地社会的烙印。

第二节　市场的权力属性

市场是一定社会经济背景下，拥有不同身份角色的市场主体相互间的交易关系。经济学的市场概念总体聚焦于市场的效率问题，权力（power）因素基本上被视为“外生”变量而被忽略。但如前所述，市场具有社会与制度属性，本质上是人类的社会经济交往关系。任何参与市场交易的主体都是现实的社会人，不仅仅是逐利的和最求利益最大化的个人，而且是具有一定社会身份（Identity）、地位且生活在具体的社会政治经济关系之中的个人，因此市场是嵌于社会历史和权力关系结构之中的，从而具备权力属性。权力关系不仅仅是市场的“外生变量”，而是渗透在市场体系之内，并通过市场规则体系、市场运作过程影响市场的目的、性质和后果。正如史学家尼尔·弗格森所揭示的，人是政治动物，人们相互间是以血缘、信仰、国籍、阶级、党派等为纽带相互联结，并将自己纳入某个群体中；人类之所以具备政治性，根源于两大天性：一是寻求安全感（群体可为个体提供生理、心理上的安全保障），二是尼采所称的权力欲（统治弱势群体的满足感）。[①] 德国学者马克斯·韦伯（Max Weber）指出，权力是有意图的人类行动的结果，是人类社会活动内在的不可分割的属性，任何一种组织都必须以某种形式的权力为基础，才能实现其目标。市场作为一种社会关系的存在，也是建立的社会权力关系基础上的。

一、权力的基本内涵

学术界对权力的讨论很多，认为权力是社会科学中的重要的概念，比如伯特兰·罗素（Bertrand Russel）认为“权力之于社会科学，犹如能量之与物理学”[②]，甚至称该概念是整合融通人类学、社会学、政治学、经济学、心理学等各门社会科学的核心概念。但人们对权力概念的认识很不一致，具体而言主要有三种说法。

第一，属性说（Property），如亚当·斯密、英国哲学家托马斯·霍布斯（Thomas Hobbes）等，意指做一件事的能力和对一定事物或行为的支配性。该学说的核心观点是，权力是某主体（个人、组织或国家）内在具备的一种特性，这种特性或者是由于该主体拥有的政治经济资源，或者是因为其具有正统性和合法性（包括资历和年龄等），或者是由于其出身高贵血统，并拥有高贵

① ［英］尼尔·弗格森著，唐颖华译：《金钱关系》，北京：中信出版社，2012 年 10 月版，第 10 页。

② Bertrand Russell, *Power: A New Social Analysis*, With a new Preface by Kirk Willis, Routledge (first published in 1938), 2004.

道德品质。[①] 该学说可称为绝对权力观，即权力主体因其自身拥有的资源和道德文化禀赋而具备的力量。

第二，关系说（也称联系性权力），即保持自身独立行动的能力和将自身意志强加于他人之上，强调权力是行动者与受动者之间的一种不平等关系，这种不平等关系也被称为命令与服从的关系。马克斯·韦伯认为，“权力”是指处于社会关系中的行动者排除抗拒其意志的可能性，即一个人即使在被别人反对的情况下仍然具有的以其意志左右他人行为的能力，而与权力相对应的概念是服从。[②] 此外，肯尼斯·华尔兹、罗伯特·吉尔平、罗伯特·基欧汉、约瑟夫·奈等学者基本持这种看法。该学说可称之为相对权力观，即不管各主体的绝对禀赋如何，只要相互间力量分配不均衡，出现一方力量相对另一方的优势，或一方对另一方的依赖性更大脆弱性更高，那么各方就出现某种权力关系。[③]

作为关系性的权力，一般包括四大要素：权力主体（实施权力者）、权力客体（权力行为的对象）、激励或惩罚性的促进行为，以及反应行为（权力实施的结果）。但关系性权力不是简单的一方控制另一方，而是具有层次性的：一是可观察到的可测量的显性权力，即通过决策行为（Decision-making Situation），权力主体促使权力客体去做一件原本不愿做的事情[④]，比如在学校中，老师要求学生完成某件作业。二是隐性的权力。通过“非决策行为”（Nondecision-making Situation），即议题设置行为以及操纵社

① ［英］亚当·斯密著，贺爱军、贺宽军编译：《国富论》，西安：陕西人民出版社，2005 年版，第 329—335 页。

② Max Weber, *Economy and Society*, 2 vols, edited by Guenther Roth and Claus Wittich, Berkeley: University of California Press, reissue, 1978. vol. I.

③ Robert O. Keohane, Joseph S. Nye Jr., *Power and Interdependence* (4th Edition), Princeton University Press, March 2005.

④ Robert Dahl, “A Critical of the Ruling Elite Model”, *American Political Science Reviews*, Volume 52, 1958, pp. 463-469. Dahl 被誉为美国“权力理论之父”。

会价值、信念、仪式和制度程序，权力主体将实际决策范围限定在对主体有利或安全无害的议题上，从而对客体造成支配和影响。[①] 比如学校中，老师规定学生不可质疑学习的目的和意义，不可质疑老师的合法性地位，从而将学生的行为框定在有限范围内。三是潜在性权力，即权力主体运用社会化的控制方式，影响、培育权力客体的偏好和需求，促使他们接受现存既定秩序，将之视为正当、自然、不必更改的固有秩序（所谓虚假共识，使得权力客体没有意识到自身“真正利益”受损，从而没有感到痛苦，但是，一旦权力客体的利益意识苏醒，潜在的冲突就会转化为现实的冲突）。[②] 比如在学校教育，学校及社会反复强调教育的社会价值，以及优秀学生的品质等，使得学生认为完全遵守学校的规章，全面学习掌握所教授的知识是合理的，符合自身利益的，而不会意识到学校传授的知识是否符合自身需要，学校的培养模式是否合理等。

第三，结构性权力说，即在某种结构/体系中蕴含的控制某种结果的权力。这种权力观认为，权力不仅是权力主体改变权力客体的一种“力量”，还是“某一对象能够达成某种结果”的一种倾向或能力，而不在于权力主体有没有采取促使行为，这种能力或倾向存在于某种社会结构之中。[③] 社会结构是指各行动者之间持久的社会关系，在这种关系网络中，各行为主体便存在各种身份（Identity）、职位或社会地位，而这种社会结构使得行为者间存在权力关系。比如，在学校教育中，由于老师和学生构成师生关系结构，老师具有设计教学大纲、制定作业、课堂教学、考

① Peter Bachrach and Morton Baratz, *Power and Poverty: Theory and Practice*, New York: Oxford University Press, 1970, p. 18, p. 43.

② Steven Lukes, *Power: A Radical View*, London: Macmillan, 1974, p. 35.

③ Peter Morriss, *Power: A Philosophical Analysis*, 2nd Edition, New York: Manchester University Press, 2002, p. 14.

试评估等权力。因此，结构性权力又可定义为："社会行为者凭借其所参与的持久社会关系而具有的行动能力"[①]。苏珊·斯特兰奇也提出，不能以能力或资源为基础来定义联系性权力，重要的是"针对…的权力"而非"源于…的权力"。特定社会结构孕育特定权力关系，其中安全结构（维护社会秩序与安全稳定的暴力形式）、生产结构（社会生产的组织方式，比如资本主义生产方式）、金融结构（资金的供给与需求结构）、文化结构（话语权结构和人们的价值观结构）是关键性的结构。权力可以通过"存在"（Being There）得到有效实施，而不必特意利用某种资源或力量优势，或将成本转嫁给对方的方式实现。比如在一个男权社会中，男性虽没有有意控制影响女性的后果，但后者却时刻被这种影响力包围，因为社会结构赋予了男性这种特性，而美国在当前国际社会中，由于其享有的权威而具备这种结构性权力。[②] 总之，结构性权力观认为，权力包括两部分：一是倾向性的能力（Power to），是指"有行为权"，蕴含在某种社会结构中；二是展现出来的能力（Power over），是指"权力行使"，通过权力主体向客体的行为，得以显现。其中前者是后者的基础。[③]

上述各种思想均有合理性，实际上是可以相互兼容的。

首先要界定清楚权力概念的外延边界。实际上，权力与势力（影响力）、权威等概念有差别，但又密切相关。权力是一种影响力，但影响力不一定就是权力；而权威是权力的属性之一，但不是权力的所有属性（其关系参见图1—1）。因此，权力是具有惩

---

① Jeffrey Issac, *Power and Marxist Theory: A Realist View*, Ithaca: Cornell University Press, p. 81.

② ［英］苏珊·斯特兰奇著，肖宏宇、耿协峰译：《权力的流散：世界经济中的国家与非国家权威》，北京：北京大学出版社，2005年10月版，第13—25页。

③ 郭秋永："权力概念的解析"，《人文和社会科学集刊》，第18卷第2期（95/6），第227—248页。

罚性的、可控制结果影响力，这种力量源于自身拥有的软硬件资源（既有资源又有战略意愿），也源于某种可带来权威性的结构。而权力从不同角度，有不同分类：从权力主体看，有公权（Public Power，指国家政府或其他公共部门拥有的权力）与私权（Private Power，指非官方的个人或团体拥有的权力）之分；从权力的源头看，有软权力和硬权力之分；从权力的表现看，有隐形权力和显性权力之分。本书探讨国际货币体系变迁，在未指明的情况下，所涉及到的权力主要指国家权力。

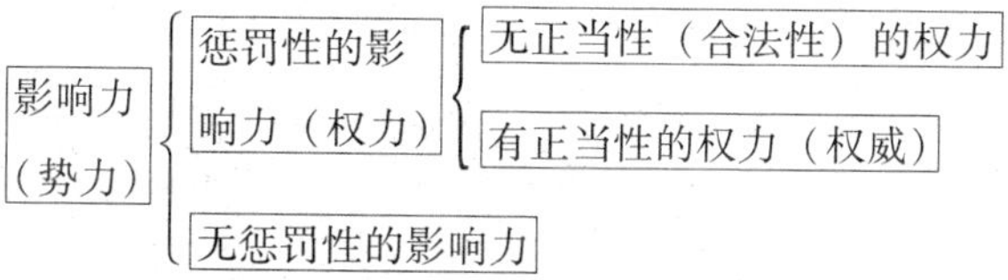

图 1—1　权力、势力与权威的关系图[①]

其次，要明确权力概念的内涵实质。只要人类以群体形式存在，包括家庭、社会组织以及国家，相互之间就存在一定的权力关系。综合言之，权力是一定社会结构之中，权力主体（有权者）对权力客体（无权者）的一种支配和被支配、控制与被控制的关系。这种权力关系首先是权力主体的一种能力属性，即权力主体由于某种社会结构或权力主体拥有的资源、身份等物质上和精神上的优势而具备的某种权势和影响力。其次，这种权力体现在具体的社会交往关系中，主要表现为：特定议题的决策和实施权（A 促使 B 做一件原本不愿意做或不符合其利益的事）、设定议程、规范和规则权（A 决定 B 的行为范围和游戏规则）、思想

① 该图根据郭秋永的文章整理，但是对权力的解释是根据笔者自己的综合理解做出的。参见郭秋永：“权力概念的解析”，《人文和社会科学集刊》，第 18 卷第 2 期（95/6），第 215—267 页。

控制和价值观导向权（A促使B认同并接受有利于A的价值观，并使B未意识到其真正利益所在）；社会结构性权力（A所处的社会结构影响B的决策和行为环境，限制B的选择范围）。实际上，马克思所揭示的权力观与上述内涵是一致的。马克思认为资产阶级在资本主义社会中，通过其拥有的财富、资源以及在资本主义生产结构中拥有的优势地位，加强了工人阶级对资产阶级的依附关系，并且在社会化再生产中不断复制这种权力关系。资产阶级通过生产要素说（资本和劳动都是生产要素，根据市场关系获取收入）、“饭碗说”（即通过给予雇佣工人工作为工人提供生活来源）等理论宣传影响和塑造工人阶级的价值观，使后者认为当前社会制度是合理合法的，而没有意识到自己正处在不平等的社会地位。

二、市场中的权力

自由主义经济学的抽象市场中，市场有大量同质的主体，市场交易主体的社会地位、阶级、民族与国家等属性均被抽象掉了，因此每个主体都是具有“动物精神”的理性经济人；在社会权力结构中，市场主体的地位平等，交易公平公正，市场交易的唯一目的就是满足每个交易主体的私利需求。在这种情况下，市场这只“看不见的手”成为促使社会福利最大化，实现社会经济资源有效配置的最佳方式。但完全竞争市场只是理想中的存在，现实远比理想复杂，多种因素都会对市场的结构、绩效和运作方式产生影响。后来，在爱德华·哈斯丁·张伯伦（E. H. Chamberlin）、琼·罗宾逊（Joan Robinson）等著名经济学家的努力下，经济学放松了市场主体地位平等的假设，提出当市场交易主体彼此间经济实力和地位不平等的情况下，市场将呈现不完全竞争市场（Imperfectly Competitive Market）的结构和特点，即出现独占/

完全垄断市场、寡头垄断竞争市场、垄断竞争市场、卡特尔市场等市场机构，不同形式的市场，供求曲线、市场交易模式及其福利分配效果有很大区别。[①] 不完全竞争市场理论是对传统理论的重大突破，在一定程度上揭示了权力因素（私权）对市场的影响。保罗·R. 克鲁格曼则在规模报酬递增和不完全竞争市场基础上，论证了国际贸易市场并非对每个市场参与者都会带来好处，强势国家可以通过战略贸易手段实现单方面获利。[②] 克鲁格曼的贡献是在一定程度上把国家权力与意志内化于经济模型中，指出国家权力实际上可以"内生于"国际贸易市场之中。当然，不完全竞争理论对市场主体的经济实力不平等的理解仍然局限在经济层面上的（产品供应和需求方规模与实力大到具有一定定价权的情况下，通过单方面决定市场价格和供求数量，形成市场各方的非对称博弈），而且主要探讨权力分布失衡时市场的效率问题，因此经济学对权力和市场之间关系的探讨，无论在广度上还是在深度上均非常有限，但是为我们考察市场的权力属性提供了一个量化的视角。

实际上，市场作为人类相互交往的平台，是"嵌在"一定社会关系结构之中的。市场各主体都是生活一定社会关系网络之内，各自在社会中有一定的身份、地位，从属一定社会阶层；而市场主体的社会地位差异，使得部分市场主体拥有其他主体所不具备的影响力；在理性人逐利动机的驱使下，权力较大的市场主体将利用其权力谋求自身最大利益，并且将不断巩固扩大其优势地位。总之，市场是一定权力关系基础上的市场。市场的权力属性主要体现在以下几个方面。

---

① 范家骧、高天虹：《西方经济学（上）》，北京：中国经济出版社，1994 年 6 月版，第 180—236 页。

② Elhanan Helpman, Paul R. Krugman, *Market Structure and Foreign Trade: Increasing Returns, Imperfect Competition, and the International Economy*, MIT, 1985.

首先，市场交易主体的力量和地位不平等。各市场主体由于拥有资源不同，影响力不同，其市场地位不同，有的是价格决定者，有的是价格接受者，从而决定了其在市场利益分配中拥有不同份额。除了强大垄断集团外，还有更具权力的主体——国家。国家往往并非市场的局外人或“守夜人”，而是市场的深度参与者，直接参与市场的供应和需求，比如国有企业、政府采购等。在国际贸易和金融市场上，尤其如此。据统计，在国际金融市场上，截止2008年2月，国家拥有的主权财富中，央行持有的国际储备资产（包括黄金）约为7万亿美元，而以企业形式或委托企业管理运营的资产（SWF，主权财富基金），约2—3万亿美元，已经超越全球对冲基金（Hedge Funds）的总资产，后者约为1.7万亿美元。[①] 国家对市场的介入和控制，可从根本上影响、主导甚至改变市场格局。这是权力关系中显性权力（A直接影响B行为）的市场体现。

其次，权力制定并改变市场规则体系。诺斯认为任何市场都是建立在制度基础上，但市场交易的标准、规则、机制、程序等市场制度体系不是天生就有的，而是在市场博弈进程中逐渐形成，并由国家通过惯例、法律法规等形式最终逐渐固定下来的。而人类的制度规则，包括“明规则”和“潜规则”，本质上是各主体利益和权力关系的反映，因而从属于一定的权力主体的意志和目的。在各主体中，国家是最主要的居主导地位的主体，它左右并决定着市场体系。罗伯特·吉尔平指出，随着全球化的深入发展，虽然国际政治与经济行为主体越来越多样化，跨国行为主体不断涌现，国家主权的重要性呈现下降趋势，但国家始终是最

---

① IMF（International Monetary Fund），“Sovereign Wealth Funds—A Work Agenda”，February 29，2008.

主要的不可替代的行为体，影响全局并且主导制定游戏规则。[①]当然随着经济全球化的发展，拥有市场规则制定权的主体还包括实力超群的企业集团，比如某行业内的龙头企业，但是与国家相比，后者总体上具有主导地位。经济学上有关权力介入影响市场的一个典型案例是征税和设立市场壁垒，尤其是在国际贸易上，具有权力优势的国家通过设立贸易规则，主导全球贸易体系，获得不对称的好处。二战以来，美欧通过关贸总协定（GATT）/世界贸易组织（WTO）以及地区和双边贸易协定，主导制定全球贸易规则体系，无不体现了美西方的利益。[②] 这是权力关系中，隐性权力（A 设定 B 参与行动的议程、仪式、程序、规则）的市场体现。

第三，权力关系决定市场的目的和性质。马克思主义的市场概念深刻揭示了市场的资本主义属性，即在资本主义社会中，商品、市场与货币性质已经“异化”为人剥削人、人控制人的手段和渠道，市场的目的和性质与前资本主义社会和自然经济社会相比出现质变。不同权力与政治制度体系，决定市场是为谁生产、如何生产、谁从中受益等问题。在战争时期，国家一般会推出战时经济体制，比如二战期间的苏联、英国和美国等，此时无论国内市场还是国际市场，市场的主要目的服从于取得战争胜利以及打击瓦解敌人的目的。当然这里对市场中的国家权力仍然只是非常有限范围的探讨，实际上权力（某些情况下包括私权）具有从根本上塑造市场的能力。这是权力关系中，结构性权力（A 在特定社会结构中拥有的影响 B 的能力）的市场体现。

第四，市场作为人类社会交易的平台，是权力实现其目的的

① ［美］罗伯特·吉尔平著，杨宇光、杨炯译：《全球政治经济学：解读国际经济秩序》，上海：上海人民出版社，2006 年 6 月版，第 11—18 页。

② ［美］罗伯特·基欧汉著：苏长和等译，《霸权之后：世界政治经济中的合作与纷争》，上海：上海人民出版社，2006 年 12 月版，第 138—149 页。

渠道和载体。拥有权力的一方，通过施加影响力，实现对另一方的支配与控制，迫使后者按前者的意志行为或不行为。权力施加影响的渠道多种多样，包括暴力压迫、精神感召等，其中，过市场（交易关系）是权力施加影响的重要手段和通道。广义上讲，暴力压迫和精神感召也可以理解为是一种权力的市场关系：甲方（施加影响者）通过影响乙方（被动者）按照自己意愿行事，获取收益；乙方则通过有违自身意志的行动，避免某种更加不利的后果。

第三节　市场的制度属性

市场并非在真空中存在，而是具有鲜明的社会制度属性。市场主体生活在社会政治、法律及文化意识形态等之中，并深受后者影响；市场交易行为必须符合一定规范，受社会习俗、历史惯例等制约。市场是一种制度性的交易体系，在市场自身力量和外力权力的推动下不断向前演进。

一、制度的概念

“制度”（Institution）虽有不同定义，但通常是指由人类设计的用以安排政治、经济与社会交往的约束①，是指协调各行为主体之间既合作又竞争关系的一种安排。制度一旦制定出来，便具有相对独立的功能，包括对行为者的激励与约束功能、汇聚行为者的预期的管理功能、限制参与者行动选择的范围、减少信息不对称的信息功能等。

---

① Douglass C. North，“Institutions”，*The Journal of Economic Perspectives*，Vol. 5，No. 1，Winter 1991，pp. 97-112.

从外在形式上分，制度的构成要素包括正式制约（法律、规则、协定等）、非正式制约（观念、道德、习俗、惯例、宗教等）以及这些制约安排的实施（组织、程序等）。

从结构层次上分，制度或机制（Regime）包括原则（Principles）、规范（Norms）、规则（Rules）以及决策和行为程序（Procedures）等。[①] 其中，原则是制度的核心，指对事实、因果关系和诚实的信仰，基于一定价值观、道德、宗教和意识形态等因素，确定了参与者的预期和追求目标。比如国际贸易体系中的自由贸易原则、非歧视原则和国民待遇原则等，这些原则是指引参与者行为的基本指针。原则与制度中的非正式制约密切关联，是制度中最持久、最稳定的层面。规范是制度的主体框架，指以权利和义务方式确立的行为标准。规范包含某些比较清楚的关于参与者行为的界限（哪些可为，哪些不可为），并界定了参与方普遍意义上的义务和责任，是判定其行为是否违规的具体标准。比如国际贸易协定中，规定了不能倾销、不能设置关税和非关税壁垒、不能执行歧视性贸易政策等一些禁止性的内容。规则是指对具体行动的专门规定和禁止，规则是规范的具体化和专门化，更加详细地规定了参与者行为特定权利和义务。比如国际贸易中有关海关、卫生检验检疫、监管、环境与劳工等规则。决策和行为程序包括通行的决定和执行集体选择政策的流程、过程和惯例，是参与者相互协商和贯彻执行原则、规范、规则的方式。[②] 基欧汉称，制度是约束性的行为框架，判别制度体系的是否变化的关键点是其相对具体的、在政治上有重要后果、明确具体的“禁制性内容”。上述 4 个方面的内容，虽然都含有禁制性的内

---

① John Gerard Ruggie, “International Responses to Technology: Concepts and Trends”, *International Organization*, Vol. 29 No. 3 (Summer), pp. 557-584.

② ［美］罗伯特·基欧汉著，苏长和等译：《霸权之后：世界政治经济中的合作与纷争》，上海：上海世纪出版集团，2006 年 12 月版，第 55—62 页。

容，但是从重要性看有一定区别，其中：作为核心的原则，最为稳定持久；规范涉及参与者的权利、义务与责任；规则是规范的进一步细化和专门化，可观测性较原则和规范更明显，同时由于涉及具体领域具体对象和内容，也较容易被改变；决策和行为程序则更容易因为具体环境和条件的变化而变化（参见图 1—2）。

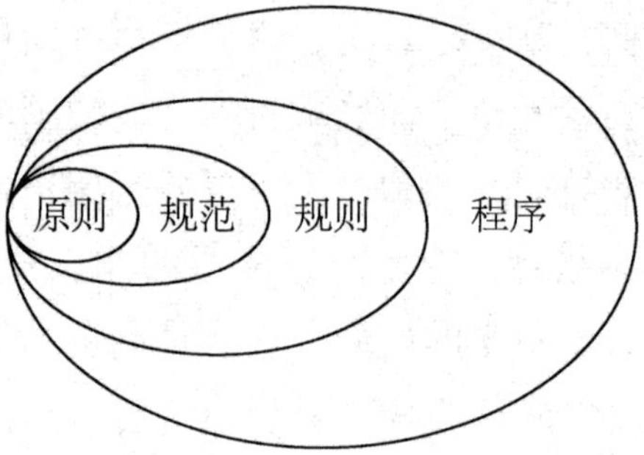

图 1—2　制度的结构层次

二、两类制度观

对于制度的本质及其产生、发展，存在自由主义与现实主义之争。一是霍布斯主义。认为人类社会本质上是“霍布斯状态”，即自私自利的、相互间存在根本利益冲突的群体，而制度为管理冲突共同设立的契约，契约的内容结构反映的是各方力量和利益的结构。当力量结构变化时，契约结构会通过新契约的制定而演变。反映在国际政治上，更是如此。国际社会处于无政府状态，各单位依据丛林法则相互竞争①，合作只是大冲突背景下的权宜之计和力量均势的结果，当力量平衡出现变化，原有的制度被打

① Kenneth Waltz, Man, *the State and War*, New York: Columbia University Press, 1959, p. 159.

破，新制度就会产生。如政治现实主义的“霸权稳定论”[①]，由于国际无政府状态以及集体行动导致的“市场失灵”，霸权是唯一能够也愿意提供国际制度的制度供给方；一旦霸权衰落，国际制度将陷于失序混乱状态，直至新霸权的产生，从而提供新的国际制度。

二是洛克主义，即人类生而自由平等（天赋人权），在理性的自然法则主导下，为了更好地协调彼此之间关系，让渡部分自由权利订立契约。自由主义者天然倾向制度主义，虽然理论基础各有不同，但都认为人类本质上相互依存，为维护共同利益，产生了制度需求；而一旦制度产生，由于制度本身的特点和功能（汇聚参与者的预期、降低信息成本、塑造共同身份等），有助于进一步促进合作，推动制度向前发展。

主流经济学（自由主义）把制度视为“外生变量”，将制度的起源、发展和变迁基本排除在视野之外，任何市场主体在任何时候，在资源有限条件下，依据利益最大化的理性原则参与市场交易。哈耶克将视野打开，提出“自发—扩展的秩序理论”，认为市场制度就像生物演化与自然选择进程一样，是自然演进的过程，在历史中逐渐形成并不断完善。以凡勃伦、康芒斯等为代表的制度经济学和以罗纳德·科斯等为代表的新制度经济学派对市场概念进行新的解析，重新“发现”制度的意义，认为市场本质上是一套制度体系，把制度纳为研究对象。在新制度经济学的话语体系里，制度是一种公共产品，它是由个人或组织生产出来的，即制度的供给；由于有限理性和资源的稀缺性，制度的供给是有限的、稀缺的，随着环境变化或自身理性程度的提高，人们会不断提出对新的制度的需求，以实现预期增加的收益；当制度

① 金德尔伯格、罗伯特·吉尔平、约翰·克拉斯纳等是霸权稳定论的主要倡导者。

的供给和需求基本均衡时，制度是稳定的，当现存制度不能使人们的需求得到满足时，就会发生制度的变迁。

三、制度的供给、需求和变迁

制度是社会竞争与合作的关系框架。极端现实主义者和极端自由主义都存在各自的漏洞，无法解释现实。现实主义者忽略人类存在共同利益的事实，无法解释人类社会稳定的制度演进现象，比如国际贸易，虽然霸权几经起伏，国际贸易制度基本保持稳定，并向更加自由和互利共赢方向发展。自由主义者则存在忽略人类利益冲突和权力斗争的风险，过于理想主义而脱离实际。他们难以解释人类历史频发的大规模战争和冲突现象，以及各种本质上不公平不合理的政治经济制度的存在。因此，应该秉持实事求是的客观态度对待制度现象。应该说，人类社会在稀缺的资源环境下，为了共同生存发展，相互间既存在竞争，又需要合作。市场就是人类既合作又竞争的过程和平台，而这是孕育制度的基础。

首先，市场交易需求创造制度供给。制度是一个社会的博弈规则体系，是人们在互动和市场交易中为建立秩序、降低交易中的不确定性而创设的。[①] 诺斯指出，当利益博弈充分且参与者拥有充足信息，行为主体在理性及利益最大化的动力下，发现如果对现有制度体系做边际上的改变将改善其境况时，市场会自动创造可降低交易成本的制度体系。也就是说，市场力量推动制度创新，当市场不断发展增长，规模经济将为新的制度提供机会，执行新制度的商人的回报提高，而新制度降低交易成本，又进一步

---

① ［美］道格拉斯·C. 诺思著，杭行译：《制度、制度变迁与经济绩效》，上海：格致出版社，2012 年 11 月版，第 3—7 页。

促进市场的发展，制度与市场相互促进。

其次，制度博弈本质上是利益博弈的过程。市场主体并非完全分散、独立的人群组合，而是有团体、阶级、利益集团之分的。马克思分析了市场的阶级特性，认为根本利益相互冲突的工人阶级和资产阶级的斗争贯穿资本主义经济发展史，而作为上层建筑的制度，是阶级斗争的产物，并由阶级斗争推动发展。奥尔森以集体行动的内在矛盾和固有逻辑为基础，以分析利益集团的影响及其作用为主线，认为制度变迁的根源取决于利益集团的形成和发展。利益集团，特别是大型利益集团，是具有明确利益目标的主体，依靠“选择性刺激手段”而具有强大的行动能力，比没有这种手段的集团和个体更易于采取集体行动，从而主导制度的建构过程。[①] 制度是不同利益集团、不同阶级主体博弈的结果，利益博弈推动制度变迁，因而制度的形成过程笼罩着权力的影子。

第三，制度的形成发展离不开权力的介入。除了大型利益集团的干预，制度的形成最终需要公权力。诺斯通过对世界各地市场的考察，发现纯粹的不受外部因素干扰的市场规则体系是不存在的。在原始部落的市场中，由于交易发生在密集的熟人组成的社会关系网络，习俗是市场制度的主要形式，“一种隐含的暴力”确保交易秩序得以维护；随着交易超越村庄，交易对象主要是陌生人群，原有的交易规则难以适用，宗教戒律等更广意义上的规范体系主导市场规则；当市场进一步扩大，长距离远程交易越来越频繁，代理人问题、商业风险问题、交易程序和媒介问题、信息问题等浮出水面，需要国家力量的介入，以建立并维护新制度

① ［美］曼瑟尔·奥尔森著，陈郁等译：《集体行动的逻辑》，上海：格致出版社，2012 年 12 月版，第 5—35 页。

体系。[①] 要维护市场繁荣和经济增长，需要完善产权制度等制度体系，这更是国家理性设计的结果，因为产权等市场制度具有公共产品的属性，而国家作为一个具有合法暴力和自然垄断性质的机构，处于确立和保护产权的优势位置，而且由于国家的规模经济特征，使得由其提供的产权结构的基本规则能够降低交易费用。

20世纪60年代，一些制度主义经济学家如约翰·加尔布雷思等，摆脱个人主义的分析方法，主张从社会制度整体出发研究问题，他认为社会的制度结构问题本质上是权力分配问题。他提出人类经济发展中，谁掌握最重要生产要素，谁就掌握了权力，而不同社会不同时期，最重要生产要素不断演变转移，因而“权力也在转移”。制度的权力因素在此更加凸显。

第四，制度变迁是市场和权力两大力量共同作用的结果。市场是制度产生发展的基本力量，制度的供给源于市场的需要，制度也是在不断扩展的市场和市场力量的博弈中向前发展的。但仅靠市场力量自身，制度不一定能完成自身的演进。马克思认为，制度的发展首先是生产力发展推动，当量变积累到质变的程度，制度变革的时机就基本成熟，但是促成制度变革还需要阶级斗争的推动。新制度主义大师诺斯也认为，制度不一定能自我演化，因为制度具有“网络外部性”（Network Externality）和“内在的路径依赖”（Path Dependance）的惰性，有时需要外力介入，打破力量平衡。北非、中东有很多古老的市场制度，至今仍广泛存在，没有变化；而近现代的西欧则展现蓬勃发展势头，制度创新

① Douglass C. North, “Institutions”, *The Journal of Economic Perspectives*, Vol. 5, No. 1, Winter 1991, pp. 97-112.

迭出，经济繁荣发展。[①] 导致两者差异的主要原因是政治。西欧民族国家产生以来，各政治单位为维持生存相互间展开激烈竞争，包括制度层面的竞争，以促进市场的发展和财富的积累，夯实权力的基础。尤其是，西方在制度发展中，产生了一种促进非人际化交易（Impersonal Exchange，指不是人情化的熟人之间的交易体系，更多依靠第三方介入的制度）的制度框架，更有利于降低交易成本，更具效率和规模经济效应，有利于打破内部的路径依赖。

四、市场的制度属性

首先，任何市场都是"嵌于"一定政治经济制度体系内，并受后者制约。制度确定市场交换的关系和内容。卡尔·马克思从阶级的角度出发，证明了资本主义体系下市场的资本主义制度属性。商品具有价值和使用价值双重属性，商品的生产和交易过程，也就是包含在商品内部的剩余价值的实现过程，从而也是资本主义制度的不断实现和再生产的过程。马克思在《资本论》等经典著作中指出，在社会生产力低下的早期社会的直接产品交换，不具有供给和需求严重脱节的可能性，但随着产品交换发展到以货币为媒介的商品交换，尤其是资本主义经济大发展期，市场的阶级属性凸显。首先，商品内在的使用价值和价值的矛盾外化为商品和货币的矛盾；其次，货币的流通手段职能使商品的买卖在时空上发生了分离与对立；第三，货币的支付手段职能形成了蕴含货币危机的债务链条。由此，一方面商品"内在的矛盾在

① 诺斯考察了原始部落社会的交易、阿拉伯式地方集市经济"苏克"市场（Suq,）以及北非"泽塔塔"陆地远途贸易形式（Zettata，外地人向当地实权人物交保护费换取在当地经商的许可）等形式的市场制度，发现这三种市场制度体系非常古老，至今没有消亡，也很难发生变化。

商品形态变化的对立中取得了发展的运动形式”，另一方面“这些形式包含着危机的可能性”。[①] 于是，资本主义的商品市场包含着不断自我扩张的因素，又包含了自我否定的潜在基因，体现资本主义生产方式的经济制度关系，“一旦与大工业相适应的一般生产条件形成起来，这种生产方式就获得一种弹力，一种突然地跳跃式地扩张的能力”[②]。但同时，这种市场和再生产的扩张激化了市场内在的供需矛盾，致使危机从可能转化为现实。最终，随着社会生产力的发展，资本有机构成提高，造成相对人口过剩，失业人数增加，而资本主义榨取剩余价值和追求利润最大化的本性，“使社会上大多数人的消费缩小到只能在相当狭小的界限以内变动的最低限度”。[③] 劳动人民有能力支付的需求相对缩小与狭隘的消费和市场，导致商品生产与实现的矛盾与生产相对过剩和危机的出现。马克思以特有的方式，论证了市场和货币在资本主义下具有的社会和制度属性，即市场是资本主义经济产生发展的基础，同时也蕴藏了资本主义经济制度灭亡的特性。

其次，市场本质上是人们相互交往的规则和制度体系。作为人类交易关系的体现和载体的市场，包括如下基本要素：各市场交易主体、交易的标的（即各种有形或无形的商品）以及交易的规则体系。其中，市场规则体系是决定市场体系性质与结构的根本性因素。市场的制度规则体系是联接市场主体和交易商品的纽带，规则体系的性质与内容与交易主体和交易商品息息相关。交易主体的身份地位以及相互关系、所交易商品的属性（是否公共产品）、商品生产的特性（是否规模报酬递增）等都可在市场规则中体现。

---

① 马克思：《资本论》第 2 卷，人民出版社，1975 年版，第 89 页。
② 马克思：《资本论》第 1 卷，人民出版社，1975 年版，第 133 、494 页。
③ 马克思：《资本论》第 3 卷，人民出版社，1975 年版，第 273 、548 页。

市场行为本质上是各利益主体出于自身需要而进行的相互交换和博弈行为，而在一定社会环境下，任何主体的行为都需要遵循一定的行为规范。每个人类个体的资源和能力都是有限的，只有通过相互交易和互通有无，才能扩大自身的福利，取得更好的生存和发展条件。人类天生需要市场交易，这是亚当·斯密《国富论》的逻辑起点。而交易就必须是两个及两个以上主体方可进行，任何交易行为都是在一定社会关系中进行的。道格拉斯·诺斯进一步指出，市场交易其实就是一种利益博弈，而博弈就需要一定的“游戏规则”，这些规则规定和约束博弈各方的行为，否则交易就无法完成，市场就只能是潜在的形式。“只要博弈是重复性的（不是偶然的、一次性的过程），参与者拥有关于其他参与者过往表现的完全信息且参与者的数目很少的时候，财富最大化的个体通常会发现与其他参与者进行合作是值得的。”[①] 反过来，如果交易是一次性的博弈，而且交易者之间信息分布高度不完全，那么市场就不会存在，交易就只能是偶然的现象。因此，市场是人类社会经济发展到一定阶段的产物，随着社会经济发展水平的不断提高，市场经济发展条件越来越成熟，利益博弈的规则和制度体系就越来越成熟，最终形成稳定的市场。在相互博弈中，每个主体在交易中可以有各种行动策略组合，不同的行动组合符合其不同的利益需求，一旦制度形成之后，制度就对每个市场交易主体提供了行动选择的约束集合，从而决定了交易与生产成本及由此而来的参与经济活动的获利状况[②]，从而指引每个主体的行动，决定市场的绩效和结构。诺斯从博弈论和经济历史角度，论证了制度演变推动市场演变，制度的本质决定了市场的性

---

① Douglass C. North , Institutions, *The Journal of Economic Perspectives*, Vol. 5, No. 1, Winter 1991, pp. 97-112.

② Douglass C. North , Institutions, *The Journal of Economic Perspectives*, Vol. 5, No. 1, Winter 1991, pp. 97-112.

质，比如在1600—1850年间，世界海洋运输没有发生技术进步，但在此期间的效率却大大提高了，其深层原因是船运制度和组织方式发生了变化，导致运输成本降低，提高了海洋运输生产率。

第四节　本章小结

本章围绕市场、权力和制度这三个概念展开，分别探讨了各自的概念本质，并试图揭示其相互间的逻辑联系。这三个概念是社会科学包括经济学、政治学的核心范畴，其中，市场反映人与人之间的经济交易关系，权力反映社会权力关系，而这两大关系最终都“物化”为制度，通过规范体系体现出来。这三大概念是社会学家、经济学家、政治学家、历史学家们长期探讨、广泛争论的话题，但是至今这三个概念并没有真正融合；有意以这三大概念为基础分析社会经济问题的理论更是少之又少。

一、概念之间的隔阂

市场是经济学的基础概念，但传统经济学主要发展了其作为斯密“看不见的手这个方面的性质，从运作机制、结构、效率角度来探讨市场，而把市场的社会属性弃之不顾，影响了其解释力。罗伯特·吉尔平指出，从亚当·斯密以来一直到约翰·斯图亚特·米勒，古典政治经济学的视野中，政治和经济是相互结合的，但从阿尔弗雷德·马歇尔之后，经济学日益走科学主义路线，为了追求“科学性”实证研究，经济的社会性、价值性等日益被剥离，经济学也越来越远离社会实际，“远离大众”，成为一小部分经济学家之间的狭隘对话。制度经济学打开了市场的缺口，将市场放在人类社会的更广视野加以考察，将市场视为制度体系，从制度体系的变迁揭示经济的发展脉络，但即使科斯、诺斯等制度经济学制度也深受古典经济学分析架构限制，主要从市场绩效和财富增长角度予以探讨，权力因素并未真正进入视野。

20 世纪 70 年代以来，国际政治经济学横空崛起，企图打破政治与经济的藩篱，结合经济、政治等多学科知识与理论，对国际问题进行综合性研究。苏珊·斯特兰奇抱怨，“经济学与政治学之间存在长期的相互忽视”[①]。在此基础上，金德尔伯格、斯特兰奇、吉尔平、基欧汉、理查德·库珀、本杰明·科恩等开始研究国家与市场、权力与财富、权力与制度等相互关联的范畴，社会科学中跨学科和交叉研究一时蔚为风潮，产生了一大批影响深远的成果。吉尔平自身提出国家与市场互为因果，市场是国家权力的基础，而国家权力影响市场。基欧汉借用新制度经济学的分析工具，提出权力（霸权）创造制度供给，而制度的功能使得制度具有自我维持和发展的特性，进而提出国际制度可打破现实主义关于人类“战争—和平”的循环论，促进国际合作、和平与发展。但正如吉尔平所承认的那样，“政治与经济之间的鸿沟至今仍未填平”，市场、权力与制度仍未融合。

二、概念之间的逻辑关联

本书从市场概念出发，通过深挖、拓展市场的概念内涵，探析市场的权力属性和制度属性，尝试将市场、权力和制度三个概念“打通”，然后在此基础上，建构新的理论分析框架。实际上，三者在内涵上是“你中有我，我中有你”相互交叉渗透的（参见图 1—3）。三者都是人类在社会交往中形成的社会关系，市场反映经济关系，但也渗透着权力关系；权力反映主体间影响、支

① Susan Strange, *Sterling and British Policy: A Political Study of and International Currency in Decline*, London/New York/ Toronto: Oxford University Press, 1971.

配、控制的关系，市场主体间地位不平等，内生出权力关系；而无论是经济关系还是权力关系，都通过制度（正式与非正式）表现并固定下来。

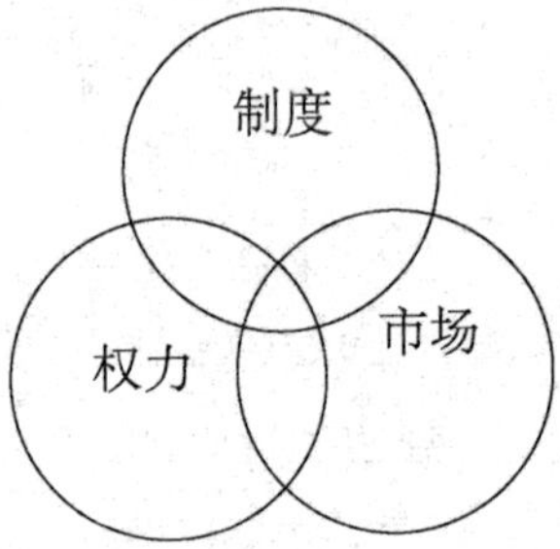

图1—3　市场、权力与制度的逻辑关系

首先，市场本质上是社会关系，是人与人之间的交易关系，反映人类之间竞争与合作的关系。自亚当·斯密提出“看不见的手”的市场概念以来，市场概念不断被修正、突破，不完全市场、交易成本、信息不对称、制度、阶级等概念不断被引入市场。每次概念的突破，都带来巨大理论创新，而市场概念就越来越趋近现实世界，市场理论的解释力也不断增强。市场具有时间属性、空间属性、技术属性，但更本质的属性是社会属性。任何市场，都是“深嵌于”一定社会体系之内的。

其次，市场的社会性表明，市场主体并不是生活在“政治真空”之中，相互间完全平等、自由、只有单纯等价交换关系的场景非常罕见，更多的是地位不平等、实力不均衡的状态。换言之，市场渗透着权力关系。不完全市场理论一定程度上揭示了某种市场权力关系，即产品不同质、规模报酬递增等情况下，权力关系是市场内生的一种属性。市场的社会性还表明，权力除了以联系性权力方式作用于市场之外，还通过结构性权力关系影响市场的结果。

第三，市场作为市场主体交往互动和利益博弈的平台，必然表现为约束主体间关系的规范和秩序。从这个角度看，市场的本质是一套约束交易主体的制度体系。作为社会的的一部分，制度存在于特定社会政治经济体系之内；制度反映市场主体之间利益关系，又反映主体间的权力关系，制度是利益结构和权力结构的统一体。

三、分析框架

前面是从静态上，对三大概念的解析，它们之间相互独立，反映各自领域的现象本质，同时又具有密不可分的逻辑关系。动态上，制度既是社会主体利益博弈和市场演进的结果，又是相互间权力斗争的结果，市场博弈和权力博弈共同推动制度的产生和变迁（参见图1—4）。

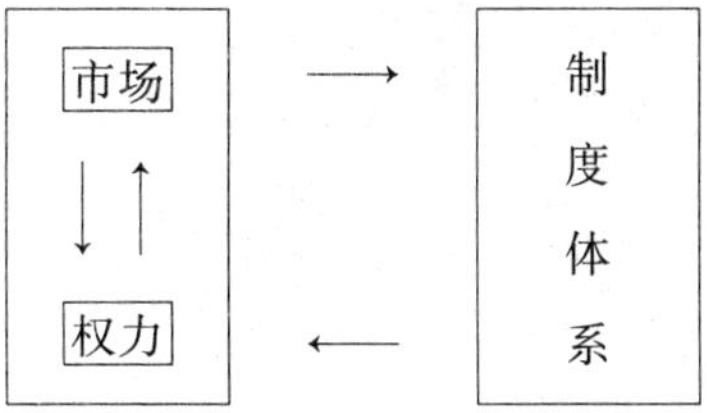

图1—4　分析框架图

在市场的推动方面，市场交易主体在利益最大化的动机驱动下，促进制度的边际变化，以降低交易成本。随着市场交易的广度、深度、空间的不断扩大，一方面，原有制度体系难以适应新的市场需要，逐利的动机会促使市场进行制度创新，设计创造出新的交易机制和市场规则；同时，规模经济效应会导致专门的组织机构的出现，负责维护和监督制度的运行。

在权力的推动方面，由于市场主体力量与地位不平等，在利益最大化的动机下，占优势的一方会利用其地位，在现有规则体系下逐渐累积并扩大不平等地位，最后改变市场结构，改变游戏规则；或者直接利用其结构性权力，制定或改变制度。

权力和市场彼此间密切关联。市场是权力的源泉之一，随着市场的不断扩展，交易成本不断升高，市场内在的需求以及规模经济效应，要求权力介入，降低交易成本，维护和促进市场发展；在规模收益递增、边际成本递减等市场规律推动下，即使权力均匀分配、主体间完全平等的市场，也会导致实力与地位由均衡向不均衡发展，导致权力的产生；在不同的社会政治经济体系下，市场交易主体身份、地位、阶级等不同，市场主体在更广社会背景下，成为不同的权力主体，会利用自身的地位优势，通过市场交易累积并扩大财富，获取更多资源，从而增强自身的权力。另一方面，权力通过市场的渠道施加影响，通过设置市场准入门槛、影响市场交易成本、操作市场供求价格、制定或改变市场规则体系等，扩大主导和依附关系，达到影响支配对方行为的结果。

权力和市场两者之间，由于权力可以从根本上改变收益与成本的结构，改变游戏规则，因而居于主导地位，但是权力有一定的边界，难以完全取代市场。在权力完全凌驾于市场的极端情况下，比如奴隶主与奴隶之间，后者完全缺乏权力，被看作是“会说话的工具”，即使如此，由于权力的实施需要成本，比如监督成本、被反抗的成本等，会使得权力有一定边界，这就为交易与合作留下空间。随着社会的发展，市场的力量会不断壮大，权力的范围会不断收缩，出现苏珊·斯特兰奇所说的“权力的消散”

现象[①]。

但是，制度并不是灵活易变的，而是具有相对独立性和稳定性。首先，制度的变化一般具有一定时滞，一般都是先从外围再到内核，先局部再整体，从量变到质变，除非遇到较大的外力干预，否则是逐步演变的。在一定条件下，制度甚至可能出现诺斯所说的现象，即长期僵化不变。制度能否变化，取决于制度边际变化的成本和收益对比，以及权力格局是否出现变化，假设新制度新机制的出现能极大降低交易成本，或新权力主体有足够意愿和力量打破原有利益结构，制度的“路径依赖”和“网络外部性”将被克服，制度变迁将会出现。其次，制度一旦形成，制度和机制的运作将产生效果，对市场和权力运作带来反作用。新制度体系带来新的约束和激励机制，改变参与主体的心理预期和原有的成本收益模式，从而影响参与主体的行为，产生新的市场绩效和权力后果。

本书的目的是探讨国际货币体系的变迁问题。由于国际货币体系问题既是经济问题，又是政治问题，国际无政府状态使得国际货币领域的政治权力因素比国内更为突出；同时，世界经济一体化使得全球市场日渐成型，国际市场的力量日益凸显。下面，本书将以上面的理论框架为基础，对经济、政治等各种影响变量进行进一步的简化和抽象，从而发展出具体化的分析国际货币体系变迁的模型。

① ［英］苏珊·斯特兰奇著，肖宏宇、耿协峰译：《权力的流散：世界经济中的国家与非国家权威》，北京：北京大学出版社，2005 年 10 月版。

第二章

权力与市场视野下的国际货币体系

在浩如烟海的有关货币国际化的文献中，鲜有论及地缘政治的。很显然，那个800磅重的大猩猩就坐在那里，但似乎没什么人愿意和它交谈。

——本杰明·科恩，2010

强权拥有强币。

——罗伯特·蒙代尔，1993

制度是理解政治和经济之间的关系，以及这种相互关系对经济影响的关键。

——道格拉斯·诺斯，2005

国际货币（International Money/Currency）是国际交易使用的货币，是一国货币的跨越国界使用，成为国际交易价值尺度、交易手段、制度手段和价值储藏手段。国际货币体系（International Money System）是一定国际政治经济背景和秩序下，为满足国际交易和结算需要，国际社会所确定的有关国际货币供给、需求、运转和管理等方面内容的原则、规则、机制等的总和。① 国际货币体系规范各国货币的关系，其产生发展由国际市场力量推动，同样受国际政治力量影响。

第一节　国别货币、国际货币和国际货币体系

国际货币是国别货币（National Money）的延伸，一旦国别货币越出国界成为国际货币，便具有国别国币所不具有的特性。本节在对货币、国别货币和国际货币等概念进行厘清的基础上，重点探讨国际货币体系的定义及其特点。

一、货币的本质与功能

目前，学界对货币尚无一致定义。马克思从货币的本质属性和职能角度，认为货币是“一般等价物”，是商品内在矛盾外化的产物。而通用西方货币银行学教材，将货币定义为任何一种被普遍接受的交易媒介。该概念强调“普遍接受性”，在正常情况下，国家规定的货币的普遍接受性毋庸置疑，但是在特殊情况下，法定货币可能被抛弃；相反，有一些民间信用工具，如银行支票存款最初在法律上并没有地位，但却普遍被企业界承认和接受。

货币是社会历史的产物，货币本身形态万千，并且随时代变迁其形式不断变化。从空间上看，不同地区的货币形式各异。在古代不发达社会里，不同部落、邦国，货币形态各异。中国在春秋战国时期，虽然存在周天子这样的“天下共主”，但各诸侯王

① 有关国际货币体系的定义多种多样，详见绪论部分的文献综述。本节结合国际政治因素予以综合。

国流行各种形制的货币，如布币、刀币、圆钱、蚁鼻币等，材质包括铜币、金币等币材。米尔顿·弗里德曼曾详细讨论了1899—1919年太平洋上密克罗尼西亚的加罗林群岛居民所使用的货币——石币。“大而坚硬、厚重的石轮……直径从1码到12码不等，石轮中央有一个孔，这个孔的大小随石轮直径大小的不同而不同，人民可在孔中插入一根杆，这根杆要符合孔的大小，且要结实，以便能够负重，便利搬运。这些石头‘硬币’是离该岛400里远的另一个岛上找到的石灰岩石，最初是由一些敢于冒险的当地探险人，在该岛上开采并打制，然后再用独木舟和木筏运回。”[①]今天，时代发展至现代社会，世界仍无统一货币。据统计，全球200多个国家和地区，至少有180多个国家拥有本国货币，这些货币形制特征、发行模式、管理方式、价值稳定性等皆不相同。在一些落后的地区，甚至传统实物货币仍在使用。可见，货币在空间上并不一致，无论古今，货币的使用范围与行政权力的边界高度重合，货币自古就与权力相结合。

从时间上看，货币形成之后，随着社会的发展而不断向前演进。首先，货币的外在表现形态随时代发展而不断变化，从普通的商品货币到铸币[②]，再到纸币，最后演变出虚拟的电子货币（参见表2—1）。当货币是商品货币时，货币是使用价值和价值的统一体，比如黄金白银本身具有商品使用价值，具有开采成本。随后，货币作为价值形式，越来越“观念化”或抽象化，实物与

① ［美］米尔顿·弗里德曼著，安佳译：《货币的祸害——货币史片段》，北京：商务印书馆，2008年5月版，第7—8页。

② 铸币的出现，被认为是货币发展史上的一次飞跃，使得货币面值（外在价值）与实际价值（内在价值）开始出现分离。目前普遍认为，世界上发现最早的铸币是欧洲吕底亚（Lydia）金银合金硬币，有冲压标记和图案（很奇怪，中国古代的铸币主要是模铸货币，制作门槛较低），至少约在公元前7世纪就已经开始使用。

价值观念出现分离趋势。自身无价值的不兑现纸币或法币的出现，则是货币发展史的又一次飞跃，货币成为信用或债务货币，货币逐步成为纯粹的价值形式，这也使得货币作为价值尺度失去物质制约，为各种通货膨胀和政治操纵提供空间。

2009 年，受国际金融危机刺激，一种新型的具有全球影响力的货币“比特币”（BitCoin）出现，打破国际货币格局，“吹皱一池春水”，使得人们对货币的认识和实践进入新的阶段。“比特币”本质上是没有使用价值的、电子计算机通过某种算法产生的电子数据，它的产生主要基于这样一种货币理念，即“货币是民众普遍接受的交易中介，该中介可以是任何有形或无形的事物”。之所以将“比特币”称为新型货币的雏形，原因是它具有诸多“新”的特点。首先，因为该种货币与当前世界普遍流行的主权货币——法币相区别，它是去主权、去中心化的货币，不需要公权机构或独立机构发行和管理，而是依据互联网和计算机技术“自主产生”，由民间私人使用者在市场自主交易的基础上自主管理。而且，由于 P2P 信息技术（点对点的通信）的使用，使得民众之间的交易也可以脱离中介管理机构。其次，该货币是首次全球共同生产、共同管理、共同使用的货币，打破地域、民族、社会的限制。但同时，该种货币形式仍是新货币的“雏形”。“比特币”的使用仍处于探索阶段，虽然在理论上有一定可行性，但在实践中尚属新生事物，许多问题仍待处理，而且目前未能被广泛使用和普遍接受。一些国家的政府、部分公司和民众已经在现实经济交易中接受“比特币”为货币，但由于其权威性、可行性等仍然不足，多数国家的民众和政府仍持谨慎态度，甚至禁止其使用。此外，“比特币”的全球分配严重不均匀，并且总量和增长速度与世界经济增长和实际货币需求不匹配，“比特币”要想成长为真正有影响力的货币，仍有很长道路要走。2014 年 2 月初，世界最大规模的比特币交易所 Mt. Gox 运营商遭到网络攻击，在该平台交易的比特币几乎全部被盗，包括用户交易账号中的约75万比特币，以及Mt. Gox自身持有的约10万比特币。同年2月末，Mt. Gox宣布向东京地方法院申请破产保护，并已得到受理，公司的所有交易暂停。该事件表明，新型货币的产生发展需要多方面的条件，注定不能一帆风顺。但是，随着时代的发展，货币形式必将不断推陈出新，不断变化。

表2—1　货币的外在形式

货币外在形式		主要特点
商品货币	普通实物货币	最早最原始的货币；普通商品充当，如贝壳、牛羊等牲畜、盐巴、烟草等。
	金属货币	高价值、易携带、易分割；主要为金、银、铜等，包括政府介入铸造管理的金属铸币。
代用货币（可兑换纸币）		代替金属货币流通，本质上是商品货币的延伸；通常是由政府或银行发行纸质凭证，如银行券，随时可兑换为金属。
信用货币	不可兑换纸币	债务性货币，本质上是债务，不可兑换；通常形式是为纸币、辅币（符号货币，实值远低于其标示的价值）等。
	存款货币	以银行存款为依据，由银行签发，便于转账结算；比如支票等。
	电子货币	存款货币或纸币的电子化，可以在互联网上或通过其他电子通信方式进行支付的手段，发行者可以是银行或大型电子商务企业；比如电子钱包、支付宝等。

续表

货币外在形式		主要特点
新型货币雏形	比特币①	本质上是无使用价值的电子数据；通过计算机软件的“算法”自动产生，没有发行和集中管理机构，并依靠点对点互联网技术在全球范围交易和使用，以此与当前普遍流行的主权货币相区别。

从货币的时空发展可以看出，货币的发展具有两大趋势：第一，货币功能多样化复杂化。随着社会经济的发展，伴随着货币形式的变化，货币的功能越来越多样化，从最初的不固定的一般等价物，发展到固定的一般等价物，并且具备包括价值尺度、交易媒介（或流通手段，先卖后买）、支付手段（建立在商业信用基础上，先买后卖）等功能（参见图2—1）的货币形式。当货币的使用跨出国界，便成为国际货币，包括区域货币和世界性货币。可以看到，货币的形态与货币的功能随着时代的发展而变化，两者息息相关。低级形态的货币，一般不具备支付手段以及全球性货币的职能。尤其是普通实物货币，甚至连价值尺度的功能都难以充分承担。第二，货币形态的虚拟化和“观念化”。随着人类社会信用的发展，以及社会治理水平的提升，各种货币形态不断涌现（支票、信用卡、电子钱包以及各种金融创新所创造

① 2008年金融危机爆发后正式出现。2008年11月，一个自称中本聪（Satoshi Nakamoto）的人提出基于互联网和计算机软件技术的电子货币的新设想，并于2009年公布其软件程序代码供世界各地开发使用以产生并交易新生货币，同年，首枚比特币面世，比特币的首笔交易完成。比特币，本质上是“电子货币”，由计算机生成的一串串复杂代码组成，依据特定算法经复杂计算产生，不依靠特定货币机构发行，不需要中间管理机构，使用整个P2P（点对点通信技术）网络中众多节点构成的分布式数据库来确认并记录所有的交易行为，并使用密码学的设计来确保货币流通各个环节安全性。比特币与其他虚拟货币最大的不同，是其总数量增长有限，具有极强的稀缺性，2140年前后，总数量将限制在2100万个。

出来的新的交易媒介），货币的形式越来越多元化，货币与非货币的边界越来越模糊，社会的货币总量也越来越难以精确统计。电子货币尤其是“比特币”等新形式货币的出现，更是打破货币的传统边界，使得货币越来越脱离实物形式的限制，成为单纯信用和观念的表现形式。

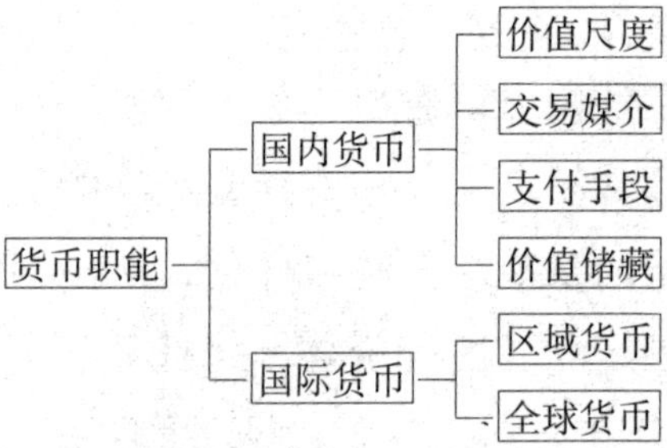

图 2—1　货币的主要职能

二、国际货币与国内货币的共同点与区别

国际货币是国内货币的延伸，是跨国使用的货币。这里讲的跨国使用，既指某特定国家与外国的交易和支付，又指第三国之间的货币使用。比如美元，既是美国对外交易使用的货币，又是外国之间相互交易使用的货币。历史上，承担国际货币的有两种货币。一是国别货币，即某国货币越出国界，成为国际交易和支付的工具，比如古罗马的金银币、英国的英镑、法国的法郎、德国的马克以及美国的美元等。二是非主权货币，比如金银、国际货币基金组织（IMF）的特别提款权（SDRs）等。在古代中国相当长的时间里，金银锭（非铸币）曾在国际交易中扮演重要角色。但迄今为止，尤其是近现代以来，国际货币主要表现在国别货币的国际使用上，强国的货币往往也是国际货币，比如在金本位制度下，英镑、法郎等世界主要强国的货币，垄断了国际货币

市场。

国际货币作为一种国际交易媒介和价值储存工具，国际货币也同样具备普通货币的基本职能，这是其存在的基础。但由于国际社会处于无政府状态，跨国交易与国内交易具有不同的特征，因此，国际货币在发行、管理等方面与普通国别货币有诸多区别（参见表2—2）。

表2—2　国际货币与国别货币的区别

	国别货币	国际货币
适用范围	国境内流动；本国居民①使用	国际流通；各国居民、政府、国际组织在进行国际交易时广泛使用
管理模式	依据国内法律、政府或政府委托机构进行管理	无权威法律管理；一般由政府间协调，或设立跨国组织协商治理，国际霸权是重要力量
货币需求	本国居民是主要持有者；货币需求大小取决于本国居民收入水平、交易需求、流动性偏好等	需求者包括各国居民、政府以及国际组织；货币需求取决于各国边际进口倾向、资产偏好、国际利差、政府经济调控需求等
货币供给	取决于央行货币政策、银行的信贷活动	国际货币体系、国际金融市场发展程度不同，国际货币供给模式不同

首先，使用范围不同。国别货币往往是本国居民（私人和企业）持有，除非某国别货币成为国际货币，使用范围一般局限在国境线之内。国际货币的持有和使用者则复杂得多，包括全球的个人和企业、国际组织、各国政府等，使用范围主要是在国际市场上，如进行进出口贸易、国际借贷和投资等方面的交易和结

① 居民一般指非官方的民间主体，包括个人和企业。

算。除非出现“货币替代”现象（即一国居民选择外国货币而非本国货币进行日常交易结算），国际货币的使用主要在各国之间进行。

其次，货币制度与管理模式不同。国别货币的发行和管理受该国法律支配，受该国政府监控管理，因此国别货币的合法性建立在一国法律和政府的基础上。在信用货币时代，货币的价值稳定系取决于该国政府的信用及其稳定性。而国际货币在跨国使用时，缺乏统一的世界政府和强制性法律来管理，国际货币的存在更多取决于国际市场的接受程度以及该货币的收益性和价值稳定性。比如英镑资产的收益率、流动性和英镑与其他货币间汇率的长期走势，如果英镑资产相当于其他货币资产收益率更高更稳定，那么国际上对英镑的接受度就会上升。2008 年金融危机以来，由于相较于陷入欧债危机和经济下滑困境的欧元、日元等国际货币更具有避险和价值稳定功能，美元在国际上的地位不降反升。国际强权有时会通过其权力，强制或者通过外交手段促使外国使用某货币（通过硬实力、软实力以及结构性权力），比如英国曾于20 世纪四、五十年代在英镑地位不断衰落时，通过外交斡旋促使英联邦国家继续保持英镑储备，以此支撑英镑的国际地位，避免各国抛售英镑资产转持美元资产而导致金融危机和经济危机。但其强制方式不同于各国政府对本国货币的方式，除非是宗主国和殖民地附属国之间，强权国家并不能像一国政府与其国内居民之间那样，强制性地推行其他主权国家的居民使用某种货币，即使偶尔存在，也是短期的特殊现象，不具有合法性基础，难以持续。总之，国际货币的制度及其管理模式的基础是无政府的国际社会，在此基础上形成的有关国际货币供给、需求以及国际货币关系的惯例、习俗、国际条约等，构成国际货币制度整体。因此，国别货币往往具有唯一性，一国之内通常只能允许一种货币广泛流通；国际货币并不具有唯一性，而是具有多样性的选择。

第三，货币需求模式不同。国别货币需求由本国居民的收入水平、财富持有形式偏好、交易需求、投资需求等本国因素决定。而国际货币的需求方是各国居民、政府、国际组织，因此国际货币的需求要复杂得多，既取决于各国居民对外国商品和服务的进口需求、对外国资产的投资需求，又取决于各国政府调节国际收支、增加国际储备等需求。因此，不同于国别货币，国际货币的需求取决于各国边际进口倾向、国际资产偏好及国际利差、各国政府调节国际收支以及干预本国货币市场的政策需要、世界经济的增长等因素。当某国货币成为国际货币时，其需求上升反映国际市场对该国商品、服务和资产的需求上升。

第四，货币供给模式不同。国别货币供给由本国央行和银行系统决定，央行通过调控基础货币投放（控制高能货币的存量和流量）以及调控货币市场利率（控制货币批发市场的货币价格）等数量和价格手段，影响本国银行和居民的借贷行为，最后通过货币乘数的杠杆效应，决定本国货币的供给。与之相比，国际货币的供给模式则存在很大不同，这取决于国际货币体系的特征，如金属本位和美元本位下国际货币供给模式不同。迄今为止，国际上并无世界中央银行，负责统一印发和掌管全球的货币供给。当前居于国际货币体系核心的世界银行和国际货币基金组织，虽然向各成员国提供短期和长期的融资需求，也发行一定数量的特别提款权（SDRs），但并非世界货币的创造者和管理者，也不具备全球“最后贷款人”的角色，因而充其量只是全球货币与金融的多边管理机构，无权决定世界货币的供给。目前，世界货币供给由分散的国际货币发行国的中央银行（美联储、欧洲央行、英格兰银行等）来决定，各国际货币发行国的央行以及跨国商业银行体系共同左右国际货币供给。

三、国际货币格局与国际货币体系

国际货币是跨国交易和经济往来的产物，而国际货币产生之后，又极大便利并促进国际交易的发展。随着国际交易的规模和范围的扩大，国际社会对国际货币的需求增加，又会对国际货币供给的机制带来影响，使得国际货币关系更趋复杂，从而进一步对国际货币关系规范或制度产生需求，推动国际货币体系的产生和发展。因此，国际货币和国际货币体系相互联系但又相互区别。跨国交易和国际经济交往，使得各国货币出现国际货币和国别货币分野，各国的经济货币地位进一步分化，产生一定的国际货币格局，在此基础上，逐步演化发展出一定的国际货币体系。

（一）国际货币格局

国际货币格局是指各国货币的相对地位以及各国货币的相互关系。由于各国政治经济发展不平衡，各国货币在国际市场上的使用范围、重要程度和相对地位各不相同，从而形成一定的国际货币格局。一定国际货币格局的形成，背后是货币的市场竞争（市场力量）以及货币发行国家的国际影响力（权力力量）共同作用的结果。就前者而言，一国货币在国际交易中的使用范围，取决于该货币的稳定性、使用便利程度、以该货币表现的各类资产的收益率等市场因素决定，国际市场对该货币的接受程度越高，持有和使用该货币的交易成本越低或收益率越高，则该货币国际地位越高；就后者而言，一国货币的国际地位还取决于该货币发行国的综合国力，该国对外经贸、投资在国际经济中占有的份额越高，该国政治军事实力相对于其他国家越强，货币持有和使用者对该国政局稳定性、社会经济治理能力和制度优越性的认可度越高，其安全感越强，则该国货币的国际信誉、声望和地位越高。上述两者相辅相成，相互强化。一国货币在收益性及其交易成本的优势，导致其国际使用范围和可接受程度提升，而广泛的国际交易网络的形成，又进一步降低其交易成本，提升其国际声誉和地位，增强货币发行国的国际政治与经济影响力，最终形成自我不断强化的良性循环效应。这种效应有时被称为“在位优势”，就是指一国货币一旦成为国际强币并形成国际交易网络，就对意图挑战其地位的其他潜在强币形成一种“门槛”，除非其他货币在国际交易成本、收益性、便利性和声誉等方面超过现有强币，使得国际使用者觉得使用新货币的好处大于传统强币，挑战者才有可能在国际货币竞争中取胜。

国际货币格局形成之后，具有相对的稳定性，但随着国际政治经济的发展，国际货币格局将逐步打破原有格局，向新的货币格局过渡，因此国际货币格局的发展是稳定性和变动性的统一。

1. 国际货币格局的定性分析

斯特兰奇依据权力在货币中的渗透程度，从静态的角度，将国际货币分为四种货币，而这四种货币的统一体，构成一定的国际货币格局[①]：顶级货币（Top Currencies）、宗主货币或征服货币（Master Currency）、协商货币或民主货币（Negotiated Currency）以及中立货币（Neutral Currency），其中，宗主货币是强权在势力范围内强行推行的货币，比如大英帝国、法国法郎等在殖民地体系中推行的货币；协商货币是霸权衰落之后，通过双边和多边外交行动维持的国际货币；顶级货币是市场、权力共同支撑的国际货币。这四大货币相互区别，但界线不是很明显，比如协商货币也可能是顶级货币，而且与宗主货币相关联。而国际货币格局本

① Susan Strange, *Sterling and British Policy: A Political Study of a International Currency in Decline*, London/New York/ Toronto: Oxford University Press, 1971, pp. 1-40.

质上是货币背后的权力格局的反映。

本杰明·科恩从动态角度，对货币竞争和国际货币格局演进进行全面研究。他认为，自古希腊以来，各国货币就存在激烈的货币竞争，一些货币会在大竞争中脱颖而出，取代现有的市场主导货币，成为新的主导货币，垄断国际跨境交易，并为所有其他货币设立货币标准，从而形成国际货币的金字塔结构。[①] 霸权国的主导货币处于金字塔的顶端，下面是适用范围、影响力较低的其他货币。科恩认为，一种货币格局的形成，背后主要有三大推动力量：市场竞争的力量、国家的力量以及科技进步的力量。[②] 在这些力量的推动下，最后世界货币的发展会呈现出生物学领域的“物竞天择，适者生存”的竞争特征，最终的结果必然是货币的“去地理化”（deterritorialization）[③] 和货币数量减少，以及货币之间地位的不同。其中，市场的力量是主要的，在公平竞争环境下，具有价值稳定、信誉良好、使用便利、拥有广泛交易网络等特点的货币，将会在市场竞争中胜出，为各国居民所选择；国家的力量不可忽视，为了维护“货币主权”或者扩张货币主权带来的收益（政治与经济上的利益），一些国家会调动政治、外交、军事、文化等资源，从而影响国际货币的格局；技术进步则可能推动新型货币的产生，从而从长期上左右国际货币的格局。其他国际货币问题专家，如查尔斯·金德尔伯格等也认为国际货币之间的地位不同，其中霸权国货币居主导和垄断地位。

---

① Benjamin J. Cohen, *The Geography of Money*, Ithaca, New York: Cornell University Press, 1998; Benjamin J. Cohen, *The Future of Money*, Princeton, NJ: Princeton University Press, 2004.

② Benjamin J. Cohen, *The Future of Global Currency: The Euro Versus the Dollar*, Routledge, 2011, pp. 9-36.

③ 是指货币的竞争，最终会使得货币的地域限制（行政管辖区域）逐步消失，一些货币走出国境线，成为各国各地区都使用的货币，而一些行政区域内的货币将逐步消失，让位于外来货币。

因此，国际货币格局从其根本性质上看，是指各国货币在国际上的地位和影响力的结构及其相互关系。各国货币的地位有巨大差别，各国货币地位取决于发行国的实力。正如罗伯特·蒙代尔所指出的那样，纵观历史，只要世界上出现超级大国，它的货币就要在国际货币体系里发挥中心作用，“强权拥有强币”[①]。历史上主要帝国的货币，包括古巴比伦、波斯、古希腊、古马其顿、古罗马、伊斯兰哈里发帝国、奥斯曼土耳其以及近代以来的西班牙、法国直至19世纪的英镑和20世纪至今的美元，都是各个时代国际货币体系的中心货币。在国际政治经济发展不平衡规律作用下，各国实力分配不均衡，与此相应的是不平衡的国际货币格局，其结构可以描述为：中心货币—次中心货币—外围货币。中心货币就是居绝对主导地位的国际货币，比如19世纪的英镑或当前的美元；次中心货币是其他重要的国际货币，比如19世纪英镑之外的法国法郎、德国马克等其他强国的货币，在国际货币市场上的地位低于中心货币，但也都占有一定的市场份额；外围货币是指不被国际市场广泛接受，使用范围主要局限在区域范围甚至本国境内的货币，这类国家是国际货币的接受者、使用者，本国货币的发行流动受国际货币的影响（参见图2—2）。

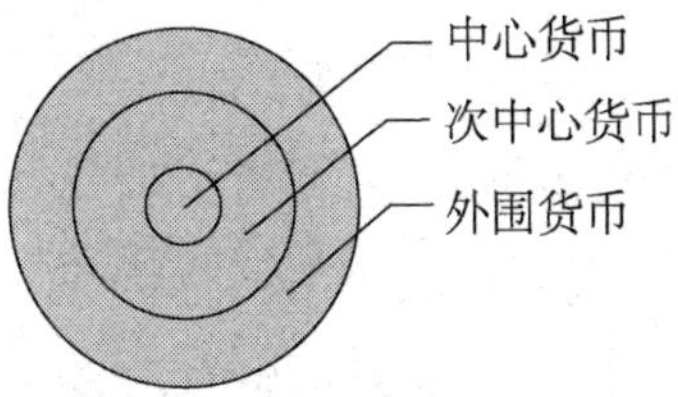

图2—2　国际货币体系的中心—次中心—外围结构

---

① ［美］罗伯特·蒙代尔著，向松祚译：《国际货币：过去、现在和未来》，选自《蒙代尔经济学文集》（第六卷），北京：中国金融出版社，2009年1月版，第120页。

中心货币居于国际主导或垄断地位，主要特征如下：一是在国际交易、支付和结算市场以及国际储备等领域占有主要的市场份额，是各国国际交易使用的首要计价手段、交易媒介、记账工具，是各国居民和官方机构所持有国际财富和资产的首要表现形式。这意味着中心货币在国际贸易、国际汇市与资产市场、国际储备体系中处于核心位置。二是中心货币价值水平的起伏，决定外围货币的价值的起伏。后者以前者为价格“锚”，甚至将两者汇率绑定（比如货币的“美元化”、“欧元化”，或者像香港等经济实体那样采取“货币局”制度）。这意味着中心货币的发行国可以不必顾及其他国家，主要根据本国情况采取货币政策，而不必像外围国家那样，必须采取各种措施维系与中心货币的关系。中心货币发行国是货币政策的主导者，外围国家则放弃部分货币主权，成为中心货币的“跟随者”。

次中心货币介于中心货币和外围之间，拥有一定的主导权和国际影响力。由于国际经济很难由一国完全垄断，一些次强国家的货币在次强国家政治经济辐射范围内发挥较强影响力，占有一定的国际市场，并形成该货币的势力范围，建立自己的货币“圈子”（即一些国家的货币以其为中心，形成紧密的主导—随从关系，比如当前的欧元区、英镑区等），但与中心货币相比，其国际地位为从属地位，受后者的影响。

外围货币占全球大多数，这些货币要么未能走出国境，仅限于国内范围流通使用；要么仅能在国际上发挥有限的影响，占全球外汇交易市场极少部分，在国际贸易、金融、投资等交易上的使用范围和程度较低，可忽略不计。

2. 国际货币格局的定量分析

国际货币格局也可从数量上进行一定程度的量化分析，主要是衡量一国货币在国际货币各领域中所占地位和比重。学术界也有将一国货币的国际地位称为“国际化指标”。比如，中国人民大学每年编撰“人民币国际化指数”，并将其与世界其他货币的国际化指数进行对比分析，寻找差距。货币的国际化指数对衡量一国货币国际地位非常直观，但仍不能涵盖国际货币格局整体，尤其是一种货币对其他货币的影响力。对此，具体可从国际贸易、国际金融与投资以及国际储备等几个方面占全球比重，以及各国货币变动的相关度等进行衡量（参见表2—3）。

表2—3　国际货币地位衡量指标

领域	指标
国际贸易	国际贸易计价结算总额中的比重
金融投资	全球对外信贷中的比重
	全球国际债券和票据发行中的比重
	全球国际债券和票据余额中的比重
	在全股票证券投资中的比重
	在全球直接投资中的比重
国际储备	全球外汇储备中的比重
相关程度	货币汇率变动的相关度

注：该表参考了中国人民大学“人民币国际化指数”的相关指标，但有所变动。

在上述各种量化指标中，各国货币在国际贸易结算、全球信贷、国际债券和票据发行流量和存量、国际股票投资以及国际直接投资等领域的比重，是对一国货币在支付、结算等功能上的量化衡量。其中，国际债券、票据和股票的流量和存量也可归为“国际组合投资”的计价和结算。而全球外汇储备的货币比重指标，是对一国货币的国际储备功能的量化衡量。因此，上表的各项指标，基本涵盖货币的各项功能。

在“相关程度”方面，主要衡量两个方面的指标。一是直接相关度，即一国货币因发行国自身原因，引发其与某价值锚（黄金、实际购买力或者某主导货币）比值的变化，导致其他货币的汇值变动程度。比如，因美联储的升息举措，美元的实际购买力或与黄金比价发生变化，导致日元、欧元、加拿大元等其他货币与美元价值发生变化。币值变动程度与美元的变动程度越相关，表明该货币与美元相关度越高。二是间接相关度，即对不同货币组合的汇值变动程度进行比较，从而确定货币之间的相关度。比如，将亚洲各货币对人民币的汇值变动程度，与这些货币对美元的汇值变动进行对比，如果亚洲各国货币对人民币的变动相关度超过对美元的相关度，那么，我们可以说，从货币联系角度看，人民币在亚洲地区的影响力超越美元，具有更重要的地位。

总之，国际货币格局是国际政治经济力量发展不平衡的结果，是各国经济、政治力量格局的反映。在此基础上，逐步演化产生出规范国际货币关系及国际交易、支付和清算的惯例、规则、国际条约，以及管理这些关系的国际协调和全球治理机构和平台，从而形成一定的国际货币体系。国际货币体系是建立在一定国际货币格局基础上的国际货币制度体系。

（二）国际货币体系的定义及其构成

国际货币体系（International Monetary System），也称为国际货币制度（International Monetary Institution）、国际货币体制（International Monetary Regime）等。目前，关于国际货币体系的概念尚无统一定义，在各种学术文献中，体系、制度、体制和机制经常混用，未做明确区分。巴里·艾肯格林（2008）认为，国际货币体系是维护外汇市场秩序与稳定，促进国际收支平衡，提供国际信贷应对外部冲击的联系各国经济的纽带。[①] 蒙代尔（Mundell，

---

① ［美］巴里·艾肯格林著，彭兴韵译：《资本全球化：国际货币体系史》（第二版），上海：上海人民出版社，2009年8月版，第1页。

1972）对国际货币体系（System）和制度或秩序（Order）进行明确区分，认为“体系”是多个实体的集合，是实体间依据某种规则进行相互交易、相互联系的网络，因此国际货币体系就是各国进行相互交易、相互联系的一种机制和制度，而“秩序”是一套法律、惯例、规章和规则，是整个体系运转的框架和背景。国际货币体系是国际货币制度或秩序的具体表现和实际运作。[①] 萨姆尔森和诺德豪斯（2004）认为，国际货币体系是跨国交易的支付活动所经由和遵循的规则体系。皮尔比姆（Pilbeam，2006）从广义上将国际货币体系定义为规范国家之间金融关系的一系列惯例、规则、程序和组织的总和。陈彪如教授（1990）将国际货币体系定义为国际交易结算时所采用的货币制度，也就是国家之间进行支付的一套规定、做法和制度。[②] 姜波克（2008）认为国际货币体系是指国际货币制度、国际货币金融机构以及由习惯和历史沿革形成的约定俗成的国际货币秩序的总和，是国际多边经济关系的一种。黄梅波（2009）认为国际货币体系是为适应国际经济活需要，各国政府对货币的国际支付、结算等职能及其他国际货币金融问题所确定的规则、管理及机构安排的总称。戴金平等（2012）认为国际货币体系是处理国际经济交易支付的一系列规则、制度、机制的总称。[③]

总体来看，国内外主流经济学家都同意国际货币体系已远远超出“国际货币”的范畴，是规范国际货币以及国际交易结算的国际制度或规则体系。但各家对“国际交易和结算”的范围有不同看法：有的从狭义角度定义（适用领域为国际收支、国际信

① ［美］罗伯特·蒙代尔著，向松祚译：《蒙代尔经济学文集》（第六卷），北京：中国金融出版社，2009 年 1 月版，第 136—137 页。

② 陈彪如：《国际货币体系》，上海：华东师范大学出版社，1990 年版。

③ 戴金平、熊爱宗、谭书诗：《国际货币体系：何去何从?》，福建：厦门大学出版社，2012 年 10 月版，第 18 页。

贷、汇率市场）；有的从广义看（适用于一切国际经济交易与支付）。此外，有的学者对“国际制度”、“国际规则体系”的看法也存在差异，认为除了规范性的国际规则与制度外，国际货币体系还包括国际货币体系的组织与管理体系（包括国际管理机构）。

因为对国际货币体系的内涵的看法不一，学界对有关国际货币体系的具体构成要素也同样持有不同的看法。根据各家观点，可以分成如下几种：

一是“三要素论”，即认为国际货币体系包括三因素。例如《新帕尔格雷夫经济学大辞典》中，“国际货币制度（international monetary institutions）”包括汇率制度、储备资产制度和国际收支调节机制这三方面。[①] 中国比较权威的《英汉国际金融大辞典》也指出了这三项内容。[②] 河合正弘（Kawai，1986）认为包括如下三规则：汇率调整规则、国际收支调整规则和国际货币供给规则。托马斯·迈耶等（1990）认为，国际货币体系三个最重要的方面为：外汇市场的组织、用于融资和解决国际收支失衡的资产类型和调节国际收支失衡的机制（即市场组织体系、调节工具体系和调节机制体系）。萨科曼尼（Saccomanni，2000）和卡尼（Carney，2009）等认为除包括汇率制度、国际收支调节制度之外，还应包括国际资本流动。

二是“四要素论”。斯卡梅尔（Scammel，1987）称包括四个方面：国际货币的供给与需求机制、国际金融市场（国际银行市场、外汇市场、货币市场等）运行规则体系、国际货币分配调节规则以及国际规则的管理机构。黄梅波等（2009）认为，除了汇率制度安排、国际收支调节、国际储备资产确定之外，还包括国

① 《新帕尔格雷夫经济学大辞典》，中文版第二卷，北京：经济科学出版社，1996 年版，第 987—990 页。

② 陈岱孙等主编：《英汉国际金融大辞典》，北京：北京工业大学出版社，1994 年版，第 595—596 页。

际货币合作。

三是“多要素论”。国内学者如陈彪如、马之駰（1997）认为包括六项：除汇率制度、国际收支调节、国际货币与储备供给等三项外，还包括国际货币协调与监督、国际金融市场运行规则以及国际资本流动相关制度。周文贵、肖鹤飞（2003）认为，国际货币体系是调节国际货币关系的一系列规则、安排、惯例和组织形式的综合，包括：各国货币的汇率制度；国际货币和国际储备资产；国际收支调节机制；各国货币可兑换性及各国对国际支付所采取的措施；国际货币金融的协商机制与协调监督机制。一些学者从功能、作用角度对国际货币体系进行分析，如凯南等（Kenen et al.，1994）认为其作用是：提供国际流动性、确定不同汇率比价以及国际经济政策协调。姜波克（2009）认为，确定货币体系性质与类型的标准和依据，主要看该体系的本位币、交易货币及两者间关系（双方比价、是否固定或浮动、自由兑换程度）。国际货币体系的主要作用包括：第一，确定国际清算和支付手段来源、形式、数量，为世界经济发展提供足够国际货币，规定国际货币即期与各国货币相互关系；第二，确定国际收支调节机制，以确保世界经济稳定和各国经济平衡发展，包括逆差国的资金融通、储备货币发行国的纪律约束等；第三，确立国际货币金融事务的协商机制或建立有关协调监督机构。[①] 欧洲央行（ECB）的专家埃图尔·多罗西（Ettore Dorrucci）和朱莉·马柯（Julie Mckay）的观点最为详细具体，认为国际货币体系包括制度和环境两大类 8 大项。[②] 两大类：一是有关国际货币和国际交易支付的惯例、规则和政策工具；二是决定两大“公共产品”供给

---

① 姜波克编著：《国际金融新编》（第 4 版），上海：复旦大学出版社，2009 年 9 月版，第 290 页。

② Ettore Dorrucci，Julie Mckay，The International Montary System After the Crisis，ECB，Occasional Paper Series No. 123，Feburary 2011.

（国际货币和外部稳定性）的经济、制度和政治环境。其中，前者包括4项：国际流动性供给和国际收支调节的惯例和规则；有关汇率和国际资本流动的制度；双边、地区及全球性监管协定（安排）；危机防范和应对的政策工具。后者也包括4项：自由贸易环境；国际经济格局（“中心国家”对国际经济体系的主导程度）；不同发展程度的国家之间的关联度；国际经济治理体系（国际规则、各国经济自主权、超国家组织和政府间组织等的综合）；冲突与合作并存的国际政治环境。

总之，各学者对国际货币体系的外延存在不同看法。他们的共同点是，都同意国际货币供给、汇率制度、储备制度、收支调节制度是国际货币体系的核心内容，但对是否包括国际资本流动管理制度、国际协调与合作制度、国际监督与管理制度等存在分歧。

本书对国际货币体系的探讨建立在上述各家观点之上，认为国际货币体系是在一定的国际政治经济环境下，世界各国之间货币关系的体现，其功能是对国际货币关系进行规范，以确立国际货币秩序。本书认为，广义上的国际货币体系，包括各种货币的地位和影响力分布（国际货币格局）以及协调规范国际货币关系的制度体系（国际货币制度）；狭义上讲，国际货币体系主要指规范协调各国货币关系的制度体系。具体而言，可从两个方面对狭义上的国际货币体系概念予以规定：

从内涵上看，国际货币体系是，一定国际货币格局之上，各种规范国际货币关系的原则、规范、规则、安排、组织等的总和①。其中，原则（Principle）是指一定世界观、价值观基础之上的，国际行为体对国际货币事务认知、判断、处置的基本指南。规范（Norm）是指国际行为体（政府、居民、企业、国际组织等）在国际货币领域中的行为标准，即各方的相关权利与义务关系。规则（Regulation 或 Rule）是指在国际货币各领域中对行为体行为范围、方式、过程等的限定和规定，包括应遵循的规章等。安排（Arrangement）是指行为体之间达成的相互合作和制约的协议，包括各种惯例。组织（Organization）是指国际行为体或其代表参与构建的平台，以协调组织各方对国际货币事务进行协商、议事和协调共同行动。原则是国际货币体系的基础和指针，规范、规则、安排等则是其具体体现。国际货币体系作为国际货币关系的总和，是国际经济发展和市场选择的产物，以降低交易成本，促进跨国交易和国际经济的发展；同时，也是国际政治博弈的结果，因为国际货币关系的规范和治理涉及各国主权。

从外延上看，国际货币体系是国际货币关系的外在体现。具体包括有关国际货币的供给、需求、运作和管理等各方面国际货币关系，如国际交易媒介、价值尺度和国际储备方面的制度、国际货币的供给机制、汇率制度、国际收支调节机制、国际协调和治理机制、国际资本流动管理制度等。本章第三节制度维度中的国际货币，有关于国际货币制度的具体论述。

---

① 斯蒂芬·克拉斯纳、罗伯特·基欧汉等国际关系学者在有关国际制度、国际机制、国际秩序等概念方面做出了权威界定。本书对国际货币体系的界定，一定程度上吸收了他们的思想，由于国际体系是国际行为体相互关系的总和，必然涉及行为体在处置相互关系方面的基本原则、规范、规则以及决策程序。参见 Stephen D. Krasner, "Structural Causes and Regime Consequences: Regimes as Intervening Variables", *International Regimes*, Ithaca, NY: Cornell University Press, 1983.

第二节　市场维度中的国际货币

国际货币具有多种属性，首要的属性就是市场属性。国际货币的产生发展，首先是市场力量推动的结果；国际货币关系、国际货币格局、国际货币制度的演进，主要是受市场力量的推动。本节重点从市场的角度，探讨国际货币及国际货币体系的基本特性。

一、货币的市场特性

货币异于市场，但货币源于市场，是市场发展到一定阶段的产物，因此必然受市场的价值规律和竞争规律的影响，具有市场的天然烙印。

货币是市场内在组成部分。货币是市场的交易媒介，通过媒介物，市场交易双方顺利实现交易的目的，完成交易的过程；货币是市场交易标的的价值表现手段，没有货币，交易品的交易价格难以实现；货币是市场信息的载体，通过货币追逐商品的程度，可以反映市场需求状况、商品的紧缺性等丰富信息。自获得独立存在形式之后，货币就渗透到市场的每一个角落，成为市场的神经和血液。在现代市场经济中，假如没有货币，市场交易成本空前升高，市场无法深化广化，人类交易将被各种“交易壁垒”（信息壁垒、成本壁垒等）割裂。

货币与市场相互促进，互为发展动力。一是市场发展推动货币的产生发展。货币是各经济主体在市场中、在相互交易中逐步演化形成的。最早是物物交换，商品互为价值尺度，互为交易媒介；随着交换规模的扩大，在交易成本最小化和利益最大化的动力驱动下，某种最为大家接受且更为便利的商品成为公共媒介

（一般等价物）；当交易行为常态化扩大化后，该一般等价物则以更有利于保存、携带、运输和分割的商品形式固定下来（金、银、铜等金属），成为市场经济中的相对独立的存在。[①] 随着市场的发展，“比特币”等新型货币以及货币的新功能不断衍生（参见图2—1和表2—1）。二是货币推动市场的发展。货币一旦产生，便获得不同于其他商品的特殊性和功能，成为市场的交易中介和信息载体，大幅降低市场交易成本，使得市场交易的速度、广度和深度不断提升。当货币成为国际货币，则推动市场走出国界，形成国际市场；当货币的形式和功能进一步演化，发展到信用货币、电子货币，市场不断突破时空限制和交易形式，发展成为更高级的形态。货币的演化过程，也是市场不断从低级向高级、从地方走向世界的过程。

货币形式的发展，使得货币本身也是市场交易对象，是金融市场重要组成部分。作为交易媒介和支付手段，人们需要货币进行市场交易，市场交易量越大，对货币的需求也就越大；同时，货币本身也是一种资产的存在形式，是财富的象征，因此货币是市场各主体竞相追逐的对象。货币市场是金融市场的重要组成部分，现金以及其他流动性强的短期存款等也是居民和企业在财富和资产配置时的重要选择。随着社会发展，货币的外延不断扩张，货币与一般金融资产的边界也就越来越模糊。随着现代银行与金融业的飞速发展，金融创新导致货币的形式越来越多样，各种金融资产的流动性急剧提升，广义货币的种类不断增多，财富形式越来越多样。当资产价格（表现为收益率）变动时，这些资产的市场供求量也发生变化。据中国人民银行统计，截止2014年

① ［英］亚当·斯密著，贺爱军、贺宽军编译：《国富论》，陕西：陕西人民出版社，2005年版，第33—35页。

1 月底，中国存量货币的基本结构和分配如下（参见表 2—4）[①]：

表 2—4 2014 年 1 月中国货币供应量（单位：亿人民币）

流通中的现金（M0）	货币（M1）	货币与准货币（M2）
76488.60	314900.55	1123521.21

资料来源：中国人民银行统计资料。其中，货币（M1）包括流通中的现金以及支票存款等；货币与准货币（M2）即广义货币，包括 M0、M1 以及储蓄存款等银行系统内的各项存款资产。

二、影响国际货币的市场力量

国际货币是国际市场普遍接受的交易媒介，因此国际货币的兴盛与衰落，主要受市场力量驱动。随着全球经济一体化进程加速以及全球市场的逐步成型，市场的力量对国际货币的影响力也越来越大。当今世界，国际贸易总额迅速发展，全球商品及服务出口总额已由 1995 年 8.56 万亿美元增加到 2013 年 23.33 万亿美元，占全球 GDP 总额 1/3 左右[②]；国际金融和国际投资交易额更是远超世界 GDP，而国际经贸和金融投资交易大部分需要国际货币来标价、支付、交割，显示市场供求力量的巨大作用。

首先，国际货币供给以国际市场为基础。国际货币领域中，“首要的问题就是货币创造（供给）问题”[③]。国际货币供给包括两个方面：货币供给的数量问题，即国际流动性的创造和供给；

① 中国人民银行货币统计概览，2014 年 1 月。

② 联合国贸发会议，国际贸易数据库。

③ Charles P. Kindleberger, *Power and Money: The Politics of International Economics and the Economics of International Politics*, New York and London: Basic Books, Publishers Inc., 1970, p. 211.

合法性问题，包括货币的信心问题。不同国际货币体系下，国际货币供给的模式不同。国际金本位体系下，货币的创造取决于各国货币的含金量和价值水平、金矿开采的成本和产出量以及进出黄金窖藏的黄金数量等决定。当世界黄金产量突然增加，那么国际货币的供给将上升①；相反，当世界黄金产量下跌，或者民间窖藏实物黄金的偏好增加，或者某些国家当权者对未来经济发展的不安全感上升，囤积黄金倾向上升，导致流通领域中的黄金数量减少，则国际货币供给下降。因此，国际金本位下（任何商品货币为本位的货币体系），国际货币供给都要受到作为货币本位的黄金供应量的制约，而黄金供应量的多寡变化，受技术、自然界存储量等客观力量限制。但是，政府仍然有发挥影响力的空间。一是调整货币发行所需的黄金储备。欧洲主要大国在1879年之前（国际金本位成立之前）均已建立了中央银行的货币管理制度，美国在1913年建立美联储。通过部分储备制度的调节，政府可以调节国际货币的供给。二是通过借贷活动创造货币。大英帝国利用其超一流的信誉和国际借贷能力，以及伦敦金融中心的地位（各国持有英镑作为储备，并存放在伦敦金融市场），通过向世界各国长期借款，并用持有的黄金储备发行英镑。② 因此出现了英国作为金融霸权所独有的现象，即英国使用少量的黄金储备（低于法国等国），发行全球性使用的国际货币。

当然，国际货币体系改变了，现在的信用货币美元本位制

① 1896年，南非斯特瓦特斯兰地区突然发现大量金矿，再加上当时普遍流行的利用氰化技术提炼黄金，大大降低生产成本，提高黄金生产效率，导致全球黄金供应成倍增加，这些黄金进入国际货币体系，导致货币供给大幅上升，结果带来全球性通胀。

② Charles P. Kindleberger, *Power and Money: The Politics of International Economics and the Economics of International Politics*, New York and London: Basic Books, Publishers Inc., 1970, p. 211.

（黄金非货币化）下，国际货币供给模式与国际金本位体系下有很大不同。当前，国际货币供应的主导权由美联储等国际货币发行国的央行决定，美联储通过操纵利率水平和投放基础货币，通过国际金融市场的运作，决定国际货币的供应量大小。如果用 M_s 表示国际货币供给，Q^c 表示基础货币投放，I^c 表示国际货币发行国央行目标利率水平，m 表示国际金融市场决定的国际货币乘数，那么在信用货币或法币本位制的国际货币体系下，国际货币的供给可简单表示为：

$$M_s = M(I^c, Q^c, m)$$

当国际货币发行国美国因为国内经济需要，实行宽松型货币政策，加大对货币市场的货币投放，如2008年金融危机后，美通过量化宽松（QE）等非常规货币政策，直接在金融市场上购买国债和政府担保的抵押证券，大规模扩大央行的资产负债表，向市场注入数万亿美元货币，那么 Q^c 上升，国际货币的全球供应将会增加；反之，如果美国收紧货币政策，提升联邦基金利率，I^c 上升，美国货币市场流动性减少，国际商业银行的借贷活动压缩，那么通过一定的乘数效应，全球的国际货币供给减少。当然，国际货币供给的具体机制和渠道较为复杂，美元在美国国内的供给，要转换成国际货币的供给，会通过该国经常账户和资本账户等渠道“走出去”，包括国际投资和借贷、国际经贸等。此外，国际货币供给还受其他因素制约，比如次中心货币、国际私人货币（电子货币）、超主权货币（SDRs）等，但法币本位制下，制约国际货币供给的“黄金约束”已经不复存在。不同国际货币体系，国际货币关系和国际交易规则不同，国际货币供给机制也不同，但是无论何种国际货币体系，国际货币的供给均以市场为基础。

其次，国际货币的市场需求，建立在国际货币的功能或职能基础上。因为国际货币满足各国人们的交易、投资等需求，所以成为市场追逐的对象。与国别货币不同，国际货币除了服务于私人主体的市场交易和财富储存需求外，还要服务于各国政府的经济管理需求。根据货币基本职能和货币需求主体的不同，国际货币的具体职能有6种（参见表2—5）。① 相应地，国际货币需求也包括官方需求和私人需求。而随着国际经济自由化和各国经济发展水平的提高，国际私人需求已成为决定国际货币需求的主力。

表2—5　国际货币的六种职能

	作为交易中介（避免物物交换）	作为记账单位（有利定价记账）	作为价值储存手段（便于跨期和跨距离交易）
私人使用	支付手段、贸易报价和金融结算	作为国际贸易和国际金融交易的会计核算依据	国际投资（分散资产组合，或作为国内资产的替代）
官方使用	外汇市场干预手段	锚定本国货币	国际储备

注：本表是作者根据科恩（1971）、凯南（1983）以及弗格森（2008）的资料整理而成。

因此，根据上述功能，可以推导出国际货币需求的理论模型。假设国际上只有一个霸权国货币，即国际货币唯一，其他国家货币均为非国际化货币（这么假设纯粹是为了表述方面，如果有两个及以上国际货币，那么国际货币供给的公式要复杂一些，需要确定国际货币之间的汇率，以及货币替代问题）。设 M_d 表示国际货币总需求，M_{d1} 表示私人国际货币需求，M_{d2} 表示官方货币

① 本杰明·科恩最早提出这种划分方法（Benjamin J. Cohen，1971），彼特·凯南（Peter Kennen，1983）和尼尔·弗格森（Niall Ferguson，2008）等也认同并扩展了这种划分方法。

需求，P 表示世界通胀水平，Y^w表示全球收入，L 表示流动性偏好函数，R^w表示全球资产市场的平均收益率（如果世界资本可自由流动，则各国的资产收益率应该相同），I^c表示国际货币发行国央行目标利率水平，那么国际货币的需求公式就可以表示为：

$$M_d = M_{d1} + M_{d2} = L(R^w, Y^w, I^c) + M_{d2}$$

影响国际货币私人需求和官方需求的因素多种多样。一是国际经济发展水平。当世界经济高速发展，国际贸易与投资蓬勃兴旺，各国人们的国际交易需求随之上升，导致国际货币需求增大；反之，当全球经济发展低迷，实体经济发展乏力，则降低人们对国际货币的交易需求。二是国际金融条件。当国际货币发行国的基准利率I^c下降，资金成本下降，私人需求 M_{d1}将随之增大。三是国际政治经济的风险。当世界政治与经济不稳定性上升，金融市场的风险增大，各国政府的财政赤字和债务加重，世界对国际货币的官方需求 M_{d2}将上升。国际货币体系的类型不同，其需求的模式也不同。金本位和纸币本位的货币需求，以及同样在纸币本位下固定汇率与浮动汇率制度下的货币需求，都有较大差异。在给定国际货币体系中，货币需求公式和货币供给公式相结合，就可以预估国际货币总供求情况，以及市场均衡情况。对于货币霸权国而言，由于其操纵国际货币供给，在相当程度上扮演着全球中央银行的角色，可以影响全球的货币供求以及国际信贷，从而影响各国经济乃至全球经济的发展进程。

第三，市场力量是国际货币竞争和选择的推动者。世界上有上百种货币，到底哪种货币会成为国际货币？哪种货币成为国际关键货币或主导货币（Dominant Currency）？一国货币如何走向世界成为国际货币？归根到底，这些都是由市场力量所推动的国际货币竞争与与市场选择来决定的。一国能否成为国际货币，由政治、经济等多种因素决定，但市场始终是主要力量。国际货币自古就已有之，目前考古发现的最早由铸币的国家吕底亚（小亚细亚中西部的古国）的货币，至少在公元前 7 世纪就已经成为流行广泛的国际货币，其他老帝国比如古巴比伦、古希腊、古罗马、波斯帝国，直到近现代的西班牙帝国、土耳其帝国等的货币，都曾被国际社会使用。货币历史学家已经证明，推动这些国家货币走向世界的背后主要力量是市场，即该国货币发行国的经济实力强大，货币信用可靠，从而广受各国欢迎，成为国际交易的共同选择。

根据本杰明·科恩的总结，影响国际货币需求（进而影响国际货币的地位）的市场因素主要有四个。[①] 一是货币价值的稳定性。人们愿意持有该货币的信心源于该国稳定的低通胀、严格的货币纪律。二是货币使用的便利性，即该货币必须方便人们的汇兑、交易和投资。对此，国际货币发行国必须拥有自由兑换的货币制度，面向全球开放的经济，以及有较大深度、广度和宽松管制环境的金融市场。三是全球交易网络。这取决于该国在全球经济中的地位，如果货币发行国经济占全球经济份额较高，且高度开放，该国与世界各国均有密切的贸易和投资往来，这就为该国货币走向全球打下坚实的基础。四是市场体系的惯性。当某国际货币发行国地位衰落，但由于市场以该货币为交易媒介的历史较长，如果立即更换国际交易媒介和运作良好的结算网络，将带来较大成本。因此，国际货币的地位并不会立刻随着其发行国地位的下降而下降，这之间存在一定的时间差。比如英国在一战之后，其经济在全球的份额就已经落后于美国，但英镑在全球的主导地位持续到 20 世纪 50 年代。

阿尔温德·苏布拉马尼亚用宏观模型的方法，对影响国际货币地位的市场力量进行了量化研究，分析影响国际货币地位的市

---

① Benjamin J. Cohen, *The Future of Global Currency*, London: Routledge, 2010.

场因素，提炼出 GDP、贸易和净对外资产（反映对投资和借贷的金融能力）三大要素，并建立市场影响货币地位的理论模型，并且称该模型有效解释了过去 110 年推动国际货币地位变动的 70% 左右现象。[①] 根据该模型，可以推算出某国货币在国际货币体系中的地位（假设该国货币可兑换，且国内金融市场开放，有一定深度和广度）。设 IED^i 表示一国综合经济优势指数；GDP^i 是一国国内生产总值相对全球的份额（之所以选取该指标，是因为 GDP 的规模大小，基本反映该国占全球市场的份额比例，比例越高，该货币的全球使用比例和规模就越大）；Tr^i 表示一国进出口贸易总值占全球总贸易额的份额；CR^i 表示一国对外净金融能力（可用存量和流量指标来衡量，存量包括一国对外净债务或净债权，以及外汇储备总值，流量是指一国经常账户净差额，但考虑到存量对一国经济的优势既有积极作用，又有消极因素，因此选取流量指标）。那么根据以下公式计算，对各国综合经济优势指数进行排序，可以预估出各国货币在国际货币体系中的地位（见下面公式）。

$$\theta_i^{IED} = a_1\theta_i^{GDP} + a_2\theta_i^{TR} + a_3\theta_i^{CR}$$

（$a_1 + a_2 + a_3 = 1$，这里 θ_i^{IED} 表示相对指数，其余类推）

上述公式中，a_1、a_2 和 a_3 分别表示国内生产总值全球份额、对外贸易量份额以及经常账户净额份额在综合经济优势指标中的权重。追踪各主要国家的综合经济优势指标的历史轨迹（历年数值有起伏变动），可以直观看出某国货币地位的兴衰，以及国际货币格局的变迁轨迹，而国际货币地位变动和优胜劣汰的背后，是巨大的国际市场力量所推动的。

---

① Arvind Subramanian, *Eclipse: Living in the Shadow of China's Economic Dominance*, Washington: Peterson Institute for International Economics, Sep. 2011, pp. 63-68.

第三节 权力维度中的国际货币

货币，作为市场必要组成部分，正如上一章所讨论，并非存在于政治的真空之中，而是从一开始就是“嵌入”在一定社会政治经济文化背景之下，具有政治性社会性，而“权力”是广泛渗透其中无处不在的因素。

一、货币的权力属性

货币是市场的内在组成部分，如前所述，现实中货币不可避免受权力因素影响。首先，货币在市场中的独特地位，使得市场对权力尤其是公共权力具有内生性需求。货币从商品货币演进到信用货币，货币的实际价值与观念价值（即其所代表的名义价值）不断分化，最终货币逐步脱离“商品”角色，越来越抽象化为“价值符号”，越来越具有市场的“公共产品”和自然垄断性产品的特性，从而需要公权力或者具有极高市场信誉和公信力的机构（比如西方由大型财团代为发行和管理货币；而在古代，具有市场信誉的机构通常具有发行货币的权力）介入。无论公共产品还是自然垄断性产品，完全依靠市场运转往往是低效的，并且有失公平。国家或者市场权威机构的介入，为市场提供公共产品服务，有利于市场有效运转。国家权力从这个意义讲，内生于市场需求。

对此，经济学家凯恩斯在其 1930 年所著《货币论》中，从货币的发展历史中，总结出货币最终将发展为权力货币。他认为“记账货币”（计价单位和支付手段）是货币最基本功能之一，“我们可以通过支付货币并以持有一定量的一般购买力的形式来履行债务合同和价格合同。并且由于与记账货币的关系（因为债务和价格都必须首先以记账货币的形式来表示)，货币衍生出其自身的特征。那些只是为了在交易现场作为便利的交易媒体而存在的事物会逐渐演变成货币，这是因为它们代表了一种持有一般购买力的方式”。通过记账货币，货币和合同联系在了一起，货币第一次获得了当事人之间的强制力。而“当国家声称有权宣布什么事物可以作为货币以对应记账货币的时候，国家货币时代便开始了”。

苏珊·斯特兰奇论证了货币具有“天生的政治性”，认为货币事务对社会具有全局性影响和高度政治敏感性，[①] 尤其是信贷和资本市场管理。当金融市场的广度和深度越来越大，货币金融交易越来越复杂时，市场对制度的需求越来越大，需要公权力机构对信贷机构和货币市场予以约束监管。[②]

其次，权力的本质导致货币的政治化。权力的本质是影响力和支配力，理论上，一切可以发挥影响力和支配作用的载体，都会被权力加以运用。这种支配力除了直接强制力（军事力或武力）和政治影响力之外，还包括通过经济、货币渠道发挥影响力。当货币发展成为“一般等价物”后，就拥有市场中其他商品无法比拟的地位和功能，对市场、对其他事物具备巨大影响力。这就是为什么人类社会发展到一定阶段时，各国掌权者无一例外地都参与并掌握货币发行、货币管理等货币事务。权力反映在货币领域，就是所谓的“货币主权”（Monetary Sovereignty）——发行和管理货币的控制权。政府之所以高度重视掌控本国的货币事务，是因为可以从中获得巨大影响力和好处：维护一国主权和国

---

① Susan Strange, “Interpretations of a Decade”, in Loukas Tsoukalis, ed., *The Political Economy of International Money In Search of a New Order*, London: Sage Publications, p. 39.

② Susan Strange, *States and Markets*, Second Edition, London: Pinter, 1994, p. 97.

家身份象征；获取巨大的铸币税收益，以支撑该国的公共开支；具备调控国家宏观经济的强有力手段；有助抵御外国对本国的不利影响。[①] 因此，对于一个拥有如此广泛影响力的有利工具，任何权力主体都不会轻易放弃或共享。

第三，货币制度关乎利益分配。货币体系作为一种社会制度体系，是一种利益结构的反映。任何社会制度本质上都是各主体的利益博弈的结果，必然体现为主体间的权力关系，货币制度体系亦然。本位制度是货币体系核心，从货币史上看，各国对本位货币的选择往往伴随着激烈的政治斗争，比如美国。19 世纪末，美国在决定是放弃原先的金银本位制还是采用金本位制度时，美国国内各政治势力产生激烈的矛盾，以威廉·詹宁斯·布莱恩为首的民主党坚决反对放弃“银本位”，主张制造银币，而以威廉·麦金利为代表的共和党针锋相对，力推金本位制度。前者代表农民和白银矿产开采集团的利益，后者代表富人和大资产阶级的利益。19 世纪八九十年代，在南非大金矿发现之前，世界由于长期实行国际金本位制度，产量有限的黄金无法满足快速发展的世界经济的需求，全球范围内出现持久的通货紧缩。这对依靠贷款的农民和小企业而言，无疑加剧了负担，但对于持有大量债权的富人而言，黄金本位显然更为有利。于是两派势力进行了激烈较量，最终共和党胜出。[②] 除了本位制度外，货币的发行、管理等方面的制度规定，包括汇率制度的选择等，也是国内各政治势力和利益集团之间博弈的结果。可见货币的制度属性背后，实质是权力关系。

---

① Benjamin J. Cohen, *The Future of Global Currency: The Euro Versus the Dollar*, Routledge, 2011, p. 19.

② ［美］米尔顿·弗里德曼著，安佳译：《货币的祸害——货币史片段》，上海：商务印书馆，2008 年 5 月版，第 104—121 页。

二、货币权力的内涵

货币拥有权力属性，但货币的权力如何衡量？这一直是理论界的难点。正如乔纳森·科什纳所言，货币的权力“一直是被理论界长期忽视的问题”，直到近20多年来才逐渐被学界所关注。[①]从现有文献看，关于货币与权力的理论总体较为欠缺，论述也不够充分。马克思从市场与制度的阶级属性出发，对货币权力有深刻的论述。马克思认为，权力的实质是人支配人的关系，货币的权力属性是经济社会发展到一定阶段的产物。在商品经济形成之前，货币（原始的普通商品货币）是交换的媒介，并非价值尺度和计价手段，人们需要货币是为了满足交换所需产品，以满足自身需要；但随着商品经济的发展，尤其是资本主义的出现，货币的身份发生变化，不仅是交易手段，而且是“一般等价物”，成为“交换价值的价值”，也成为“一般财富的代表”。[②] 在封建君主专制时期，商品经济有了一定规模，货币作为一般等价物，可以满足君主动员境内资源的需要，使其有能力“在一切地点运用同一形式的一般权力，为了适应这一点，他需要这种权力的物质杠杆，即一般等价物……君主专制需要这种完全摆脱地方的、自然的个人的特殊关系的货币形式的财富”。[③] 也就是说，封建君主为了有能力在境内随时随地动员、运用资源，需要以货币为权力的物质杠杆。在资本主义社会，货币作为一般财富的代表，则成

① Jonathan Kirshner, *Currency and Coercion*: *The Political Economy of International Monetary Power*, Princeton University Press, 1995, p. 3.

② 马克思：《马克思恩格斯全集（第31卷）》，北京：人民出版社，1998年版，第367页。

③ 马克思：《马克思恩格斯全集（第31卷）》，北京：人民出版社，1998年版，第315—316页。

为资本的一般代表，通过不断投入流通，货币资本不断转化为劳动力、生产资料等实物资本，通过生产过程转化为商品资本，再进入流通过程，变回货币资本形式，但是，此时的货币资本是增殖了的货币资本，包涵着劳动创造的剩余价值。在资本主义下，货币“异化”为资本，成为一种人剥削人、人控制人的制度性工具和手段。因此，资本主义中，货币权力就是资本权力，而这种资本权力首先的表现就是占有工人劳动力的权力，即对劳动的支配权、统治权和使用权。当资本的发展走出国界，货币权力也就扩大为世界权力，即由原先在国内占有本国劳动者的权力，变成支配世界市场、统治世界的权力，此时货币权力膨胀到极点。总之，综合马克思的观点，货币权力首先表现为作为“一般财富的代表”和“一般等价物”而动员资源的能力，是权力的物质杠杆；其次是作为特定社会下的“资本的一般代表”，表现为占有、支配劳动的制度性权力。

而政治学家则从法律与国家角度，论证了货币的权力属性。货币权力（Money Power）理论认为，货币权力是国家主权的体现。一般认为，国家主权是一国对其所辖领土、领海、领空的权力，包括经济主权、政治主权、文化主权等。反映在货币上，国家权力就表现为货币主权或货币权力，即确保主导本国货币事务。每个国家独立自主地确定其货币政策和有关立法是主权原则在货币领域的体现。国际常设法院在 1929 年指出，国家有权管理并调整其货币，此确系普遍公认之原则。[①] 货币已经是国家主权的象征，确保本国货币主权独立和完整，已成各国重大使命。具体说来，货币主权体现在如下方面。一是自主决定本国货币、制订实施本国货币制度的权力，包括：货币铸造及管理权，货币

① 盛愉、周学：《货币理论与法律实践》，北京：法律出版社，1989 年版，第 135 页。

形制的自主决定权，货币价值标准和可兑换性的确定（货币发行流通的一般规则，货币对外汇率的决定机制，货币涉外流通的问题），货币管理的人员、组织机构制度和行政规则等，以及涉及货币活动的其他内容。这些方面的法律规则的制订权完全由国家不受干涉和外来强迫地独立自主地行使。二是对本国货币事务自主的管理权，包括自主决定本国的货币政策，采用动态的货币手段和措施来调整国内货币金融活动的权力。三是平等参加国际货币金融活动以及决定本国与他国间货币事务的权力，即参与国际货币金融管理活动，参与制订国际货币金融的规则制度，并有能力通过同他国缔结平等的货币金融方面的条约，达成协议来维护自己在国际交往中的货币金融利益，而不必屈从于他国的安排和影响。前两点表示对内自主权，最后一点是指对外独立权。

可见，不同领域的专家学者，对货币权力的视角不同。但也存在一定的共识，即货币本身是社会经济发展的产物，对具有支配控制货币的行为体而言，货币是权力的工具和杠杆，是权力主体借以动员资源，对他人行为进行施加影响的强有力的手段。

三、国际货币权力

目前，多数经济学家包括货币主义大师弗里德曼等，都认同货币具有政治性，权力是货币政策发生变化的原因，但对国际货币权力概念，并没有一致意见。“真正理论意义上的货币权力理论目前尚不存在”（指有明确理论前提、模型以及可证伪的理论）。[①] 查尔斯·金德尔伯格通过考察国际货币发展历史，包括1929—1933 年大萧条的历史，提出“霸权稳定论”，认为 20 世纪

① Benjamin J. Cohen, “Money and Power in World Politics”, in *Strange Power*, edited by Thomas C. Lawton and Amy C. Verdun, Ashgate Publishing, 2000.

20年代的金融大危机本质上是美国没有（不愿意也没有做好准备）承担衰落下去的大英帝国的“霸权”责任所导致的，进而提出国际货币发展历史本质上是霸权兴衰史。[①] 金德尔伯格是运用政治权力理论研究货币问题的先驱，他认为国际货币霸权国应该为全球提供至少如下“公共产品”：一是对全球过剩产品提供相对开放的进口市场；二是为他国提供反周期或稳定、长期的贷款；三是促进国际经济金融的稳定，在危机时刻扮演最后贷款人角色；四是促进全球汇率相对稳定；五是促进全球宏观经济政策协调。换言之，拥有影响全球贸易、投资、金融的实力，以及具有稳定世界经济和金融、推动全球经济合作的领导力，该国才能“问鼎”全球货币霸主，获得支配全球的货币权力；相反，如果那个国家具有以上五大力量，则就有可能动摇现有货币霸权，颠覆现存国际货币秩序。

乔纳森·科什纳认为货币权力是国家权力的一部分，国家权力作为一国对他国的影响力，包括军事权力、经济权力、文化权力等各个方面，其中经济权术或权力（Economic Statecraft）即一国利用经济手段对他国施加影响力，包括对外经济援助、国际贸易、国际金融以及货币权力（Monetary Power）等方面。这些权力相互关联，但又相互独立，其中货币权力较其他经济权力而言，高效、有力并且容易实施，是国家强有力的权力工具，而其他数个经济权力工具则存在或多或少的缺陷，均存在效能不足和外在限制（参见表2—6）。[②]

---

① Charles P. Kindleberger, *The World in Depression, 1929-1933*, Berkeley and Los Angles: University of California Press, 1973.

② ［美］乔纳森·科什纳著，李巍译：《货币与强制：国际货币权力的政治经济学》，上海：上海人民出版社，2013年10月版，第4页、第23—31页。

表 2—6　经济权力工具的可行性比较

	援助	贸易	金融	货币
涉行为体数量	适中	多	少	少
相对全球经济的相对独立性	高	适中	低	低
面临外在限制	高	适中	适中	低
工具使用效能	适中	低	适中	高

资料来源：本表转引自根据乔纳森·科什纳（李巍译）《货币与强制：国际货币权力的政治经济学》，但稍有变动。

金德尔伯格、本杰明·科恩、乔纳森·科什纳等对国际货币体系和国际货币权力进行了开拓性的探索，提出许多创见，但是仍然面临一定的局限。金德尔伯格从“提供国际公共产品”角度，提出国际货币领域著名的“霸权稳定论”，但该理论已被国际货币的历史实践证明与事实不甚相符，并且逻辑上也存在一定漏洞。[①] 本杰明·科恩、乔纳森·科什纳等虽然提出更精细的“国际货币权力”体系，但该理论的构建主要建立在“联系性权力”假设基础之上，局限在传统的“国家中心主义”的现实主义框架内。这是苏珊·斯特兰奇一直极力批判的，因为权力不仅包括联系性权力，还包括“结构性权力”；并且随着世界政治经济

① 巴里·艾肯格林通过大量史实表明，霸权在国际金本位、布雷顿森林体系等的形成和发展中并没有那么重要，至少相当部分的史实不支持金德尔伯格的论断；佛朗西斯·加文专门对布雷顿森林体系的相关历史进行了深入研究，表明美国并没有像想象中的那样从该体系获利，从一开始美国便深受该体系的约束（Francis J. Gavin, *Gold, Dollars, and Power: The Politics of International Monetary Relations, 1958-1971*, by The University of North Carolina Press, 2004）；理论方面，基欧汉通过《霸权之后》等研究表明，霸权并非唯一提供“国际公共产品”的实体，国家集团或者一定国际机制也可以提供。

的发展，跨国企业、各国居民等“非国家行为体”也是权力的重要拥有者和实施者。更重要的一点是，他们所研究的货币权力，主要是建立在国际货币的细分功能（计价、结算、价值储藏）基础之上，着重分析的是国际货币本身，而不是从国际货币制度体系整体角度分析。

因此，在探究国际货币权力问题上，有必要克服“联系性权力”和“国家中心主义”的窠臼，着重从国际货币体系“整体”着眼，从更广视野进行研究。本书认为，从市场的权力维度分析，国际货币的权力是货币主权的延伸和扩展，具体包括三个层面：一是在国家权力支撑下，国际货币在国际市场获得特殊地位，以及货币特殊地位给该货币发行国带来的“特权”。正如罗伯特·蒙代尔指出，“强权造就强币”，每一个国际货币背后都站着国家强权。而强权货币又给强权带来巨大政治和经济收益。二是国家权力利用货币这一有利工具，对他国实施战略影响。三是利用结构性权力，制订货币制度体系，影响整个货币体系，实现国际战略。

第一，利用权力提升本国货币的国际地位。由于货币具有公共产品的特性，而且在国际市场上，货币一般都表现为各国主权货币，国家是国际市场上的主导性力量，因此这里讲的国际货币权力主要是指国家权力。20 世纪 70 年代，苏珊·斯特兰奇就提出从政治权力角度研究国际货币体系。苏珊认为，权力和经济规模是一国货币向外扩展成为国际货币的两大推动力。在此基础上，她进而提出国际货币的四种类型：宗主货币或征服货币（Master Currency）、顶级货币（Top Currency）、协商货币或民主货币（Negotiated Currency）以及中立货币（Neutral Currency）[①]。

---

① Susan Strange, *Sterling and British Policy: A Political Study of a International Currency in Decline*, London: Oxford University Press, 1971, p. 38.

在这些货币的推行中，宗主货币主要由强权推动的，带有强制他国接受本国货币的特点，如大英帝国对其政治附属国（英联邦国家）推行的货币；顶级货币则是权力和经济力量共同推动，虽然强制性色彩下降，但由于该国经济规模、市场容量巨大，经济具有强大优势和吸引力，这本身就是国际权力的体现，再加上本国强大的军事力量维持市场秩序，因此顶级货币离不开权力的支撑；协商货币是指帝国（宗主国）力量开始衰落后的货币；中立货币以经济实力为主，但同样离不开权力的影响。权力和货币是相互的，一方面权力抬升货币的国际地位，另方面货币是权力发挥影响的手段，强大的货币有利于增强权力，“经济强大到拥有国际货币的国家，将同样具备实质性权力和影响力”。[①] 因此，斯特兰奇总结道，任何“货币外交政策不可避免地反映各国拥有的实力”；而国际货币体系的结构，从总体上反映“世界各国政治与经济权力的某种平衡”。[②]

另一方面，由于强权货币或关键货币拥有独特的国际地位，又会使得该货币的发行国因此拥有超级地位，为其带来巨大的经济与政治好处，比如本国居民交易成本下降、金融产业发展“标价权租金”（Denomination Rent）[③]、铸币税收益（本书后面会专门探讨）、巨大的国际声誉等。因此，国际货币的权力属性，首先就体现在促进本国货币的国际地位提升和获取超级货币带来的超级特权，此两者相辅相成。

① Susan Strange, “The Politics of International Currencies”, *World Politics*, Vol. 23, Issues 2, p. 222.

② Susan Strange and David Calleo, “Money and World Politics”, in Susan Strange, ed., *Paths to International Political Economy*, London: Manchester University Press, 1984, p. 99.

③ 指的是因为本国货币是国际货币，且国际交易结算都使用本币标价，因此本国金融产业获得向国际拓展的天然优势。

第二，以货币为权力工具，维护国家货币主权，并对他国施加影响力。即通过货币政策，一方面保护本国货币主权，保护本国经济独立；另一方面利用货币政策，影响他国社会经济独立，从而达到施加影响的结果。

本杰明·科恩对这方面货币权力的研究较早也较为丰富，并尝试对其进行量化。科恩认为，货币权力包括两个维度：内部维度（Internal Dimension）和外部维度（External Dimension）。[①] 从内部维度看，是指货币的自治力（Money Autonomy），即一国免受外部势力的影响和压迫，独立自主采取货币政策行动的能力；从外部维度看，是指货币的影响力（Money Influence），即一国影响他国，迫使或诱使别国改变其行动的能力。两种力量的结合，反映一国货币权力的大小。

乔纳森·科什纳从另一角度对货币权力进行了定义，并试图建立关于货币权力的理论模型。乔纳森认为货币权力是一国利用货币杠杆对他国施加影响的能力，认为货币权力包括三个方面：一是货币操纵（Money Manipulation），即通过影响目标货币的价值和稳定性，获取战略利益，包括自卫型、放任型、掠夺型和消极型等类型；二是货币依赖（Money Dependence），指有意创造和扩大货币的势力范围，采取的策略包括强制、驱逐、拉拢和诱导等；三是体系破坏（Systemic Disruption），指针对货币体系或子体系的影响和塑造能力，包括战略加强和体系颠覆的能力。[②]

作为政治权力工具的国际货币权力，是指甲方利用货币工具影响乙方，从而产生不对称的权力关系。具体包括如下两个方面（参见图2—3）：

---

① Benjamin J. Cohen, "the International Monetary System: Diffusion and Ambiguity", *International Affairs*, 2008, Volume 84, Issue 3, May 2008, pp. 455-470.

② Jonathan Kirshner, *Currency and Coercion: The Political Economy of International Monetary Power*, Princeton: Princeton University Press, 1995, p. 20.

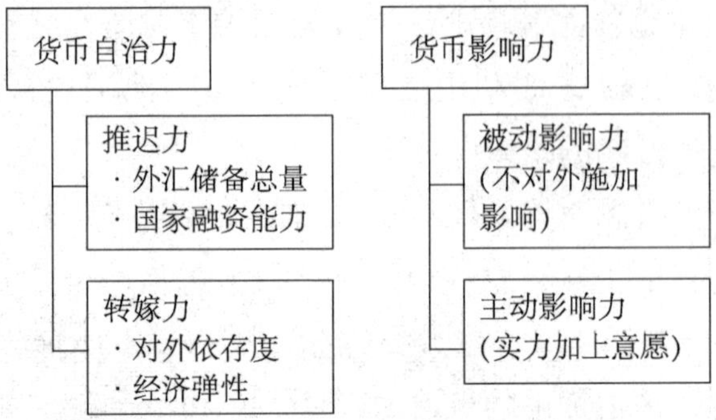

图2—3　作为手段的国际货币权力

一是货币自治权。货币自治力是货币权力的关键，一国只有首先具备免受他国影响，才具备对外影响的前提条件。在国际货币体系中，货币自治力的关键在于经济外部失衡的调整责任由谁负担，当一国被迫采取措施扭转国际收支失衡（外部失衡），它的独立性就会受到损害，其货币自治力下降。因此，一国货币自治权力也就是避免由于国际收支失衡而被迫调整负担的能力。而根据一国对国际收支的应对和调整方式不同，货币自治权力又可分为推迟力（Power to Delay）和转嫁力（Power to Deflect）两种：推迟力指的是推迟调整时间来减少调整成本的能力，取决于一国国际流动性状况，包括外汇储备和对外融资的能力；转嫁力是指能够把调整成本转移到其他国家的能力，取决于一国经济对外部冲击的灵活反应能力和国内市场的弹性，衡量转嫁力的主要指标是经济开放度和经济适应能力。一国经济开放度由国际贸易依存度（国际贸易总额占 GDP 的比率）决定，依存度越大，经济越开放，其国内经济就越容易受外部冲击的影响，因此经济开放度与转嫁力成反比。经济适应能力指标包括要素流动性、信息可得性和管理决策能力，一般而言，经济适应能力越强，其经济的灵活性和弹性越高，经济调整的速度越快，从而转嫁力越强。

二是对外影响力。包括被动影响力和主动影响力两种。由于国际货币关系是相互依赖相互影响的，一国拥有自治力，也就取得对他国被动影响力；主动影响力是指拥有影响他国政策的实力的同时，还拥有影响和控制他国的意愿。具体来看，主动影响力包括：实行货币操纵、建立货币势力范围以及影响整个货币体系运行。

第三，货币的结构性权力。目前有关国际货币权力研究的成果，是以直线型权力理论为基础。目前，各种版本的货币权力理论，无论是本杰明·科恩还是乔纳森·科什纳，基本上是从联系性权力角度进行考察，先是将货币和权力视为两个互不相干的领域，然后寻找两者之间的因果联系，然后是考察权力主体对对象的影响与反应的线性作用与反作用的关系。然而，正如苏珊·斯特兰奇在《权力的流散》一书中特别批评的，从机械的联系性权力出发的理论，很难对现实世界复杂的权力关系进行准确描述，更遑论对未来进行预测。① 因此，考察国际货币权力，还应上升到结构性权力的层次。在这里，货币的结构性权力是指，一国通过其在安全、经济、文化等方面的综合实力，凭借其主导的国际政治经济体系和秩序②，产生的对国际货币事务的影响力。一般而言，货币的结构性权力包括：一是为国际货币体系建章立制，确立制度规范。比如战后，美国和英国主导建构了布雷顿森林货

① ［英］苏珊·斯特兰奇著，肖宏宇、耿协峰译：《权力的流散：世界经济中的国家与非国家权威》，北京：北京大学出版社，2005 年 10 月版。

② 苏珊·斯特兰奇提出的结构性权力是指，一国因其在世界安全结构、生产结构、金融结构和知识与价值观结构中的地位，通过影响总体环境，从而所具备的对国际事件的结果的影响力。本书的机构性权力是指一国利用其政治、经济、文化等方面的综合实力及其在国际政治经济秩序中的地位，产生的对他国和国际事件的影响力。两者不矛盾，后者包含前者（安全结构主要指政治实力，生产和金融结构指经济实力，价值观结构及文化），并且包含国际政治经济体系的地位，而后者是政治学者特别强调的结构性权力的意义所在。

币体系，美国则是拥有最终话语权的一方。二是全方位影响国际货币事务的进程和结果。美国作为全球举足轻重的世界超级大国，在军事、经济、贸易、投资和软实力等方面拥有绝对领先优势，确保美元霸权的存在和发展。当德国、日本经济崛起对美国和美主导的国际货币体系产生威胁时，美先后多次迫使德国、日本单方面货币升值；当美因越战国内通胀严重，国际收支逆差不断扩大，面临各国挤兑黄金的压力时，美单方面宣布停止实现美元对黄金的兑换，并主导完成了黄金非货币化过程（尼克松冲击）。三是美元作为国际中心货币所"嵌入"的美国主导的国际政治经济体系，使其在国际交易与结算、国际借贷与投资等拥有垄断性地位，拥有对其他货币无可匹敌的巨大影响力。

总而言之，本书认为，国际货币权力是指在国际货币领域内拥有的影响力，考察国际货币的权力属性，应该从货币特殊地位和特权、货币联系性影响力以及结构性影响力等多个层面进行研究。而归根到底，国际货币权力来源于一国（或其他权力主体）的经贸金融实力及其在国际社会中的政治、军事、经济、文化等综合国力。

第四节　制度维度中的国际货币

道格拉斯·诺斯称，市场是人类历史迄今发展出来的最好的制度体系。作为市场内在组成部分，货币制度包括国际货币制度也应是该制度体系的一部分。国际货币制度本质上是利益博弈关系和权力关系的反映，是在市场力量和权力共同作用下逐步形成和发展起来的。

国际货币制度与各国货币制度有联系也有区别。国际货币制度对世界各国居民和政府有约束力，因此需要与各国货币制度有"对接"；但国际货币制度的制订往往反映霸权国的意志和利益，有时甚至是强国国内货币制度的国际化，与其他各国的货币制度有一定冲突和紧张关系，而这种关系本质上是国际舞台上权力关系的反映。国际金本位时代，欧、美、日、俄等主要大国都实行金本位制度，而当时的中国则是银本位制度，两者有巨大区别，这放映中国和国际强国之间的“中心—外围”关系；但是中国居民和政府也要参与国际经济活动，而外国居民和政府同样与中国有贸易和投资关系，因此中国的货币制度中要有体现国际货币制度要求的内容。国际货币制度和国内货币制度界线并不明晰，相互包含，并可以相互转化。本节首先对货币制度和国际货币制度的定义进行明晰界定，在前一章基础上，综合市场、权力以及制度等要素，以制度为主轴，构建一个关于国际货币体系的理论框架，作为全书的逻辑基础。

一、货币制度的定义及构成

货币制度是有关货币的构成要素、货币流通的组织与管理等方面的相关规范和规定。完善的货币制度能够保证货币和货币流通的稳定，保障货币正常发挥各项职能。依据作用的范围不同，货币制度包括国家货币制度、国际货币制度和区域性货币制度；根据货币的不同特性，可分为金属（商品）货币制度和不兑现的信用货币制度；依据货币制度的表现形式，可分为表现为法律法规的显性制度和表现为惯例、习俗的隐性制度。

货币制度是逐步演进的。远古时期，货币主要表现为普通商品货币和早期金属货币形式（铸币形成之前），普通商品货币的价值与功能、金属货币的成色和重量在交易中用来衡量交换价值。这段时期，货币以交易惯例和交易主体彼此接受的形式为主要规则，货币制度表现为隐性制度；随着国家公权力的形成和逐步成熟，铸币机制开始推广，货币从其本身商品属性（包括重量和成色）中解放出来，货币名义价值和货币单位逐渐成为货币的计量标准。① 此后，法律和国家权威介入货币事务，显性制度逐步凸显，这个从美国货币历史可以看出（参见表2—7）。但是，市场惯例并未消失，仍是货币制度的重要组成部分。

表2—7 美国货币制度（1792—1990）②

序号	时间	法律	内容
1	04/2/1792	《美国货币法》	首次规定货币（美元）标准及形式，金银为基础
2	03/14/1900	《金本位法》	确立金本位制，放弃金银复本位
3	05/18/1908	《货币法修订案》	规定金银币上加印“我们信上帝”
4	12/23/1913	《美联储法》	成立美联储
5	03/09/1933	《紧急银行救济法案》	规定所有公民上交黄金
6	04/05/1933	“6102号行政令”	规定所有公民上交黄金
7	03/12/1933	《紧急农场抵押法》	修改黄金储备法，美元贬值
8	06/03/1933	《众院192号联合决议》	允许美银行破产，不必支付黄金
9	01/30/1934	《黄金储备法》	规定民间储备黄金为非法
10	01/31/1934	第2072号总统声明	贬值美元，从每盎司黄金＄20.67降至＄35
11	07/31/1945	《布雷顿森林协议法》	美元为世界中心货币，创建世界银行、国际货币基金组织等机构
12	07/11/1955	《140号公共法》	规定任何美元货币印上“我们信上帝”
13	06/07/1963	“1110号行政令”	拟发行白银为基础的货币券
14	07/23/1965	《1965年货币法》	禁止银币流通；规定硬币新规格和标准

① ［英］约翰·F. 乔恩著，李广乾译：《货币史——从公元800年起》，上海：商务印书馆，2002年版，第35页。

② 根据笔者搜集的材料进行汇编所得。

续表

序号	时间	法律	内容
15	06/24/1967	《白银券法》	一年后，禁止白银券兑换，彻底结束白银的货币地位
16	03/18/1968	《取消黄金储备要求的法案》	立法取消美元发行必须持有 25% 黄金储备的规定
17	12/31/1970	《银行持股公司修订法》	改变货币（硬币）规格标准
18	08/17/1971	第 4074 号总统声明	结束金本位体系
19	03/31/1972	《价值平价修改法案》	国会修改美元汇率
20	09/21/1973	《价值平价修改法修正案》	国会再次修改美元汇率
21	07/09/1985	《埃利斯岛自由女神像纪念币法案》	首次授权铸印美国自由银币
22	12/17/1985	《1985 年金币法》	再次授权商业界铸造金币

概括而言，货币制度的要件构成要素包括以下 5 个。[①] 1. 货币本位制度，包括本位币与辅币。本位币即主币，是一国的基本通货，是法定的计价、结算货币。辅币则是本位币以下的小额通货，主要用于辅助本位币完成小额零星交易以及找零使用，一般是不足值货币。2. 货币材料和货币单位制度，规定用何种商品充当本位币的材料，规定货币单位的名称。金属货币下，一般要确定货币单位所包含的货币金属量，比如中国古代的五铢钱、英国的英镑等都含有重量单位。3. 货币发行与流通制度，包括确定货币发行机构、货币发行的储备制度、货币兑换制度以及货币流通管理规定。4. 货币的支付和结算制度，如货币是无限法偿还是有限法偿，以及各种交易、支付、结算、清算方面的规定等。5. 涉

① 比如我国货币的主要制度：一是法定货币是人民币，是不兑现的信用货币，是境内唯一合法通货，禁止外汇流通。二是货币单位以元为基本货币单位，元以下有十进位的辅币（纸制或铸币）。三是人民币发行集中于中国人民银行，人民币发行保证是国家拥有的商品物质，黄金储备、外汇储备主要是作为国际支付的准备金。

外国货币的相关制度，包括本外币的兑换、交易等。如境外货币在境内的使用范围，外国人持有或使用本币在境内进行投资、贸易、融资等方面的规定。

其中，本位制度是核心，其他制度是衍生、附属性的。货币本位一旦确立，货币的其他功能随之派生，货币制度体系的其余部分也可以此为基础进行建构。从表2－6中可以看到，美国众多的货币法律法规中，最重要且层级最高的是1792年的《美国货币法》、1900年的《金本位法》以及1968年的《取消黄金储备要求的法案》等，第一部法律确立了美国建国后至1900年上百年间的金银复本位体系，第二部法律确立了美国在1900至20世纪六七十年代之间实行的金本位体系，而最后一部法律确立了美元纸币本位体系。当采取金本位制度时，有关本币与外币的关系、货币发行和流通等方面的规定就基本定型，但是由于各国的经济环境、商业文化、历史习惯等相互不同，各国在具体程序、交易规则等方面有所差异，但基本的制度精神是相通的。

二、国际货币制度

由于制度概念的复杂性，目前学术界对国际货币制度（International Currency Institution）的理解并不统一，甚至在使用术语上都有差别。和国际货币制度意义最相近的术语包括：国际货币体系（International Monetary System）、国际货币秩序（International Monetary Order）等。

综合各家说法，本书认为国际货币制度是国内货币制度的扩展与延伸，是指国际交易中逐渐形成发展起来的围绕国际货币的本位制度、发行、储备、管理等一系列正式和非正式的约束和安排。与国内货币制度类似，国际货币制度的目的是满足国际市场交易需求，促进国际经济贸易、融资、投资的平稳发展。而国际货币体系（System）是一个更大的概念，包括两大部分：一是国际货币格局（国际各货币的布局结构，以及货币影响力分布）；二是各主体之间博弈的游戏规则体系（约束各主体行为，规范货币之间的关系）。换言之，国际货币体系是国际货币结构和货币交易制度体系的统一体。

（一）国际货币制度的结构

国际货币制度是指支撑货币在国际范围内发挥世界货币职能的原则、规范、规则和组织与程序形式的总和，包括以下几方面内容：

一是显性制度（正式制度），主要包括货币本位、汇率制度、储备制度、国际收支调节制度、国际协调制度等。货币本位制度是核心，即确定在国际交易中使用什么货币为国际货币。比如国际金本位体系下，以黄金为各国货币的本位和发行的基础（Money Standard），各国货币的发行必须以所拥有的黄金储备为依据。相应的，为维持黄金本位，必须确规定黄金可自由兑换、自由出入境、自由铸造。汇率制度是确定各国货币与国际货币之间的比值关系，以及各国货币之间的比价。储备制度是指国际储备资产的确定。国际收支调节制度是指一国经济外部失衡的调整方式（从货币角度，其本质就是如何管理国际货币需求问题，包括如何处理储蓄过度或不足）。国际协调制度属于决策和行为的程序，是指在落实、维护国际货币制度时的国际合作机制。此外，国际货币制度还包括各国货币的兑换性、经常项目和资本项目是否管制、国际结算的原则规定等。所有上述的这些制度，都非常明确地体现在各国的货币法律法规体系以及各种国际条约之中，并以文本方式固定下来。在这些显性制度中，货币本位制度是核心，一旦确立了国际货币本位，就基本限定了其他制度内容的选择空间。比如在金属本位制度下，各国货币的汇率制度基本确定为固定汇率制，国际收支调节手段、国际协调制度、国际储备制度的选择范围也就大大缩小。

二是隐性制度（非正式制度），是指隐含在国际货币交易中的市场惯例、主要原则以及潜在规则等不成文的规定。与显性制度不同，隐性制度并未以条约、法律等形式出现，而是一种主体认知、交易习惯、心理定势和文化形式。比如有组织犯罪集团黑手党，内部就有许多不成文的规则、规定，并且历代传承，形成一种黑社会文化。诺斯指出，非正式制度是人类社会交往中普遍存在的、重要的制度形式，并非正式制度的附庸，往往是行为选择的主要来源；同样的显性制度放在不同社会，会得到不同的结果；即使某个制度体系中显性制度消亡了，隐性制度却可能持久存在。[①] 某种制度体系究竟奉行公平公正原则、各国主权平等规则，还是霸权或强权主义潜规则？是保护主义、民族主义原则大行其道，还是经济自由开放原则？等等。这些东西不会写入条文规章中，可归入隐性制度，构成国际货币制度的基础。比如，在国际金本位制度体系中，虽然没有明确规定英镑、法郎等强国货币是法定的国际货币，但由于经济以及政治等方面原因，英镑、法郎等确是左右经贸与投资大局的主要国际货币（英镑占主导地位）。还有，虽然条文中明确规定，各国货币发行需以一定黄金储备为基础，但英国却能以少量的黄金储备，发行与其储备基础比例极不对称的巨量英镑。再有，第二次世界大战前后，英联邦国家被要求必须持有英镑为国际储备。英国这种权力是其在国际政治经济体系中的地位所赋予的，是结构性权力，这种由于综合性的力量而拥有的地位，使得英国不必“做什么”，不必像联系性权力那样，需要通过施加影响才能改变对方的行为，而是通过

① ［美］道格拉斯·C. 诺斯著，杭行译，韦森译审：《制度、制度变迁与经济绩效》，上海：格致出版社，2012 年 11 月版，第 50—51 页。

“在那里”（Being There），就可具有无所不在的影响过程和结果的力量。隐性制度之所以内在化为各行为主体的行为准则，很大程度上是结构性权力导致，同时也是交易主体在利益权衡下成本最小化的选择。

上述两类国际货币制度的构成要素中，构成制度“内核”的主要是国际货币本位制度，以及“深嵌于”整个制度体系中的，以隐性制度形式体现出来的利益分配潜在规则和权力关系。而后者才是国际货币制度体系的“灵魂”和本质（参见图2—4），并渗透在国际货币各领域之中。由于利益分配潜规则、权力关系是隐性的制度，在明文规定的正式制度文件中是难以找到痕迹的，主要通过行为主体的“实际行为过程与结果”与显性制度下“应有的行为过程与结果”之间的差距，间接表现出来，因此如何发现隐藏在每一个国际货币制度体系背后的“灵魂”，具有一定挑战性。但是，通过深入检验、分析各种显规则和潜规则的现实结果，仔细追究相关政治经济事件，一定程度也是可以发现其中的利益分配关系和权力关系的痕迹。如果我们对当前国际贸易、金融制度体系进行详细考察，不难发现，其核心部分明显体现出美西方的价值观和意识形态，以及有利于美西方政经利益的规则设计。

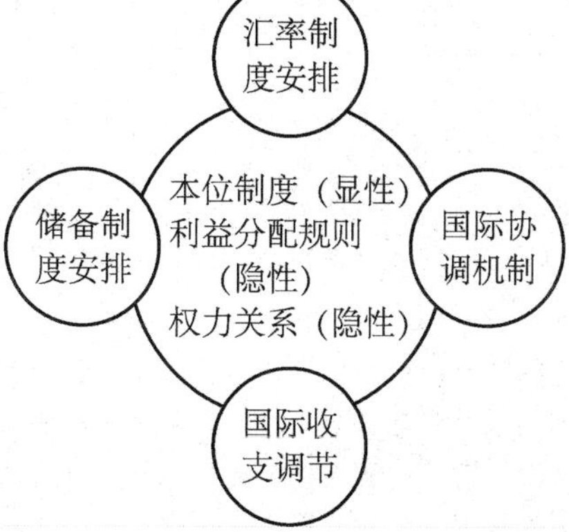

图2—4　国际货币制度的结构

（二）国际货币制度的可选择空间

国际货币制度的主要构件包括本位制、汇率制、储备制等，而每一种子制度又有若干种类型，比如本位制中，可分为主权本位（法币）、超主权本位（比如国际货币基金组织的特别提款权SDRs）、商品本位货币（金本位、银本位、金银合金本位、金银复本位、商品指数本位[①]等）以及其他非主权市场选择的本位货币[②]（比如广为市场接受的电子虚拟货币）等4种。汇率制度可分为固定汇率制、浮动汇率制以及中间汇率制[③]等3种。储备制度（这里指官方储备）可分为商品储备、外汇储备和超主权储备等3种。其他子制度暂不考虑，仅以这三个子制度计算，理论上，国际货币制度的种类数量，至少可以达到36种。如果把其他的子制度纳入考虑，那么国际货币制度的种类将更加复杂多样。为简化起见，假设国际货币制度以本位制和汇率制为主体，本位制简化为3种（商品本位、主权本位和超主权本位），那么具体的国际货币制度有如下9种（参见表2—8）

表2—8　两维度的国际货币制度种类

	商品本位	主权本位	超主权本位
固定汇率	固定—商品制	固定—主权制	固定—超主权制
中间汇率	中间—商品制	中间—主权制	中间—超主权制
浮动汇率	浮动—商品制	浮动—主权制	浮动—超主权制

① 张五常主张建立一种以可交易的一篮子商品为基础的商品指数本位货币，篮子中的商品结构和权重可定期依据经济情况调整，即货币发行数量的增长严格依据商品指数增长率。也就是说，货币发行以商品指数为锚，但央行不必像金本位制度下那样必须持有储备库存，因为所有商品都可在市场上购买到。

② 冯·哈耶克主张抛弃主权货币和超主权货币（超主权货币实际上是各国通过让渡主权，成立国际机构发行货币），实行市场自由竞争的货币。

③ 中间汇率制是一种笼统的概括，是指介于完全固定汇率和完全自由浮动汇率制度之间的各种汇率制度安排，包括硬钉住、软钉住、爬行钉住、宽幅钉住、有管理浮动（肮脏浮动）等汇率制度。

所有的国际货币制度种类都可构成一个制度集合，成为可供国际市场选择的制度空间。每一种制度形式都有其优点和缺点，对有不同偏好的国家而言，有利有弊。市场选择何种国际货币制度安排，取决于各国的利益博弈和市场的选择。在特定国际政治经济环境下，国际货币制度的选择，由权力（增强本国货币自治力和影响力，确保本国主权、国家利益和国际支配地位）和市场力量（降低交易成本，追求利益最大化的动力）形成的合力决定。

三、国际货币制度的发展与变迁

制度一旦形成，便具有相对独立性和稳定性，并不会随着影响其运行的变量的变化而灵活调整。马克思指出，当生产关系（制度）还能够容纳生产力变化时，生产关系和制度还只是处在量变过程之中，保持稳定性，一旦生产力的发展达以生产关系所能容纳的“临界点”时，质变就会发生。因此，任何制度的变化是连续性和间断性、稳定性和变化性的统一。

（一）连续性和稳定性

国际货币制度的稳定性是指该制度体系的内核与本质属性仍保持原有状态；而国际制度变迁是指对构成制度框架的规则、规范和实施程序的复杂结构的边际调整①。国际货币制度变迁有渐变和急变、外围性变化和根本性变化之分，因此任何国际货币制度的稳定性都是相对的。实际上，纵观国际货币体系发展历史，无论国际金本位、金汇兑本位，还是当前的美元本位，一直处在变动之中，规则多次被“悄悄调整”。结合制度经济学的观点，

① ［美］道格拉斯·C. 诺斯著，杭行译，韦森译审：《制度、制度变迁与经济绩效》，上海：格致出版社，2012 年 11 月版，第 114 页。

国际货币制度具有自我维持、保持稳定性的原因主要有以下几个方面。

一是网络外部性（Network Externality）。巴里·艾肯格林提出，当一套国际货币制度已经建立起来并运行一段时间之后，就形成一个交易网络。[①] 任何改变或者创造一个新的交易网络，将面临巨大的成本，包括记账和会计成本、汇兑成本、交易渠道重建成本等。这就是所谓的“在位优势”，即因为先于他者成为国际广泛使用的货币，现有国际中心货币拥有巨大的不对称优势。罗伯特·蒙代尔也称，国际货币的使用就像使用一种外语，长期的学习使用已经使得使用者形成一定的使用习惯，如果突然改学另一种语言，必将产生巨大的转换成本，需要重新适应。

二是路径依赖（Path Dependence），即从过去衍生而来的制度和信念影响目前的选择。[②] 制度具有汇聚和管理人们的心理预期的功能，经过一段时间的学习、适应过程，制度已经内化为人们思想和意识的一部分，已经形成人们的交易习惯、常规和传统，从而会对人们的心理产生惯性引导作用。要想彻底改变制度体系，需要打破人们的心理预期，改变这种潜在制度形式的影响。

三是制度供求均衡的力量。当制度仍能满足现实需要，而且各方的谈判力量以及一系列契约性谈判给定的情况下，任何一方都不可能通过投入资源来重构合约而获益，即改变游戏规则的相对成本和收益对现有各成员方都不划算时（制度均衡），制度将维持稳定状态。

四是保守的政治力量。这里的保守势力，主要是指不愿意改

---

① ［美］巴里·艾肯格林著，彭兴韵译：《资本全球化：或国际币体系史》，上海：上海人民出版社，2009 年 8 月版，第 3—4 页。

② Douglass C. North, *Understanding the Process of Economic Change*, Princeton: Princeton University Press, 2005, p. 21.

变现状，反对“修正主义路线”的政治力量。比如在19世纪80年代，国际金本位制度因其导致十多年的全球性通货紧缩，面临困境和来自国际社会各方的压力。当时美国曾提出召开恢复金银复本位的倡议，但由于英国的反对迟迟无人响应。如果美国率先恢复银本位制度，那将导致全世界的白银涌入美国，刚刚构建起来的货币制度必将被冲垮。除非在英国领导下，各大国实现合作，否则任何打破现有货币制度的单边行动，将面临巨大成本和风险。斯特兰奇《英镑和英国政策：对正在衰落的国际货币的政治研究》一书以及凯瑟琳·申克（Catherine Schenk）的研究发现，英国的政治经济实力虽早已逊于美国，但英镑地位还是维持到20世纪50年代之后。英国利用双边、多边外交力量，催促或以安全、国内市场准入等利诱殖民地成员国继续采用英国货币[①]，避免了英镑地位突然崩落带来的不利冲击。

（二）间断性和变化性

国际货币制度变迁（Institution Change）的发生，就必须打破上述的稳定性和连续性，突破网络外部性、路径依赖和保守政治权力结构。哈耶克认为制度变迁是自然的过程，制度在自然进程中，通过内在的力量自我完善，不断扩展优化。这里的内在力量主要是市场的力量，即市场环境不断变化。当市场主体发现某些新的交易形式更有利可图的，在趋利动机驱使下，会有越来越多主体选择该制度，从而不断扩大该制度的成本优势，加速制度的变迁。哈耶克的观点是建立在某种市场假说基础上，没有考虑到权力因素——这一人类社会与生俱来的普遍因素，有较大的片面性。

诺斯则通过对历史经验的考察以及理论论证，认为制度不一

---

① Catherine Schenk, *The Decline of Sterling: Managing the Retreat of an International Currency*, Cambridge: Cambridge University Press, 2009.

定能自我演进，甚至可能退化（比如西班牙拉美殖民地社会，曾经与美国一样兴起改革浪潮，但最终没有能够实现制度创新，建立现代社会制度）。当内在的力量达到均衡，无法突破现有框架的桎梏，制度演进就会出现僵滞。促使制度变革的前提是，出现“相对价格的根本性变化”，比如要素的相对价格、信息成本、技术的变化等，导致发起新谈判的成本收益模式发生变化。[1] 这些相对价格的变化可以是外生的，比如战争等政治因素，也可以是市场发展“内生”力量变化。当制度的相对价格发生重大变化，使得市场主体能够从制度框架的边际调整中获益，制度变迁进程便开始启动，只要制度变迁的边际收益一直大于边际成本，制度的调整就会一直持续下去，直到新的制度均衡格局的出现。促使制度变化的另一力量是制度本身的“规模经济效应”[2]，相当于制度变化的加速器，促使新制度加速产生壮大。也就是说，由于“规模效应”，当新的制度形式范围不断扩大，新制度可加速降低交易成本，提升制度收益，即制度的规模本身推动该制度的扩展。诺斯的思想更加全面科学，并且将其对制度变迁的考察建立在广泛历史经验的基础上，很有说服力。虽然没有明确提出“权力”一词，但他提出的“外生变量”其实在一定程度上是包含权力要素的。当然，权力不应只被当做偶然性的外生变量，行为主体无时无刻不生活在权力结构之中，后者持续不断地影响主体的市场行为，影响其交易成本，推动或阻碍新制度的形成、成长和成型；而市场（竞争）行为和外部环境变动的结果，通过“利益分配”这一环节，对各主体的权力地位形成影响，从而推动权力

① ［美］道格拉斯·C. 诺斯著，杭行译，韦森译审：《制度、制度变迁与经济绩效》，上海：格致出版社，2012 年 11 月版，第 115—118 页。

② 诺斯认为，当市场规模达到一定规模时，由第三方维护和执行制度体系，可以有效降低交易成本，具有报酬递增的效应。市场规模越大，规模报酬效应越明显。

结构的变化，市场对权力形成反作用。权力和市场从未分离过。因此，引入权力因素，对制度变迁的考察将更加动态、全面。

第五节　国际货币体系变迁的理论分析框架

前一章从一般意义上，对市场、权力和制度之间的关系进行理论分析，提出了三者之间的关系。在此基础上，本章对国际货币领域的市场、权力和制度三者进行具体分析。本节最后对上述内容进行综合，以国际货币制度的发展变迁为主线，尝试建立一个融合市场、权力与制度三大要素的关于国际货币体系演变发展的理论分析框架。

一、理论假设

一是行为主体假设。为避免现有“国家中心主义”分析框架的桎梏[①]，本书从国际政治和国际经济现实出发，认为在国际货币领域存在许多行为主体，即各国政府、居民、企业等。政府是一个国家的代表，在国际舞台上，通过政治、军事、经济、金融等影响力，维护本国货币主权和国家安全，捍卫并扩大本国国家利益；在国内，发行与管理本国货币事务，维护本国国际收支平衡，促进本国经济稳定与发展。

---

① “国家中心主义”是指当前国际关系学界流行的“还原论”色彩浓厚的分析框架，即将国际政治经济学视为国际关系的一个分支，认为国家是国际政治领域唯一行为体，各国性质相同，各国国情忽略不计，在外在环境作用下，国家进行各种反应活动，就像“桌球上坚硬光滑的球体，在外力作用下相互碰撞”（本杰明·科恩语）。这种将各国性质高度简单抽象为同质不可分的行为体的理论，不符合国际政治经济现实。为此，本书将国家分解为政府、居民和企业三大主体，一方面可还原国内社会的生动现实，同时又可将国际政治分析和国际市场分析统一协调起来。

各国居民和企业的主要特征是追求经济利益最大化。他们的作用和影响力，在国内，表现为各种利益集团通过国内政治经济机制，影响一国政府的政策选择；在国际上，通过持有和放弃某种国际货币等市场行为，降低自身交易成本，同时通过在全球配置资产和财富，实现自身财富价值的稳定和增值，从而对各国政府发挥间接影响力。一些实力强大的跨国公司，具有自身的利益追求，其实力甚至超过一些国家。

二是市场假设。市场是指在逐利动机下各主体之间平等和自主的交换关系。市场首先是一体化和区域化的统一体，科技与生产力不断发展，使得商品、资金等生产要素全球流动，推动全球统一市场不断扩大，导致对国际货币的需求不断增大；但是，虽然各国市场门槛不断降低，但仍然存在经济、政治等一定的市场壁垒，从而使得国际市场又具有“碎片化”的一面。在区域化的市场内部，本国居民在区域内使用本国货币进行交易，持有本币资产；要购买外国商品服务或持有外币资产，需兑换外币。政府和居民、企业一样，在现有规则体系基础上参与市场交易，持有和使用国际货币，稳定本国货币金融市场，并受市场竞争和价值规律支配。其次，市场的运作是建立在一定政治结构的基础之上的，不同政治结构，其运作模式不同。在多极化和民主法治的政治架构下，各利益主体的政治地位相对平等，市场主体的自主性较大，市场交易的价格可充分体现各方意志和利益；而在强权主导的政治架构下，市场主体的地位不同，其自主性是不平衡的。

三是权力假设。权力是指一方对他方的影响力。各行为主体从一开始便存在于一种权力结构之中，由于各自所拥有的资源和声望不同，其地位和影响力并非完全平等，相互之间具备某种权力关系，即影响与受影响、支配与被支配的关系。这种不平衡的权力关系对各主体追求利益有巨大影响，导致各方的收益与成本有差异，拥有强势地位的一方将利用其特殊影响力，获取额外的

“溢价”或“租金”，弱势一方则被迫在不利条件下追求利益最大化，直至市场出清。各行为主体为追求利益最大化，会利用这种权力结构，巩固并扩大其市场优势。

在国内，各利益主体的影响力和利益诉求不同，通过国内政治体系内的博弈，拥有支配性力量的利益集团将其在国际货币领域的政策偏好，上升为国家层面的偏好，并主导政府的行为；在国际货币领域，各国政府的影响力与地位不同，强国发行主导货币，维护提升本币的国际地位，利用强币带来的便利，拥有支配、影响其他国家行为的影响力，并获取强币给该国带来的政治经济收益。

四是制度假设。制度是主体行为的秩序和约束，是现有主体的利益结构和权力结构的反映。制度的产生和形成既是历史传统的惯性作用的结果，又是利益主体政治博弈和经济互动的结果。现有制度体系的既得利益者作为权力结构中具有优势的一方，总是维护现有制度体系不变，再加上网络外部性和制度的路径依赖特性，制度产生之后便具有稳定性和连续性。科技经济发展，以及主体间权力关系的变动，可能成为新制度的萌芽。如果新制度能为各主体普遍带来好处，并且与现有权力结构体系相容，那么新制度便能顺利取代旧制度；但是如果与现有权力体系不相容，即不利于处于优势的权力主体，那么新制度体系的形成注定要经历曲折。在国际货币领域，国际货币制度是在一定国际货币格局基础上，有关国际货币本位、国际货币供给、国际收支调节、汇率形成与稳定制度、国际资本流动管理制度等的总体，它是协调各国货币关系的基本原则、规范和规则的综合体系。国际货币制度体系的形成发展是各国政府、居民和企业共同参与互动的结果。

二、理论框架

国际货币体系的变迁是市场和权力合力推动的结果。市场的逻辑是降低交易成本，获取绝对收益，只要国际制度的相对价格出现变化，使得改进制度有利可图，市场就存在促使制度发生变革的压力。权力的逻辑是获取支配性地位和相对收益（有利的利益分配格局），当权力关系出现变化，现有制度体系与权力结构不匹配，就会出现变革现有制度体系的趋势。在现实中，政府、居民、企业等主体既处在一定权力结构和权力关系之中，又处在一定的市场交换和竞争关系之中，市场是“嵌在”一定权力结构之上，权力部分源于市场，又通过影响市场实现其影响力；市场与权力两者相互渗透相互影响，从而成为推动国际货币体系发展演变的基本动力（参见图2—5）。

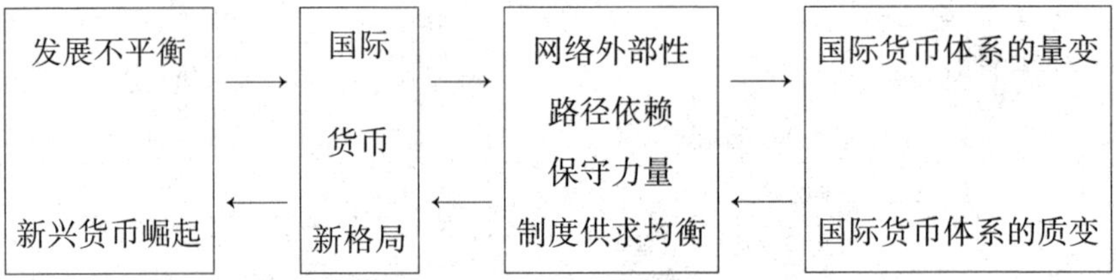

图2—5　国际货币体系变迁的基本逻辑

（一）各国的不平衡发展，打破国际市场现有均衡

当经济与科技等打破现有国际经济格局，新兴大国经济崛起，在国际经贸、投资与金融市场上的份额急剧上升，引发连锁反应：一是国际市场对该国货币的需求随之上升。新兴经济强国拥有巨大进出口市场、较强对外投资能力和稳健增长的经济，因此其商品和服务拥有较大的市场份额，其债权、股票等资产的保

值增值潜力巨大。各国居民为了购买该国商品和服务，为了获得该国的投资，为了持有该国资产，加大对该国货币的持有和使用；而该国则通过国际贸易、国际金融和投资等渠道，提供国际货币供给。二是随着经济金融实力的壮大，新兴大国的军事、外交等力量增强，在国际政治上话语权上升，影响力增大，进一步增强该国货币的吸引力和竞争力。一个内部政治稳定、外部安全有保障（较少受到别国侵略和颠覆）的国家的货币，相较于政治动荡、国家安全没有保障的国家的货币，面临风险更小，使用者对其更具信心。而随着该国政治军事力量的增强，对其具有经济、政治和军事依赖性的国家将增多，各国官方持有其货币的数量增多，并有意在政治上支撑该国货币的国际影响力，以换取该国的政治与安全庇护。此外，新兴国家经济的发展，会导致国内政治生态发生变化，国内新的强势利益阶层的政策偏好，上升为国家政策偏好，并对他国政府、居民和企业的行为产生影响。

（二）国际政治经济竞争，催生新的国际货币格局

新兴大国国际经济地位和国际政治影响力不断上升，该国货币的国际使用范围增大，不断蚕食现有国际强币的市场和势力范围，旧国际货币格局将被打破，新格局将逐步成型。但新货币格局的出现并非一帆风顺，而往往是充满曲折和反复。新兴货币地位不断上升，会导致传统强国的既得利益（如铸币税、金融利益、国际威望等）不断缩减，甚至危及后者的国际主导地位和其他国家利益，从而使之做出防御性的反应。传统强国可能通过政治经济手段，对新兴挑战者实施遏制，或者迫使其他国家维持与其经贸金融关系，捍卫现有国际货币体系。新兴大国提供的进口市场和投融资机会，使得市场使用新国际货币有利可图；但传统强国的反制行为，又会增加使用新货币的成本，包括市场成本和政治安全成本。新兴大国在国际竞争和博弈中实力地位的不断上

们对货币国际化和国家权力之间的因果联系，所知不多”。[①]

本书无意对国际货币发展史再作赘述，为了进一步解释、检验前面归纳的国际货币发展变迁模型，下面拟从市场、权力与制度相结合角度，对国际金银复本位制度、国际金本位制度和布雷顿森林制度等案例进行剖析，从中挖掘深藏在国际货币现象背后的货币体系变迁逻辑。这三大国际货币制度是人类社会迄今最典型的货币制度体系，它们的兴衰历史代表人类数千年国际货币历史，具有典型意义。

第一节　重新定位国际金银复本位体系

学术界一直有声音认为，国际货币体系始于国际金本位制。但事实是，严格意义上的国际金本位体系真正存世时间很短，仅仅40多年历史（1870—1914年）。两次大战期间，主要大国先后试图重建国际金本位体系，但制度规则已嬗变，且仅维持了短短几年便告终结。而国际金银复本位制度是早于国际金本位制度的国际货币体系，曾盛行人类社会数千年。直到1870年之后，国际金银复本位制度才正式退出历史舞台，至今仍有许多经济学家，比如弗里德曼等一直为国际金银复本位制度让位于国际金本位感到惋惜。[②]

一、金本位制并非国际货币体系史的开端

国际货币是跨国使用的货币，国际货币体系是各国货币的结

① Benjamin J. Cohen, “Currency and State Power”, Presentation in Princeton University Conference: Back to Basics: Power in the Contemporary World, Oct. 2010.

② ［美］米尔顿·弗里德曼著，安佳译：《货币的祸害——货币史片段》，上海：商务印书馆，2008年5月版，第122—150页。

构及约束国际货币行为的制度体系的总和。考古资料发现，人类至少在公元前7世纪前后，就出现国际货币，即一国制造、发行的货币在多国广泛流通，成为国际上的中心货币。因此，理论上国际货币早已产生，而只要有国际货币，就会有国际货币的制度体系，虽然古代全球市场并未形成，只是区域性的货币体系。

有经济学家认为19世纪之后国际金本位的出现，才表明国际货币体系已经形成，因为全球有了共同遵守的规则制度，且有了统一的全球范围的国际货币。① 这种看法值得商榷。

首先，拥有全球统一的货币并非国际货币体系的前提。到目前为止，人类尚未出现真正全球统一使用的货币。在国际金本位时期，英镑虽然是全球中心货币，但是即使国际金本位在最顶峰的时期，其他货币如法郎等也占很多比例。法国组建的法郎集团一直觊觎英镑的地位。布雷顿森林体系后，美元一元独大，但苏联经互会集团使用的是卢布。国际货币体系归根到底是为国际市场服务的，只要若干货币承担起国际货币功能，成为联结国际市场的纽带，就可称为国际货币体系。在19世纪金本位之前的几个世纪，国际市场已基本形成规模，国际贸易和投资已经很密切，西班牙、法国、英国等货币已经成为国际货币，各国货币已经形成较为固定的联系，促进了国际经济的发展。

其次，国际货币体系并不一定需要签订国际正式协议才能成立。除了布雷顿森林体系外，国际货币体系很少是通过签订正规国际协议而建立起来的，多数是国际市场选择的结果。理论上，除了显性国际货币制度，大量非正式的制度是国际制度体系的重要组成部分。当前国际货币体系被称为"无体系的体系"，也缺乏国际统一的协议，但并不妨碍当今世界存在国际货币体系。

① 姜波克：《国际金融新编》（第四版），上海：复旦大学出版社，2008年8月版。

二、金银复本位的发展历史

（一）古代的金银复本位

“货币天然是金银”。金银早就被人类社会视为货币，用于各种类型的交易，其中，白银用于中小规模的交易，黄金因其贵重、稀有，主要用于大额交易。因此，金银共同作为货币基础的年代久远，相应地，金银复本位的国际货币制度也可追溯到2000多年前。公元前7世纪前后的吕底亚王国创造的金银合金铸币[①]，曾经流行于整个小亚细亚。吕底亚的末代国王克雷庇（公元前560—公元前546年间即位）首次抛弃金银合金制，创造了纯粹的复本位制度，分别制造纯金币和纯银币，并规定两者比价10：1，该制度的影响波及地中海和整个中世纪。其他大国如古希腊，铸造金银币，并规定20个银德拉克马（Drachma，古希腊银币，也是重量单位，约65毫克白银）等于1个金制斯达特（Stater，古希腊金币，也是重量单位，相当于130毫克黄金），即黄金白银价值比约为10：1。[②] 除了古希腊，吕底亚、腓尼基、特雷斯、马其顿、近东超级大国亚述、波斯帝国等都铸造金银币，且规定有两者比例，其中，亚述、波斯的金银币比价均为13：1，腓尼基则为10：1。这些大国的货币随着其发行国国际地位的提升，在同时代的各国流通，俨然已经是国际货币。

---

① 著名经济学家阿尔弗雷德·马歇尔提倡金银合金货币，因为金本位容易导致通货紧缩，银本位容易导致通货膨胀，金银复本位制度因格雷欣法则而不稳定，而金银合金制度能克服上述货币制度的缺点。

② ［美］罗伯特·蒙代尔著，向松祚译：“国际货币：过去、现在和未来”，《蒙代尔经济学文集》（第6卷），北京：中国金融出版社，2009年1月版，第15—16页。

（二）罗马帝国的金银复本位

相较于古代强国，古罗马创造的复本位制度影响更为广泛深远。公元前46年，凯撒大帝按照12：1的比值建立了罗马货币体系，直到1204年东罗马拜占庭帝国被攻陷，该货币体系历史长达1250年，并且相当稳定，金银比价几乎没有太大变动，其影响遍及欧亚非。

（三）中世纪的金银复本位

金币自古就开始流通，使用量不大。但中世纪之后，金币开始扩大使用范围，意大利13世纪进行商业革命，使用金币进行大额交易；1255年法国国王路易四世扩大使用金币；到14世纪，整个欧洲都开始在大额交易中使用黄金。但日常交易银币占主导，只是18和19世纪，金币才在日常交易中占主导。金、银和铜混合使用，为当时国际结算的基础。各国居民用债权人接受的货币支付、清算其差额，而该货币可能是金、银币或者是铜币（部分国家如瑞典在1625年建立铜本位）。①

（四）近代法、美等大国主导的金银复本位制度

在19世纪英国废除白银货币地位之前，金银是世界各国的货币基础。1666年，英国国王查尔斯二世引入自由铸币制度，开创货币史的新时代。自此，金银作为商品的价值和作为货币的价值完全等同，完全不同于古代铸币的时代（政府铸造面值高于实值，即价值高估的铸币）。当时英国实行金银复本位制度。法国则是欧洲各国中最典型的金银复本位国家，1803年法国大革命后，拿破仑当局再度巩固复本位的货币法令。1792年，美国独立后制定《美国货币法》，确定金银均为美元的基础，正式确立金

---

① ［美］巴里·艾肯格林著，彭兴韵译：《资本全球化：国际货币体系史》，上海：上海人民出版社，2009年8月版，第5—8页。

银复本位货币制度，一直延续到 1900 年（颁行《金本位法》），内战时暂停数年但整体维持了 100 多年。当时美国规定 1 美元等于24.75 格令纯金或371.25 格令纯银（15：1），之后重新调整了几次比价。此外，欧陆其他国家如荷兰、比利时、瑞士等都实行复本位。

（五）金银复本位退出历史舞台

19 世纪初，国际货币史出现重大事件，那就在是英国因偶然原因，牛顿主管的造币厂将金银比价定价过低（高估黄金），导致英国白银外流，银币从流通领域消失，国内金币充盈，英国最终将白银非货币化，建立纯粹金本位制度。但国际货币体系总体仍是金银复本位，法国、美国等承担全球金银货币调节。但随着法国实力的相对衰落，尤其是欧陆大国连年混战、政局动荡，国际金银复本位逐渐难以为继，最后崩盘。刚开始是 18 世纪末，法国大革命，接着是 1830 年、1848 年等欧洲革命；随后拿破仑战争持续、德法战争等接连爆发，导致大量资金外流。战争也导致欧陆多国暂停国际金银复本位、银本位的运作，实行纸币制度，这对金银复本位制度的打击是致命的。最后，1870 年之后，随着德国宣传实行金本位制度，欧陆金银复本位再无恢复可能。自此，人类历史有数千年历史的金银复本位寿终正寝。

三、金银复本位体系及其运行机制

（一）国际货币格局和制度体系

首先，多强并立的国际格局。18 世纪中下叶之前，英国的国力虽蒸蒸日上，但并未占据主导地位，真正的全球性大国是欧陆国家。16 世纪至 17 世纪中叶（1648 年威斯特伐利亚条约签订，民族国家成为国际政治主角），哈布斯堡王朝主导欧洲，实力居首；之后荷兰（联合省）、法国、英国甚至瑞典快速崛起。从军事力量进行衡量，各国国力排序大致如下：西班牙→荷兰（联合省）→法国→英国→瑞典（参见表3—1）。此外，雄踞欧洲一侧的奥斯曼土耳其帝国也是当时世界权力中心的一极，但在走下坡路。当时的中国从经济上看，是全球第一大国，经济产值约占全球三分之一，实行银本位制度，但多年的闭关自守与内敛的文化倾向，再加上日薄西山的国势，中国的国际影响力较弱。

表3—1　16世纪中至17世纪中的欧陆各国兵力比较（单位：万人）①

时间	西班牙	荷兰（联合省）	法国	英国	瑞典
16世纪50年代	15		5	2	
16世纪90年代	20	2	8	3	1.5
17世纪30年代	30	5	15		4.5
17世纪50年代	10		10	7	7

17世纪中后叶至1815年拿破仑战争结束，法国实力快速上升，成为欧陆主导国家，一度"接近控制整个欧洲"，但最终在国际政治斗争中败北，全球"五霸"格局成形，即法国、英国、奥地利、普鲁士、俄罗斯，各国实力较为均衡。此时，西班牙、土耳其已经衰落为二流国家，美国刚刚独立。虽然哈布斯堡（西班牙）、法国等曾是国际上实力占优的国家，但由于各种原因，并未最终成为全球独一无二的支配性超级大国。在此基础上，国际货币格局呈现如下结构：法、英、西、奥地利、普鲁士、俄罗斯等欧洲大国（中心货币国家）→土耳其、意大利、荷兰、比利时等次中心货币国家→亚非拉等发展中国家以及发达国的殖民地

① 本表根据保罗·肯尼迪的数据整理。参见［美］保罗·肯尼迪著，陈景彪译：《大国的兴衰：1500—2000年的经济变迁与军事冲突》，北京：国际文化出版公司，2008年3月版，第52—68页。

等外围货币国家。次中心货币国家受中心国家的制约，外围货币国家是中心国家货币政策和制度的被动接受者。

其次，多元分化但统一协调的货币制度体系。国际金本位之前的复本位体系分两个阶段：1774 年之前和 1774 年之后。1774 年之前，世界主要大国（中心货币国家）包括英、法、荷、奥、匈、西班牙、俄罗斯、葡萄牙等国实行金银复本位制度或银本位制度（东欧、远东包括亚洲各国实行银本位制度）。1774 年之后至 1873 年，英国废除白银的法偿地位，白银只在小额流通（辅币）使用，国际货币格局出现改变。英国（随后 1854 年葡萄牙加入金本位）实行金本位，国际货币制度出现分化，出现三种货币制度：英国等实行金本位制；德、奥匈、斯堪的纳维亚国家、俄国、远东等均实行银本位；法国、美国以及部分其他欧陆国家等实行复本位，实际上成为金本位、银本位国家集团间的桥梁和纽带，调节全球货币平衡和供求。

尽管货币制度多元，但是只要有一个全球性大国实行并维护复本位制度，全球各国的货币将实现统一协调，而这个货币体系的核心国家是法国（后来还有美国，但独立战争以及内战期间，美暂停了货币自由铸造和自由兑换机制）。其基本制度为：一是金银自由铸币，向铸币厂出示黄金白银均可提供法偿铸币，但收取一定铸币费用，当时金币铸造费率为面值的 0.2%，而银币收取费用更高一点；二是规定金银铸造的固定比例，19 世纪初期金银比例为 15.5：1（之后有调整）；三是规定金银币均可用于纳税或其他合约义务等；四是金银都是国际储备货币。

（二）运行机制及其优缺点

复本位国家是全球货币和全球价格的稳定国，正是由于法国等将世界金银价格固定，使得全球各国（金本位和银本位国家的货币）汇率固定，创造了世界的货币统一；复本位国家也为稳定全球价格和经济体系做出核心贡献。据统计，从 1815—1873 年间，全球金银相对比价变化幅度在 15：1 和 16：1 之间，价格双锚运作良好。[①]

复本位下，货币供给和需求机制运作如下：当世界白银供给增加，白银输入到复本位国家，法国等降低世界其他国家白银可用量，前者流通白银币比例上升，增加其他国家的黄金供给量，从而平抑货币波动，增加货币供给（如果黄金供给增大，则黄金流入复本位国家，白银流出，促使金本位国家黄金供应相对平稳）。

优点：一是有利摆脱通货紧缩弊病。如果金本位国家黄金稀缺，白银是替代货币基础，将黄金（因紧缺价格走高）从复本位国家"挤出"，流入金本位国家，避免金本位国家的通缩风险；银本位国家如果白银供应不足，同样的机制可避免其通缩。米尔顿·弗里德曼、阿尔弗雷德·马歇尔等认为，复本位更能稳定价格水平。1873—1879 年，因施行金本位，英国的物价水平下降了 18%，到 1886 年又进一步下降了 19%。如果美欧继续施行复本位，则可以避免这次通货紧缩。二是有利全球价格稳定。对复本位国家而言，它们实际上是全球货币供求波动的"吸收器"，确保金本位和银本位国家货币供应稳定；对投资者而言，由于复本位制度的存在，当白银价格下跌时，将吸收白银，反之则沽出白银，从而国际资本流动有助于平抑金银价格水平，也就是说，复本位的金银兑换区间，为全球金银的价格提供支撑和锚定作用。

缺陷：体系的不稳定性。复本位制度的最大威胁为"格雷欣

① ［美］罗伯特·蒙代尔著，向松祚译："国际货币：过去、现在和未来"，《蒙代尔经济学文集》（第 6 卷），北京：中国金融出版社，2009 年 1 月版，第 124 页。

法则"[①] 冲击，金银市场比价不断变换，导致金银频繁流出入国境，市场上流动的货币不断转换，增大了交易成本。这种不稳定性来源有二。一是当发生大规模的金银供求冲击，复本位国家金银储备有限，将难以维持其兑换承诺和货币制度体系，比如19世纪40年代俄国黄金大发现、1848年美国加利福尼亚及1851年澳大利亚黄金大发现，世界黄金供应量增长了10倍，金价大跌，不断输入法国，法国白银则不断流出，甚至流到了远东地区。1859年，美国内华达地区发现白银矿，并开发了新技术，于是白银供应大增，价格下跌，导致法国黄金流出，白银流入。如此不断反复，百姓对复本位越来越不满意，促使法国政府在1857—1868年进行了一系列的货币质询。二是主要复本位国家之间金银比价定价不一。1792年美国的金银比价为15：1，而法国在1803年重整货币体系时，金银比价为15.5：1，结果使得美国数十年黄金外流，银币成为主要货币；1834年，美国调整比价，将金银比价定位16：1，结果导致黄金高估，白银流出黄金涌入，银币几乎绝迹。17世纪末的英国，由于黄金官价过高，巴西大量黄金流入，银币不断被逐出流通，金银铸造比价被迫不断调整，最后一次1717年由牛顿定价，仍然幅度过小，黄金白银比价仍然偏高。最后，白银基本退出，1774年，英国废除白银在超过25英镑交易中的法偿地位，1821年，在小额交易中也废除了白银的法偿地位，白银非货币化。金银复本位的不稳定性催生了金本位制的产生。

① 1858年英国经济学家H. D. 马克罗伊德首次把"劣币驱逐良币"的货币经济学规律命名为"格雷欣法则"，将该规律的发现归功于英国著名公爵托马斯·格雷欣（Thomas Gresham）。其内容为：只要两种货币为同等价值的法币，则价值高估的货币（劣币）将主导流通，而价值低估货币（良币）将退出货币流通。

四、几点结论

首先，金银复本位体系是历史久远的国际货币体系，远早于国际金本位体系。复本位体系只是在1870年前后才正式退出历史舞台，与金本位相比有自身优势，比如促进全球总体价格稳定，并有利于克服通货紧缩问题。

其次，金银复本位体系并非天生不稳定。作为绵延人类历史数千年的古老货币制度，它的寿命远长于近数十年的国际金本位体系。罗马帝国的复本位体系延续了1200多年，基本保持稳定。“格雷欣法则”不是复本位的“死穴”，该法则的适用有严格条件，即两种货币同时为法币，官方相对比价固定，且货币供应过度（货币紧缺条件下，即使良币也会参与流通）。[①] 该法则的理论基础还有一个不足之处，即仅从买方市场考虑问题，认为逐利的原则使得货币使用者选择支付劣币给对方，良币（价值量更高）收藏起来，但是如从需求方（卖方市场）看，逐利原则会要求货币接受方选择接受良币，而不愿选择劣币。[②] 那么为什么法国、美国会出现“劣币驱逐良币”现象呢？原因出在国际制度上。

近代金银复本位体系的不稳定性的主要原因：一是源于制度设计本身。一方面，政府允许金银自由铸币和金银自由流出流入（相当于实行资本自由流动），另一方面，由政府担保，将两者以固定价格绑定（相当于实行固定汇率制度）。这种制度安排肯定难以持久，必将被市场力量“冲垮”。二是缺乏国际协调。复本位体系的核心是法国和美国，但两国在设定金银比价时，竟然不

① ［美］罗伯特·蒙代尔著，向松祚译：“国际货币：过去、现在和未来”，《蒙代尔经济学文集》（第6卷），北京：中国金融出版社，2009年1月，第108—109页。

② 张五常：《货币战略论》，北京：中信出版社，2010年1月版。

一致；在面临货币冲击时，双方既没有相互协调，也没有与金本位或银本位国家进行货币互助安排。三是强权是国际货币体系兴衰更替的关键。缺乏全球超级大国是复本位体系失败的重要原因。1815 年之前，法国的实力在欧洲最强，但也仅仅是相对而言的，与其他大国相差有限；法国频频介入战争，实力进一步受损，使得德国、英国加速崛起，法德战争以法国战败结束，更加剧复本位的灭亡。法德战争结束后，法国原本希望结束战时不兑现货币制度，再回到原有货币制度，但实力衰落，无力回天。随后，德国宣布放弃银本位，加入金本位制度。

相反，罗马帝国却利用其无与伦比的权势，维持复本位制度达上千年之久，国家权力是决定性因素。罗马帝国利用其独特地位，既拥有货币铸造垄断权，又垄断金矿和黄金开采，同时有意高估黄金的价格（罗马规定金银比价为 12：1，而市场价曾经是 6.5：1），黄金白银的市场供应冲击已经基本被排除在外。在权力的保驾护航下，一切可能威胁该体系的其他强权不是被消亡吞并，就是被收服。当东罗马帝国最终被攻破覆灭，权力的支柱崩塌，罗马帝国的“瘸腿复本位货币体系”（不是自由铸造、金银自由流动的体系，或者说是实行资本和汇率管制的货币体系）也随之崩溃。

按照逻辑，法国在 1815 年之后，实力就已经大大下降，复本位体系早已摇摇欲坠，但该体系一直延续到 1870 年前后才告崩溃，政治经济等因素导致复本位体系延迟退出历史舞台：一是网络外部性导致货币体系的替代有时间滞后效应，各国习惯于使用、适应多年的交易体系，人们心理上和现实都难以接受白银非货币化带来的冲击。二是技术的要求。要完全施行金本位，即小额交易也使用金币，必须有可靠的金币铸造技术。直到 1816 年蒸汽动力技术广泛运用，英国才逐步实现全面的金本位。[①] 三是政治和利益博弈。不同货币本位，反映不同利益集团的利益。美国在本位币的选择上，深受国内政治影响。美国的农民和白银利益集团的游说和政治支持是该国复本位得以持续的重要原因。

第二节　国际金本位和英镑的兴衰

古典金本位的形成是现代重大货币事件。它的出现和运行，是特定时代的产物，归功于当时的具体历史条件：意识形态上，政府被赋予维护货币与汇率稳定的优先权；特定政治制度，使得政府追求其他目标无压力；灵活自由有弹性的市场体系，使经济自主应对商品和金融供求冲击的影响。伴随着英国的崛起及其全球政治经济霸主地位的确立，英镑成为人类历史上首个真正意义上的“全球货币”。市场的力量和超级霸主的权力将金本位和英镑推上历史巅峰，但随经济全球化与政治多极化的发展，这些条件逐步流失，国际金本位和英镑注定会沦为昔日黄花，成为过去。

一、市场和权力推动国际金本位制度的产生发展

金本位的产生具有偶然性。1717 年，实行金银复本位的英国调整金银比价，主管货币事务的牛顿，将金银比价定得过低（高估黄金），导致银币消失，金本位出乎政策制定者的预料在英国落地生根。当时英国的自由主义市场经济蓬勃发展，经济自由主义思想影响深远，金本位诞生后，能够在英国当时的政治经济土

① ［美］巴里·艾肯格林著，彭兴韵译：《资本全球化：国际货币体系史》，上海：上海人民出版社，2009 年 8 月版，第 11—12 页。

壤生根发芽。但是，直到1870年之前，英国金本位的影响力并不大，欧洲大陆的银本位和金银复本位是国际货币的主流。

金本位从英国扩散至全球，发展为国际货币制度则是市场和权力合力推动的结果。

（一）英国经济金融飞速发展是国际金本位成立的第一推力

一国货币要成为国际货币，成为国际市场广为接受的货币，必须方便实用、价值坚挺、信誉良好，货币具有流动性和收益性。而英国工业革命的成功，使得英国成为全球经济之首，经济贸易和对外投资独占鳌头。英国成为世界经济的主导和各国融资的主要来源，使得英国联邦各国各地区以及与英国有密切贸易和融资借贷往来的国家，开始实行金本位制度。英国的成功，也成为其他国家的学习榜样，不断吸引和推动它们转为金本位。网络外部性产生连锁反应，使得各国选择金本位制度。对那些与英国经贸和金融联系密切的国家，英镑和英国的货币制度变成越来越有利的选择，从而推动金本位体系的国际扩散。国际金本位不是国际协商后通过制定公约而成立的，而是通过自然进程逐步完成的，具体如下：

1. 1854年，葡萄牙采取金本位，欧陆银本位体系开始出现裂缝。

2. 1871年德国实行金本位制度。德国统一、德法战争、德国和英国紧密的贸易与金融联系，以及英国在全球市场迅速扩张带来的榜样效应，使得德国放弃无约束的银币，解散旧的货币体系，转而实行金本位制度。德国接受法国巨额战争赔款（50亿法郎），为德国建立以黄金为货币发行基础的马克，奠定了坚实基础；同时，在世界市场卖出白银，换取黄金，进一步打击复本位国家的货币基础。随着德国经济的大发展，柏林成为欧洲大陆的工业领导力量，并成为欧陆的重要金融中心，金本位的吸引力大大增强。

3. 受德国影响，丹麦、荷兰、挪威、瑞典和拉丁货币联盟国家跟进并向德国靠拢，加入金本位体系。其他欧洲国家紧随其后，到19世纪末，欧洲仅西班牙实行不可兑换的纸币，奥匈帝国和意大利则将货币钉住金本位国家货币，实际上也实行金本位。

4. 美国加入金本位。1873年新的《铸币法》，没有将白银纳为货币基础；1879年恢复绿背的可兑换性，并将其价值提升到金平价水平。美国是奉行复本位制度的支柱大国，它的加入是国际金本位制度成立的标志性大事，因此有经济学家将1873年列为国际金本位"元年"。

5. 19世纪后期，俄罗斯、日本采取金本位，金本位制度传入亚洲（货币体系一直以白银主导）。1898年，印度将卢比钉住英镑，之后锡兰和暹罗也将货币钉住英镑，事实上也奉行金本位体系。亚洲只有中国等少数国家仍然实行银本位。

6. 阿根廷、墨西哥、秘鲁、乌拉圭等拉美国家最后也实现黄金可兑换性。少数几个中美洲国家保留银本位制度。至此，国际金本位基本实现全球性的覆盖。

（二）地缘政治以及英国霸权是国际金本位诞生不可或缺的条件

正如苏珊·斯特兰奇指出的那样，金本位的国际化并非市场力量的自然结果，国际政治实际上对发挥了"决定性的作用"[①]。

首先，拿破仑战争以及其后欧洲大陆的一系列战争，使英国坐收渔利。不但使得与英国有激烈竞争关系的欧陆国家自相残杀，实力下降，而且牵扯了其向海外拓展殖民的精力，为英国趁

① Susan Strange, *Sterling and British Policy: A Political Study of an International Currency in Decline*, Royal Institute of International Affairs, Oxford University Press, 1971, pp. 41-43.

机发展壮大提供绝好机会。英国成为拿破仑战争的最大赢家。当法国大军在1812年被赶出俄国，败象刚露，俄国库图佐夫将军就预料到该场战争的战略后果："取拿破仑而代之的不会是俄国或任何一个大陆国家，而将是已经控制了海洋的大国（注：指的是英国）。这个大国的支配地位将令人不能容忍。"参与战争的另一个将军格纳森将军同样总结道："大不列颠从这个暴徒（指拿破仑）得到的好处远比它从其他地方得到的多。正是因为拿破仑的所作所为，使英国变得更强大、更繁荣、更富有。英国是海洋的主人，不论在这一领域还是世界贸易领域，现在都无人敢望其项背。"[①] 这场战争的另一个顺带的结果是，大量资金为避免战争摧毁和货币制度的破坏（参战国基本都停止货币兑换，破坏了复本位货币体系），纷纷逃离西班牙、普鲁士、俄罗斯、意大利以及荷兰等低地国家，转向英国等地。伦敦在金融领域的全球头号竞争对手——荷兰的阿姆斯特丹基本被战争给清除了。

其次，英国因其独特地缘条件，得以享有近百年的和平发展期和战略机遇期。反观欧陆国家，自1815年拿破仑战争结束后，政治动荡频频，战争风云不断：1830年、1848年的大革命；1860年、1864年和1870年普法等大战不断；欧洲大陆各国继续混战。尤其是长期的普法战争，使得原本全球首屈一指的强国法国国力江河日下，给英国留出大好时机在全球攻城略地，扩充势力。这段时期导致复本位陷入困境，欧陆货币事务一片混乱，战争还打破各国间的合作。为筹集资金，法国、俄国、意大利和奥匈帝国推迟货币的可兑换性，不兑换纸币开始流通，国际金银复本位制度根基动摇，法国等欧陆强国因长期战争，极度虚弱，虽尝试返回复本位货币制度，但未能成功。德国转为金本位制度，是对金

① ［美］保罗·肯尼迪著，陈景彪译：《大国的兴衰：1500—2000年的经济变迁与军事冲突》，北京：国际文化出版公司，2008年3月版，第134—135页。

银复本位制度的沉重一击，也是国际金本位得以成立的重要环节。随着越来越多国家脱离银本位和复本位，并大量抛售白银，没有那个国家有能力或者愿意回到银本位和复本位而承接如此巨量的白银冲击。国际复本位货币体系风雨飘摇，唯有金本位制度能够提供制度替代，而英国恰好是国际超一流国家，能提供国际货币制度供给。

第三，英国超一流的经济与军事实力，是英镑走向国际和国际金本位制度走向世界的坚实基础。一国货币能否成为国际货币的重要条件，就是该货币必须政治上安全，使得投资者有信心。19 世纪，大英帝国因其远超其他列强的海军力量，势力范围遍及南北美洲、大洋洲、南亚、东亚、非洲西海岸、环印度洋地区甚至地中海等地，主导印度洋、太平洋和大西洋的通行。在英国强大海军的护卫下，英国的商船、货物、资本可自由流向世界各地，而欧洲大陆的战争和政治动荡，驱使更多财富向大英帝国靠近，接受后者提供的公共产品。因此，英帝国的霸权已成为英镑和国际金本位成功和顺利运转的基石。

凯瑟琳·申克的最新研究进一步证实了苏珊·斯特兰奇的看法，认为英镑在成为国际中心货币的过程中，以及大英帝国衰落后，英镑继续保持了数十年的中心货币角色，单纯依靠市场和经济的力量，无法有效解释，其主要推动力不是市场这只“看不见的手”，而是权力这只“看得见的手”。①

① Catherine Schenk, *The Decline of Sterling: Managing the Retreat of an International Currency*, Cambridge: Cambridge University Press, 2010.

二、国际金本位的运作

（一）中心—外围货币格局

国际金本位货币体系分两个层次：中心国家和外围国家，中心国家实行金本位，外围国家接受该制度安排。中心各国以英国为首，各国因实力不同，货币制度安排有一定差异（参见表3—2）。

中心国家：英国、德国、法国和美国等，以及比利时、日本、俄国等其他发达国家。英国是最纯正的金本位国家，主导全球货币，无论是储备还是国内流通货币，主要是金币；法国、德国和美国基本与英国类同，保持纯金本位，但各自有其特点。法国虽然不再自由铸造银币，但依然保持银币的法偿地位，居民和外国人，持有法兰西银行券可以按照当局的规定兑换成黄金或者银币，留有复本位的一点残余。美国在1878年通过的《布兰德—阿里森法案》和1890年通过的《谢尔曼法案》规定，财政部每个月可以购买450盎司白银，将其铸造成可以按照16：1的旧比例购买黄金的银币，或者发行白银凭证/法偿财政部票据，以安抚白银开采集团。也就是说，美国每个月按照市场价格（而不是固定铸造比例）以白银为基础，发行一定量的货币，但是银币铸造受限制。1900年，美国出台新货币法——金本位法，规定1美元为25.8格令黄金（纯度为0.9成色的黄金）。比利时、瑞士与荷兰等国，境内居民持有的货币可兑换性由当局相机决定。

其他金本位制的国家，流通的货币主要采取纸币、银币、符号硬币等形式，但央行保留一定黄金储备，政府随时随地准备以固定价格将货币兑换成黄金。多数国家，除了俄罗斯、芬兰以及瑞典，央行通常为私人金融机构，他们垄断银行券的发行，或者拥有通货发行权，但必须为政府提供一定服务，比如持有部分公共债券，为财政部贷款，监督金融体系的运行等。

表 3—2　1880 年后国际金本位运作方式①

		国内货币的形式	
		主要为金币	金、银、纸币及符号硬币
储备的形式	黄金	英、美、法、德国等	比利时、瑞典
	主要为外汇	俄罗斯、澳大利亚、南非、埃及等	奥匈帝国、日本、芬兰、斯堪的纳维亚国家、其他英联盟国家
	完全为外汇		菲律宾、印度、拉美国家

资料来源：［美］巴里·艾肯格林著，彭兴韵译：《资本全球化：国际货币体系史》，上海：上海人民出版社，2009 年 8 月版。

（二）各国拥有的储备形式不同

印度、菲律宾和许多拉美国家，储备主要是核心金本位国的资产；俄罗斯、日本、奥匈、荷兰、斯堪的纳维亚、部分英联邦国家等则部分储备以核心国家金融资产，包括英财政部的债券，或者是存在伦敦的银行存款等，遇到人们兑换黄金的请求时，这些国家的央行就用等值的英镑资产，从英格兰银行兑换黄金。当时，日本、俄罗斯和印度三国，持有全球所有外汇储备的近 2/3。

而国际储备构成中，英镑是最主要的储备货币，1880 年占全球外储的 40%；法郎和马克共占 40%；其余主要储备货币为比利时、瑞士、丹麦、美国货币，其中，美元是加拿大和菲律宾的主

① ［美］巴里·艾肯格林著，彭兴韵译：《资本全球化：国际货币体系史》，上海：上海人民出版社，2009 年 8 月版，第 18 页。

要外汇储备形式（参见表3—3）。不同国家，央行规定持有的外储数量不同，英国、挪威、芬兰、俄罗斯和日本实行信用体系，央行可以发行数量有限的无黄金储备的的货币，即有一定量的“信用发行”，这部分货币可以用政府债券做担保，任何新增货币供应，需以黄金、英镑或卢币支持；而欧洲大陆许多国家（比利时、瑞士、丹麦在某段时期内）实行比例体系，即在一定约束条件下，他们的黄金储备可以下降到流通货币量的一定比例之下，一般为35%或40%。一些国家（德国、奥匈、瑞典和意大利等在某段时间内）实行上述两种体系的混合体制。

上述国家的法令，都规定央行须持有一定数量储备，但没有规定上限，比如英格兰银行的银行部规定可以持有发行部发行的1400英镑信用货币为现金储备，进行贴现或买入债券，不必依据黄金。央行还可以进行公开市场操作，比如用现金购买债券增加货币供应；也可以卖出债券或其他资产，缩小货币供应，以应对外来客户兑换黄金导致的黄金外流，从而增大金本位运行的灵活性。

表3—3　国际外汇储备/资产的构成（单位：百万美元）①

	1899年末	1913年末
官方机构	246.6	1124.7
英镑	105.1	425.4
法郎	27.2	275.1
马克	24.2	136.9
其他	91.1	287.3
私人机构	157.6	479.8
英镑	15.9	16

① ［美］巴里·艾肯格林著，彭兴韵译：《资本全球化：国际货币体系史》，上海：上海人民出版社，2009年8月版，第21页。

续表

	1899 年末	1913 年末
法郎	—	—
马克	—	—
其他	141.7	481.8
公私总计	404.2	1622.5
英镑	121	441.4

资料来源：Lindert，1969，转引自巴里·艾肯格林（2009）。

（三）国际货币供求机制和国际收支调节机制

教科书对此经典描述是休谟的价格—黄金流动模型，其国际交易流程：A 国进口商—购买 B 国商品—输出黄金、向 B 国进口商支付—B 国进口商输出商品、收到对方支付的黄金—拿黄金到铸币厂铸成金币。拓展为国际收支模型，其流程为：顺差国流通的货币增多—物价上涨—价格机制导致出口减少进口增多—顺差下降。休谟的模型是高度抽象化的模型，以货币主义为基础，与现实有较大差距。

为进一步还原现实，英国的坎利夫（Cunliffe）委员会在一战后，扩展了休谟的模型（增加了金融渠道和央行的因素），坎利夫模型如下：英国进口商进口法国商品—支付英镑银行券—法国商人接收该券，自己或其在伦敦的银行向英格兰银行出示通货，兑换成黄金—运回黄金并向法兰西银行兑换成法郎（与休谟模式不同，这里不是直接输出输入黄金，而是银行券或纸币；黄金主要是在央行之间流转）。

实际上，除此之外，还有两大因素坎利夫委员会没有考虑。一是国际资本流动，当时的国际借贷量很大，净资本流动已经大大超过贸易余额。国际资本流动取决于利率水平差异以及各国金融需求。二是黄金实际跨国流动量很小，除了非洲等地新发现的黄金流入伦敦黄金市场外，实际的黄金流动只是各国贸易逆差或顺差的一小部分。事实上，央行还有许多市场操作模型，可以在一定程度上抵消黄金的流出流入。因此，考虑到资本市场、商品市场和央行的操作模式，比较贴近现实的模型应该是：逆差国面临黄金流出压力—央行货币干预，通过调整贴现率、升降利率、买卖国债等金融资产等方式—阻止或弱化黄金流出—增减国内货币供应量—影响物价水平—消除顺差或逆差。

因此，从历史事实出发，金本位的国际收支调节机制实际上并非“完全干净”的纯市场运作的机制，而是商品、价格、金融、央行管理等综合的过程：一是市场调整的调节机制；二是黄金—价格调节机制；三是稳定性预期驱动的国际投资和国际资本流动调节机制；四是央行的平衡措施和干预机制，当储备面临损失，通过贴现率调整或冲销干预，中和储备流动的负面影响。贸易政策也可以是调节机制，但当时自由贸易思潮影响较大，贸易政策作用并不突出。当然，金本位制度的国际收支和国际货币供求模式是以市场为基础、自发调节的过程，政府干预因素虽然存在，但是以市场力量为基础，这是金本位制度的灵魂。

金本位制度的运作需要极严格的条件，恰好1914年之前，国际上都具备了这些条件：

第一，政府政策目标单一，即优先维持货币可兑换性。中心国家必须尽一切努力保卫央行的黄金储备，维持货币可兑换性，央行的主要任务是将黄金储备维持在保持货币金本位的水平上。政府不必承受满足其他经济目标的压力，即让货币目标从属于其他目标比如就业、增长等。理论上，当时尚没有明确央行货币政策与整体经济的相互关系。

第二，特殊政治环境。普通劳动者没有渠道向政府表达诉求，代表劳动人民利益的工党尚未形成，普通民众不仅没有声音表达不满和反对意见，更没有制约的力量；多数国家，只有成年男子拥有投票权，妇女的投票权被剥夺，民众的声音更小。

第三，充分自由的市场经济。工资和物价可灵活调整，市场充分竞争，当面临国际收支冲击，可以通过降低价格水平与成本，避免失业率的上升。

第四，投资者预期是稳定性预期。因为政府行为可预测，稳定性高，可信性强，当国际收支出现逆差，汇率出现变化，投资者就会投资逆差国资产以图获取利率和汇率双重收益，从而有助于国际收支调整。马克卢普（Machlup）、贝蒂·俄林（Bertil Ohlin）等认为，当时不存在“扰动类”国际资本流动。

第五，国际合作加强。金本位体系的稳定和顺利运行离不开密切的国际合作，如果国际政治出现大纷争，各国以邻为壑，金本位将无以为继。比如，贴现率或利率是影响国际资本流动的重要因素，如果央行的货币政策不协调，将导致储备的失序竞争。正是因为英国的霸主地位以及英格兰银行在全球的独特地位，在英格兰银行的领导下，全球央行在全球信贷条件的调整中加强了协调。布罗姆菲尔德（Bromfield）研究发现，第一次世界大战前20年里，各国贴现率具备同升同降的趋势和特点。危机期间更需要国际合作。1890年，巴林危机使得英镑危机爆发，法兰西银行和俄罗斯央行出借黄金储备帮助英国克服困难；1882年，瑞典央行从丹麦央行借钱；1893年，欧洲各国央行资助美国财政部保卫金本位；1898年，法兰西银行和英格兰银行援助德国国家银行和商业银行；1906年、1907年，法兰西银行和德国国家银行支持英格兰银行渡过金融危机；1907年，加拿大政府通过增加自治领货币券（无支持的信用券），部分目的是为美金融体系滕出更多储备，救助其信用萎缩；1909年、1910年，法兰西银行再次贴现英国票据，为伦敦提供黄金。

三、国际金本位结束

国际金本位是特定历史条件的产物。金本位体系存在是建立在多种条件的基础上的，当其中部分的条件出现变化，该体系的维持将变得困难重重。

首先，央行最后贷款人角色与金本位体系存在冲突。金本位的运行依赖于市场对央行承诺可兑换性的信誉和可信性。但是随着时代的发展，现代商业银行和国际资本流动加速，央行只顾及货币目标的政策越来越难以维持。现代银行体系（部分准备制度的兴起暴露了金本位的缺陷），加剧金融体系的脆弱性（挤兑风险），成为整体经济体系的威胁，需要“最后贷款人”的介入干预。但是，这与金本位要求矛盾。随着部分储备银行及金融自由化的发展，金融体系脆弱性上升，金融危机频发，对宏观经济稳定带来的冲击增大，越来越需要央行充当最后贷款人维护金融体系稳定。1866 年欧文伦—格里倒闭危机导致银行危机蔓延，1890 年巴林危机爆发，使得人们意识到央行最后贷款人角色的重要性，但该角色与金本位体系有冲突。因为，如果银行发生挤兑危机，存款人要求把存款转为现金，再将现金兑换为黄金，央行的储备将大量流失；而如果央行支持陷入困境的银行，为其提供流动性，这将违反金本位游戏规则。而且，一旦央行救济银行，导致储备下降，动摇市场对央行维持可兑换性的信心，则会引发恶性循环，加速储备流失。正因为此，凯恩斯称金本位是野蛮的遗迹，弗里德曼、伯南克等均将金本位称为导致大危机的罪魁祸首。

其次，外围国家的不稳定性。欧洲之外，很多国家尚未设立央行，如美国联邦设备制度在 1913 年才设立。外围国家银行系统脆弱，容易受到国际体系波动的冲击，央行缺位加剧情况的复杂性。此外，许多国家产业结构单一，出口范围狭窄，更易受贸易条件波动和国际资本流动的影响。核心国家如英国，是国外贷款主要来源地，输出资本的同时，也促进商品的输出，从而有助于稳定英国的国际收支；外围国家则相反，受到双重叠加影响，如果出口收入下降，则会导致资本流入的下降，这进一步导致出口能力和出口信贷下降，经常项目和资本项目的冲击相互强化。此外，推行金本位的特殊政治经济因素，在外围国家条件不足。以美国为例，直到20世纪初，人们对当局承诺美元的黄金可兑换性充满疑虑；男性公民投票权增大了农民的发言权，而白银集团和负债累累的农民都反对金本位的推行。美国政治斗争中，有关硬通货与软通货的争夺异常激烈。1892年，民主党人格罗弗·克利夫兰（Grover Cleveland）当选，宣布支持硬通货，并于次年撤销了《谢尔曼法》；下一届的总统竞选，冲突再次上演，民主党和人民党候选人布莱恩（Bryan）与共和党人麦金利（Mckinley）就是否实行银本位货币，进行了激烈交锋，前者支持银本位，呼吁选民放“处于黄金十字架”上的农民和工人一条生路。由于不断有实行银本位的势头出现，市场担忧货币贬值，导致大量资本外逃和利率上升。

第三，金属货币与世界经济增长的矛盾。19世纪八九十年代，美国物价水平持续下降20年，其根源在于，世界产出的增长，要远远快于全球黄金存量的增长。随着第二次工业革命的发展，世界经济产出增长率加速，金属货币与现实经济的增长之间的矛盾更加突出。当时美国的平民主义运动风起云涌，声称为了阻止物价进一步下跌，必须发行更多货币，理想的形式是发行更多的银币。1890年的《谢尔曼法》就是为此目标制定的，美国也在1892年12月主持全球的货币会议，希望恢复复本位制度，但德国拒绝参加，英国参加会议主要是阻扰此建议。1896年之后，世界价格水平开始上升，原因是西澳大利亚、南非、阿拉斯加等地发现金矿；新的利用氰化物从贫矿中萃取黄金技术的发展，提高了货币供应增长率；银行部分准备等现代金融制度的发展，一定程度上缓解了通货紧缩矛盾。但矛盾未能从根本上解决，随着19世纪90年代黄金大发现的影响逐渐走弱，人们对黄金供应能否满足世界经济扩张的担忧再次浮出水面。

第四，金本位体系的内在不稳定性。金本位体系的真正历史很短，19世纪70年代金本位只是西欧国际货币事务的基础；直到19世纪的末期，金本位才开始走向亚洲、非洲、美洲，但仍没有推广至全球。从其表现上看，汇率稳定性和典型的金本位货币政策并非常态。此外，维持金本位运行的特殊政治经济环境是暂时性的，不可能长久和可持续：英国在世界经济中的独特地位，使得它的国际收支免遭冲击，使得英镑成为国际货币体系的的稳定器。英国资本—商品输出的联合体制，稳定了英国的外部收支，减轻了英格兰银行等地压力，同时向全球提供了货币供应；货币体系的其他中心国家，如法国、德国，也同样如此，即是商品输出方，也是资本输出国。19世纪的多边自由贸易体系也对维持金本位体系作出巨大贡献。

第五，金本位赖以存在的独特政治环境也在消退。国际金本位的形成得益于欧陆战争，以及英国超级霸权。此后（1871—1913年）欧洲难得的和平时期，又便利了国际合作，有利于国际金本位的运行，央行可以继续免受其他干扰，专注于货币政策目标，维持可兑换性，而不必兼顾稳定、就业、增长等经济目标。

随着大英帝国的衰退，国际经济的制度供给出现困境。一是国际权力结构朝越来越不利于英国的方向发展。美国崛起为一流大国，在经济总产值、贸易与投资等方面后来居上，已经超越英国；德国、日本等新兴强权快速崛起，英国的相对实力衰落已成不可避免之势。大英帝国再难依据其独特地位，长久维持英镑的中心地位。各国间为争夺国际货币主导权，相互间协调机制更加脆弱。二是世界大战的爆发，彻底动摇国际金本位的基础，由于各国军费开支猛烈增加，于是纷纷停止金币铸造和价值符号的兑换，禁止黄金输出入，从根本上破坏了金本位制赖以生存的基础。三是国际政治出现变化。工人政党的出现，工会的扩大，使货币政策加速政治化。各国央行不能再像以前那样，只顾货币目标，而不顾国内经济的其他目标，当国内目标与维持金本位和国际收支平衡的目标相冲突时，政府货币政策面临两难，金本位制度已不再符合国内政治需要。

正如罗伯特·蒙代尔指出的那样，“我们必须承认，金本位制和自由造币的时代是独特的历史现象，那时主要大国之间势力均衡，没有超级大国的主导（蒙代尔认为，英国和法、德、美等大国实力较为接近，英国稍胜一筹，但并非绝对意义的领先）。”[①] 在多重力量的冲击下，美、德等大国崛起，打破较为均衡的国际权力格局，维持了40余年的国际金本位最终崩溃。国际货币体系再次陷入动荡之中，酝酿新的发展。

第三节　布雷顿森林体系的兴衰

布雷顿森林体系是人类迄今为止唯一一个通过签订集体谈判条约、建立国际机构进行管理的的国际货币体系，具有特殊意义。该体系的成立与该体系的终结一样，都是人类货币史具有划时代意义的大事。关于布雷顿森林的文献浩如烟海，甚至引发人们的“审美疲劳”，下面简要分析该体系成与败的背后推动力量。

① ［美］罗伯特·蒙代尔著，向松祚译：“国际货币：过去、现在和未来”，《蒙代尔经济学文集》（第6卷），北京：中国金融出版社，2009年1月版，第133页。

一、国际政治经济背景

国际金本位的崩溃，导致国际货币体系陷入前所未有的动荡与困境之中。首先，国际格局正陷入新旧转换的磨合期。新的超级霸权和老的霸权仍处在较量博弈之中，国际权力关系仍未成型。第一次世界大战之后，大英帝国实力削弱，法、德、奥匈、奥斯曼土耳其等也遭受重创，美国实力凸显，全面开始反超英国，居全球之首，但并未形成绝对的领先优势，再加上美国孤立主义倾向较重，尚未准备好承担全球大国责任。金德尔伯格称，两次世界大战期间是“霸权真空”的时代，旧大国有心无力，新大国羽翼未丰，且缺乏经验和意愿提供“国际公共产品”——维护世界市场的秩序和稳定发展，这加剧国际市场“失灵”，导致史上最严重的金融危机。[①] 直到第二次世界大战，国际格局基本定型，英、法、德、日等昔日大国全面受挫，从一流大国降为二流国家，美国一超独大局面成型，国际权力关系开始稳定下来，为新的国际制度建设提供政治基础。

其次，国际金本位制度难以恢复，新制度仍处在摸索中，“国际货币制度”的供给缺乏。一是旧制度无法恢复。第一次世界大战后，欧洲大国试图恢复国际金本位。战争期间以及战后，世界大国中只有美国保留金本位，但从1921年开始，世界主要大国开始稳定货币，借助美国的力量，逐步恢复金本位制度。1923年奥地利，1924年德国、瑞典和波兰，1925年英国、匈牙利和比利时，1926年法国，1927年意大利等逐步稳定了汇率，并逐步恢复黄金可兑换。其中，1925年英国恢复金本位，带动了澳大利亚、荷兰、南非等国效仿，次年加拿大、智利、捷克斯洛伐克、

① 金德尔伯格，1970。

芬兰等国也逐步向金本位靠拢。1926年法国恢复金本位，标志着金本位重建基本完成。据统计，到1931年前夕，实行金本位国家的数量达到高峰，一度逼近50个国家。[①] 但由于金本位（自由铸币、自由兑换、自由输出入资本的“三自由”制度是金本位的精髓）赖以存在的政治经济条件已经不再具备，加之黄金分布极不平衡，恢复金本位制度相当困难。1931年，英镑难以支撑金本位，宣布放弃该制度，至此1926年底基本建成的新国际金本位体系以失败告终。二是新制度建设未能成功。国际上也尝试探索建立改编版的国际金本位货币制度，比如金块本位制[②]和金汇兑本位制[③]，但没有成功。1929—1933年世界性经济危机的爆发，迫使各国放弃金块本位制和金汇兑本位制，从此资本主义世界分裂成为相互对立的货币集团和货币区，国际金本位制退出了历史舞台。

第三，国际经济金融碎片化，各国以邻为壑，世界经济乱局

---

① Palyi，1972。转引自巴里·艾肯格林著，彭兴韵译：《资本全球化：国际货币体系史》，上海：上海人民出版社，2009年8月版，第48页。

② 金块本位是以黄金为准备金，以有法定含金量的价值符号作为流通手段的货币制度。在该制度下，不再铸造金币和实行金币流通，流通中的货币全部是银行券等价值符号，银行券在一定金额以上可以按含金量与黄金兑换，这就限制了银行券兑换黄金的范围，从而节约了黄金。实行金块本位制的，主要有英国、美国、法国、荷兰和比利时等国。比如英国规定以银行券兑换黄金的最低限额是相当于400盎司黄金的银行券（约合1700英镑）。法国规定银行券兑换黄金的最低限额为21.5万法郎，等于12公斤的黄金。此时，各国中央银行掌管黄金的输出和输入，禁止私人输出黄金；中央银行保持一定数量的黄金储备，以维持黄金与货币之间的联系。

③ 金汇兑本位制，又称“虚金本位制”，国内只流通有法定含金量的纸币，但纸币不能兑换黄金，只能兑换外汇；在国际储备方面，只需将其货币与实行金块本位制国家的货币以法律形式规定二者之间的固定比价，并在金块本位制国家存放其外汇准备金、银行券等货币代用品以及黄金；只有中央银行存放在实行金块本位制国家的外汇才可在这类国家直接兑换黄金；中央银行可以通过无限制地买卖外汇维持与金块本位国家货币的联系，即“盯住”后者的货币。拉美国家及德国、意大利、丹麦、挪威等国，均实行过这种制度。

难持续。由于国际社会难以恢复统一的国际货币制度，世界货币分裂为以三大阵营为主的货币格局，即英镑集团、美元集团和法郎集团。1932 年，英联邦国家成立“英镑集体”，接着美国周围的国家成立了“美元集体”，法国及其附属国成立了“法郎集体”。国际货币体系进入无序状态。加上爆发史上罕见的国际金融危机以及第二次世界大战，各国保护主义抬头，自由贸易和国际投资受阻，国际经济陷入空前危机。而在两次大战后横空崛起的美国，由于剧增的黄金储备、快速发展的对外贸易和对外投资，一举成为全球超级大国，为了自身利益，终于担负起重新建立国际货币制度的全球大国责任。

二、黄金约束下的美元本位制

布雷顿森林体系的创建是人类历史典型的乱极而治的写照。货币混战和贸易保护主义，彻底逆转了金本位制度带来的国际自由市场潮流，把世界市场切割成相互对立的碎片。乱世之中，人心思定，只要有能降低交易成本，促进经济增长和稳定的制度创新和供给，就能获得市场主体的认同。

（一）布雷顿森林体系是战前各国货币关系的确认和制度化

1944 年在美国的新罕布什尔州小镇——布雷顿森林城召开了一次国际金融会议，44 个国家参与了此次会议，起草并签署了《国际货币基金组织协定》等文件，各国政府寻求一种新的国际货币合作体系，既能实现国内的充分就业和价格稳定，又能促进国际贸易和投资，促进国际经贸合作。

但实际上，布雷顿森林体系建设的谈判在 1944 年之前就以开始，该谈判其实是金本位崩溃后一系列有关货币体系重建国际谈判的延续。英国在 1931 年脱离金本位，法国自 1926—1936 年坚守了10年金本位后，宣布脱离金本位。美国在1933—1934年短暂脱离金本位后，重返金本位。因此，世界大国中唯有美国一家坚持金本位，美元事实上成为全球货币之锚。在其他国家离开金本位后，各国开始讲货币与美元挂钩。在此基础上，在1936年，世界三大巨头美、法、英签署《三国货币协议》（Tripartite Monetary Agreement），确立了各自的货币关系，即美元钉住黄金，英镑与法郎与美元挂钩。由于这三大货币是世界的中心货币，它们之间的关系确立后，基本锁定了全球货币格局和制度体系，因此三国协议本质上是新全球货币体系的雏形。

第二次世界大战的爆发，中断了三国协议的进程，法国再次遭受削弱，逐渐失去了主谈判方的地位和资格。因此，战后国际货币重建基本有美英主导。1940年、1941年，美英已经召开两次谈判，酝酿战后的国际货币秩序。[①] 根据1941年8月的《大西洋宪章》和1942年2月的《互助协定》，英国保证恢复英镑经常账户的可兑换性，并接受贸易非歧视原则；而美国允诺以有利的条件扩大金融援助，尊重英国对充分就业赋予优先权。[②] 显然这些谈判本质上是英美的利益博弈和交换，美国需要英国开放自身及其联邦的巨大市场，而英国则可在货币体系重建上维护自身利益关切。众所周知，英美两国的谈判队伍分别由约翰·梅纳德·凯恩斯以及美国财政部长助理哈里·迪克斯特·怀特分别领衔。双方在新货币体系的设计上存在巨大差异：一是汇率的灵活性。英方主张可调整的汇率制度。各国可以根据其经济内部平衡与外部

① ［美］巴里·艾肯格林著，彭兴韵译：《资本全球化：国际货币体系史》，上海：上海人民出版社，2009年8月版，第96页。

② 凯恩斯早就注意到金本位的目标与英国国内经济均衡（即充分就业、物价稳定）的冲突，并呼吁放弃金本位，将正常关注点放在国内经济增长和就业上。他的观点起初并没有引起英国当局包括丘吉尔的重视，但后来该思想对英国影响力不断增大。

平衡变更汇率，怀特则主张由某国际机构管理全球汇率，对各国汇率调整具有否决权。二是债权国责任问题。英国主张建立国际清算联盟，国际收支顺差国有义务通过国际机构提供融资支持（美方需提供230亿美元），美方表示反对债权人向逆差国提供融资的义务（只愿意提供20亿美元的额度）。三是资本管制问题及货币本位问题。与美方相反，英方要求对资本进行管制，并要求建立超主权货币“班科”（Bancor），作为国际货币基础。虽然怀特最初也曾提出要创造一个叫做“尤里塔斯”（Unitas）的世界货币，但最终美方放弃了世界货币的想法，选择美元本位制度。布雷顿森林体系的成形，是权力博弈的结果。

（二）强化美元地位的布雷顿森林体系

经过多轮谈判，虽然英方也在某些方面的谈判取得胜利，比如保留资本管制等，但总体上美国取得压倒性的胜利。从最后的谈判结果看，布雷顿森林体系其实并未创建任何新体系，其本质上是维持并扩大1936年签订的“三国货币协议”①，实行的只是以美元、黄金为国际储备的国际金汇兑本位制。

但与金汇兑体制相比，该体系有三个基本区别：

一是以美元为中心的可调整固定汇率体制。美元价值与黄金挂钩（每盎司黄金35美元），各国货币与美元挂钩，各国政府必须控制货币平价波动幅度不超过1%，这一点与1936年的制度是相似，但同时《国际货币基金协定》第4款规定，一国发生根本性收支失衡时，经国际基金组织（IMF）同意，可以修改平价水平。

二是允许通过管制来限制国际资本流动。这是确保固定汇率

---

① ［美］罗伯特·蒙代尔著，向松祚译：“国际货币：过去、现在和未来”，《蒙代尔经济学文集》（第6卷），北京：中国金融出版社，2009年1月版，第120—121页。

体制的必要条件。

三是创建世界银行和国际基金组织两大国际机构监督管理各国经济政策，为钉住美元货币制度提供超国界的监管框架和形式，并为那些具有风险的国家的国际收支提供融资。

上述三点是布雷顿森林体制给国际货币体系带来的主要制度创新，在一定程度上满足各国现实需要。各国调节国际收支的手段较以前多了些渠道，即可以通过调整汇率水平（虽然要受严格限制）和国际机构借贷来消除逆差；各国也可以通过资本管制，避免资本无序流动的破坏，各国政府也可根据经济的内外部平衡，通过货币手段积极干预经济。

但该制度体系更大的特点是空前强化美元的地位，凸显美国的利益和权力：

一是强化美元独大地位。布雷顿森林体系将美元合法化为全球中心货币，与黄金同为国际主要储备资产。曾是世界中心货币的英镑、法郎等沦为二流货币，与其他国家货币相似，要与美元挂钩，受美元的制约。

二是凸显美国的全球央行角色，主导国际货币创造。布雷顿森林体系改变了国际货币供给模式，世界储备资产和国际流动性需求，主要依靠美国对外收支逆差来决定。两大国际机构世界银行和国际基金组织，负责长短期国际融资，但这两大机构都有美国实际掌握，因为美国拥有一票否决权。

三是在布雷顿森林体系下，各国的国际收支失衡调节和汇率的调节存在不对称性，增大了外部世界对美国的依赖。布雷顿森林体系中，美国负责和黄金挂钩，美元针对众多国别货币的汇率，主要由各国自己采取措施，维持与美元的汇率稳定。在国际收支的顺逆差方面，美国自身没有调节汇率的义务，不需要负担国际收支调节成本，而其他国家承担调节国际收支的全部成本。

四是主导设置和改变货币规则的权力。当体系运行不利于美国利益，美国可以不执行或者改变规则体系，将由此带来的损失和成本转嫁给他国。比如1965年，美国取消了美联储成员银行在美联储需要25%黄金储备的规定；1968年，进一步取消美元的黄金保证[①]；1971年的“尼克松冲击”，单方面宣布美元不兑现黄金，迫使他国储备资产对美元集体大幅贬值（1971年史密斯协定）等。

三、布雷顿森林体系的嬗变

布雷顿森林体系本身并非国际社会一日之内谈判形成的，它是在现实基础上通过谈判逐步成型的，是对1914年以来国际货币现状的承认和制度化（由于美国日渐增强的经济地位，1934年以来，各国实际上实行的是钉住美元的制度安排，而美元是唯一与黄金挂钩的金本位货币）。1944年布雷顿森林体系正式建立后，其制度体系并没有真正得到推行，相反，新的制度特征一直不断“偷偷”进入该体系[②]，改变着布雷顿森林体系的运行方式。根据1944年布雷顿森林协议精神，尽管黄金不再是各国货币发行的基础，但黄金而不是美元依然是各国决定汇率平价的官方计价标准[③]，整个体系体现出具有“对称性”的特性，但随着各国政策

① 美国会在1968年3月18日通过《取消黄金储备要求的法案》，立法取消美元发行必须持有25%黄金储备的规定。

② ［美］罗伯特·蒙代尔著，向松祚译：“国际货币：过去、现在和未来”，《蒙代尔经济学文集》（第六卷），北京：中国金融出版社，2009年1月版，第150页。

③ 根据当年布雷顿森林协议第4款第1条a部分规定：“各成员国必须用黄金或者1944年7月1日能够兑换成相应成色和黄金的美元作为计价标准，表述各国货币平价水平。”

选择的变化，该体系的性质发生变化。[①] 至20世纪70年代，虽然没有出现对1944年布雷顿森林协议相关条款进行显著修订的行为，但布雷顿森林体系在1950年前后，其运作规则实际上发生了变化，由原本的黄金—美元本位体制（金汇兑本位制），发展为固定汇率的美元本位制。[②]

因此，同样是布雷顿森林体系，1944—1950年的规则体系与1950—1970年的实际规则体系有差别，两者对比，可以发现制度的渐变。（参见表3—4）。[③]

表3—4　1944—1950年间和1950—1970年间国际货币博弈规则体系[④]

	1944—1950年	1950—1970年
计价方式	以黄金或钉住黄金的货币作为计价标准	美元为主要计价标准
汇率安排	货币与外币固定在官方平价上；短期内，汇率波动低于1%；长期内，经IMF同意，可单边调整汇率平价	各国与美元固定在官方平价上；汇率水平永久性保持着1%以内的波动水平
资本管制	经常项目自由兑换；资本项目管制	经常项目自由兑换；资本项目开始自由化进程

---

① 美著名货币学家约翰·威廉姆森（John Williamson）认为，1944年之后的布雷顿森林协议实际上为美国提供了对称性货币机制的机会，只是后来随着制度的变迁，导致国际货币制度的本质朝向“非对称性”变化。

② ［美］罗纳德·I.麦金农著，覃东海等译：“博弈规则：国际货币与汇率”，《麦金农经济学文集》（第四卷），北京：中国金融出版社，2006年10月版，第33页。

③ 麦金农详细比对了布雷顿森林体系在上述两个阶段的异同，认为布雷顿森林体系本身并非一成不变的，而是在国际政治经济环境下不断演变。参见［美］罗纳德·I.麦金农著，覃东海等译：“博弈规则：国际货币与汇率”，《麦金农经济学文集》（第四卷），北京：中国金融出版社，2006年10月版，第31—46页。

④ 该表在麦金农、蒙代尔、IMF协议等内容基础上归纳整理。

续表

	1944—1950 年	1950—1970 年
交易结算	国际交易中，对称性使用本币	美元成国际交易支配性货币
储备资产	黄金、外汇储备	官方使用美元作为干预货币；以美国债方式主动持有官方外汇储备
国际收支/国内经济调节	以外汇储备、IMF 信贷应对短期国际收支失衡；以国家宏观经济自主调控应对长期失衡，各国不以维持名义锚为目标，牺牲本国价格水平、就业目标；通过国内冲销政策“中和”外汇干预给国内货币供给带来的冲击	调整国内财政政策，应对经常项目失衡，冲销国内储蓄和投资失衡；通过央行货币市场操作进行冲销，应对外储短期短缺，维持短期国内货币供应；长期国内货币供应从属于固定汇率安排，受美国国内货币政策影响
中心—外围的关系结构	美元占主导地位；但各国货币与黄金直接或间接挂钩；在维持汇率稳定方面，各国的地位作用较对称（美元类似于国际金本位下的英镑）	美元占绝对主导地位；美奉行自由贸易政策，主要专注内部经济平衡，不考虑国际汇率稳定问题，消极应对外汇波动，因此外储较少，其他国家外汇干预带来的货币影响，通过被动冲销政策平抑；保持独立货币政策，并因此影响全球价格水平；美国向全球开放资本市场，调控全球货币供求

从表 3—4 可见，布雷顿森林体系本身也是一个动态演进过程，显性与隐性规则不断变化，而所有变化都是美国主导的。自从 20 世纪 60 年代美国先后推出取消货币发行的黄金准备、取消黄金兑换义务等政策以来，布雷顿森林体系的精神早已名存实亡，并蜕变为不兑换黄金的固定汇率制的美元本位体系。

四、布雷顿森林体系终结

随着世界经济的不均衡发展，以 1936 年三国货币协议为基础的国际货币体系必然难以适应新的国际政治经济现实，布雷顿森林体系的崩溃是历史的必然。一方面，经历数十年的和平发展，世界经济发展迅速，国际经贸投资一体化纵深发展，导致布雷顿森林体系的破灭；另一方面，国际力量格局的发展，也朝越来越不利于美国的方向发展，战后初期的那种完全有美国主动全球货币事务的权力架构难以持续。

首先，市场冲击下的制度缺陷。在货币供应和需求方面，面临“特里芬两难困境”，即世界各国通过美国的国际收支逆差获得国际货币供应，但随着各国积聚的美元债权增多，以及美国黄金储备的不断减少，必然会产生深刻危机。在国际收支的调节方面，布雷顿森林体系规定的国际收支调节手段十分有限，主要是美元储备和 IMF 的贷款，而汇率制度是固定汇率制度，在国际资本流动不断增大的情况下，两者必然有冲突，因而带来隐患。① 此外，黄金与美元共同作为国际储备，且两者之间实行固定汇率，双资产必然带来广义的格雷欣法则问题，理论上，一旦黄金（或美元）价值存在高估现象，“劣币”（即价值定价高于市场价，或实际值低于面值的资产）驱逐“良币”的问题就会发展，黄金需求将不断上涨，引发恶性循环。

其次，权力不平衡发展。持续陷入越战，以及与苏联争霸，导致美国力量消耗严重；同时，德国等欧洲国家经济迅速复苏和日本经济的快速发展（日本经济体量直追美国），对美元本位体制带来冲击。法国多次抱怨“美元的特权”的不合理性，并在 60 年代多次提高黄金价格，试图以黄金取代美元本位制度，但势单力薄，法国无力单独改变国际体系。同时，美国独立向全球提供

① 布雷顿森林体系规定，各国经常账户开放，资本账户管制。但随着自由贸易的发展，经常账户开放使得投资资金可以通过操纵报价等方式，进出国境。再加上金融自由化和金融创新的发展，资本账户管制难以真正实现各国资本市场的隔离。

“公共产品”（维护国际货币体系稳定）成本增高，越来越不符合美国利益，也导致美有意调整制度体系。

第四节 本章小结

本章分析了国际货币体系的三个典型案例，分别是国际金银复本位体系（最典型时期是1815—1870年，共55年，这之前由于大英帝国尚未建立金本位制度，国际货币体系的主流是银本位和金银复本位制度），国际金本位体系（1873—1914年，共40年）以及布雷顿森林体系（1944—1973年，共30年），目的是进一步验证和检验前面提出的国际货币理论分析框架。

这是三个具有全球统一性的国际货币制度体系，都通过一定的制度纽带，将霸权世界各国的货币与经济联结在一起，时间总跨度近120年。纵观百余年国际货币发展史，可以看出，国际货币发展与人类社会发展历史总脉络高度一致，即呈现“分久必合、合久必分”的螺旋式上升（否定之否定）的历史过程。以法、美为主导的国际复本位体系于19世纪下半叶在战火和革命声中解体，过渡到大英帝国主导的国际金本位；经历了40年的稳定繁荣期后，再次陷入近30年的战火与动荡；随后，国际货币体系过渡到美国主导的布雷顿森林体系时代，世界经济再次进入30年的稳定与繁荣期。通过对波澜壮阔的国际货币史的梳理，可以发现隐藏在历史表象中的一些线索和脉络。

首先，市场始终是贯彻国际货币体系发展各阶段的一条主线。无论金银复本位、金本位还是布雷顿森林体系，都是在呼应市场潮流的需要中应运而生，同时在市场的激荡互动中向全球扩展；接着，都在汹涌的市场浪潮中瓦解；然后，市场激流裹挟着已经解体的制度体系的碎片，冲向下一个新的开端。任何制度体系都是相对稳固相对静止的，而市场则是常变常新的，这两者的矛盾亘古未变。无论“格雷欣法则”，还是“特里芬两难”，本质上是市场的法则，是市场与制度相互冲突的体现。

其次，权力是创建、维持和摧毁制度体系的另一支主要力量。权力既在市场之中，又在市场之外。市场本质上是人类相互交易的关系，既包括强制的交易，又包括自愿互利的交易，而前者体现的是权力关系，后者体现的是市场关系，如罗斯柴尔德所言“像人类社会其他领域一样，只要条件具备，任何市场主体都会利用自身的权力资源增加市场优势。”权力从市场中攫取力量之源，又塑造制订市场规则体系，为市场提供公共产品，“权与钱高度结合”。因此，霸权的兴衰与国际货币体系兴衰在时间和节拍上基本吻合，表明权力这只“无形的手”从来就没有离开过市场。正是拿破仑战争和普法战争等一系列权力的争夺，摧毁了欧陆强权，催生了大英帝国霸权，导致支撑复本位的权力支柱崩塌，使得人类社会进入史无前例的国际金本位体系；也正是德、日、美等新强权崛起，打破旧有的权力格局，毁坏了支撑金本位体系的权力基础，让人类社会在金融混乱中度过30年。纵观国际货币历史，从绵延千年的罗马货币体系，直到布雷顿森林体系，权力的野心随处可见。

第三，国际货币体系本身是相对独立的存在，具有自身的惯性和连续性。金本位是金银复本位的延续，继承了前者“自由铸币”等内核，但扬弃其双本位的制度缺陷。本杰明·科恩称，“货币应像宗教，多神不如一神”。价格之锚越单一，信号传递越清晰，市场调整成本越低，经济与货币体系就越稳固。而金块本位、金汇兑本位以及布雷顿森林体系，本质上是金本位的延续和变种。每次货币体系的变更都有一定滞后性，背后是利益的纠结和权力的斗争过程。任何制度都是利益和权力关系结构的反映，因此制度的惯性本质上是市场惯性和权力惯性的综合。其中，市场惯性体现在网络外部性和路径依赖上，规模经济效应和市场的不完全性导致制度的边际调整成本大于收益，也正是规模经济效应和市场的不完全性，使得制度创新在一定条件下有利可图，为打破制度惯性奠定基础。

权力的惯性体现在货币主权、货币霸权的维护以及扩张上。“纵观历史，只要世界上出现超级大国，她的货币就要在国际货币体系中发挥中心作用。”① 超级大国对国际货币体系具有否决权，因为本国货币的国际化给她带来巨大利益，所以对于任何旨在用独立的国际货币取代超级大国货币的国际货币改革或合作，超级大国一般都会否决。19 世纪 70 年代，当国际金本位导致全球持续多年的通货紧缩，法国、美国等原来的复本位大国强烈要求实施货币改革，主张恢复复本位制，建立新的国际记账单位，结果遭到英国的否决。布雷顿森林体系建立前夕，法国、英国等要求建立新的货币体系，却遭到美国的否决。很显然，因为国际货币体系本质上是制度安排，而制度需要权力来制订，需要权力的维护和遵守。

① ［美］罗伯特·蒙代尔著，向松祚译：“国际货币：过去、现在和未来”，《蒙代尔经济学文集》（第 6 卷），北京：中国金融出版社，2009 年 1 月版，第 120 页。

第四章

主权本位货币的形成与发展

它是我们的货币，却是你们的问题。

——美国财政部长约翰·康纳利，1971

没有美联储，就没有20世纪那许多重大货币事件的发生。

——罗伯特·蒙代尔，1993

货币体系的自动调节机制或稳定机制现已不复存在，取而代之的是超级大国经常“修理”或“打压”被视为敌人的经济贸易伙伴。

——罗伯特·蒙代尔，1993

“布雷顿森林体系的消亡，已成国际货币体系演进的分水岭，彻底改变国际货币事务”。[①] 当前，美元纸币本位制是史无前例的国际货币体系，开启了全新的人类货币实践。本章拟在剖析新体系的产生、演变、现状的基础上，分析其制度的机构与功能，以及主导该制度运转和变迁的市场与权力的逻辑，为有关国际货币未来演变路径和改革方案提供基础。

---

① ［美］巴里·艾肯格林著，彭兴韵译：《国际资本全球化：国际货币体系史》（第二版），上海：上海人民出版社，2009年8月版，第137页。

第一节 全新的国际货币体系

1973年6月，20国委员会决定最终放弃布雷顿森林体系，主要国家全部采取浮动汇率，这标志着国际货币发展进入新阶段。与历史上的国际金银复本位体系（1815—1873年）、国际金本位体系（1873—1914年）以及布雷顿森林体系（1944—1973年）相比，现有的国际货币体系显然不能叫作“体系”[①]，因为当前国际货币体系中缺乏全球性通货，缺乏全球价格的“锚”，缺乏联系各货币的共同纽带。“国际货币体系荡然无存。目前的国际货币体系既不管理各国货币的相互关系，也无法稳定价格。”[②] 当今国际货币体系已成为无共同货币基础、无统一汇率制度、无共同协调管理机制的“三无”体系，世界货币进入竞争失序、各国自助自理的混乱时代。

一、无“锚”世界

数千年来，货币的铸造、发行由各国政府控制，因而产生规制不一名称各异的国家货币。人类历史绝大多数时间，这些货币都与金、银或其他商品挂钩，因而各国货币天然地具有某种内在联系，它们都具有共同的发行基础，受某种共同的机制约束，从而形成一个国际货币体系。但是，1973年之后，黄金非货币化（白银早已非货币化），各国货币与黄金的联系突然被割断了，所有国家的货币失去外在约束，各国货币关系出现质变。一夜之

① 一般教科书称1973年之后的国际货币体系为“牙买加体系”。

② ［美］罗伯特·蒙代尔著，向松祚译：“国际货币：过去、现在和未来”，《蒙代尔经济学文集》（第六卷），北京：中国金融出版社，2009年1月版，第117页。

间，货币成为纯粹信用货币，是各国货币当局的一种债务凭证。货币价值的不确定性前所未有地增大，它更多地取决于市场对货币发行国家政治经济的信心，货币与内部经济以及外部世界的关系空前复杂化。据统计，联合国 193 个成员国中，共有 180 种官方货币在流通使用。[①] 而目前 IMF 所有 188 个成员中的货币都是“法币”（Fiat），与黄金或其他商品没有任何内在联系。[②]

二、美元储备体系

金银的法定储备地位被剥夺，各国不兑现的主权货币已经成为储备资产的主体。1973 年之前，金、银和主要中心货币比如英镑、法国法郎、瑞士法郎、美元、德国马克等构成官方外汇储备的主要资产（1969 年之后，国际货币基金组织的特别提款权（SDRs）也进入官方储备之列）。对主要中心货币发行国如英国、美国等国家，金银是官方主要储备资产。

但 1973 年之后，尽管黄金仍是国际储备资产，但其在全球储备的份额已经微不足道（参见表 4—1）。[③] 截至 2014 年 1 月，目前全球黄金总储备量约为 10 亿盎司，按照当前黄金市场价格，总价值仅为 1 万多亿美元，分布极不均衡，其中发达国家储备占 70% 以上（参见表 4—2）。[④]

① List of Circulating Currencies，http：//en. wikipedia. org/wiki/List_ of_ circulating_ currencies.

② IMF，2010.

③ IMF，International Financial Statistics，April 2014.

④ IMF，International Financial Statistics，2013.

表 4—1　全球官方储备和扣除黄金的总储备

（单位：百万特别提款权 SDRs）

	官方总储备资产	排除黄金的总储备资产
世界	7923509	7887693
发达经济体	2714786	2690051
新兴及发展中经济体	5205197	5197642
发展中亚洲	3045952	3043472
欧洲	580668	578340
中东北非	914763	913239
南撒哈拉	132728	132492
西半球	523615	522724

资料来源：IMF，International Financial Statistics。本表根据该数据库数据加工整理。

表 4—2　全球黄金储备及其分配

（单位：亿盎司）

地区	黄金储备量
全球	10. 233
发达经济体	7. 067
新兴及发展中经济体	2. 159
亚洲（发展中国家）	0. 71
欧洲	0. 67
中东北非	0. 43
南撒哈拉	0. 07

资料来源：IMF，International Financial Statistics。本表根据该数据库数据加工整理。

而全球储备资产总价值截至 2014 年 1 月，约 12 万亿美元

（按照特别提款权汇价 1.54 美元/SDRs 计算），外汇占绝大多数，已经成为国际储备的主体资产。其中，美元仍独占鳌头，美元资产约占全球储备总量的 60% 以上；欧元资产位居第二，约占总量 1/4 左右；其余所有储备资产仅占 15% 左右（参见图 4—1）。

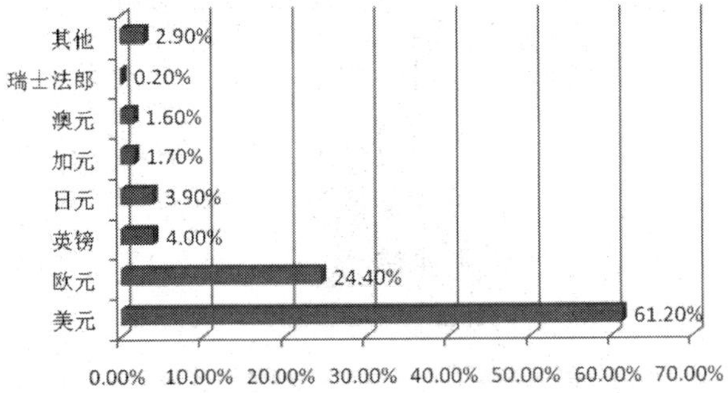

图 4—1　2013 年全球官方储备资产的货币构成

资料来源：根据 IMF 国际金融统计数据库的数据加工而成。

三、汇率制度多元化，“中间地带”缩小

从历史上可以看出，只要货币发行脱离黄金等商品约束，各国货币间将走向浮动。两次世界大战期间，金本位崩塌之后，各国为筹措和动员战争所需资源，实行战时纸币的货币制度，禁止货币自由铸造和兑换，结果导致各国货币之间汇率浮动，但当时人们将这种状况视为临时的不正常制度，普遍预期战争结束货币制度会回归正常。1973 年之后，黄金非货币化，各国汇率制度选择自主化，国际货币的汇率制度再无统一安排。“本来国际货币体系是各国共同对付通胀的手段，而现在，浮动汇率让每个国家

自己单独处理通胀。”①中心货币之间汇率浮动已成常态，而外围货币与中心货币之间的关系，则存在多样的汇率制度安排。

IMF 自从 1950 年以来，每年发布关于国际汇率安排的年报，对全球各国汇率制度的变化情况进行描述。刚开始，IMF 把各国汇率制度简单地分为两大类，即固定汇率或浮动汇率；后来，随着国际货币体系的变迁，各国汇率安排趋于复杂化，IMF 开始按照参考货币以及采取固定汇率制度国家的货币浮动幅度进行描述；近年来，则按照汇率制度从固定汇率到自由浮动的“光谱”分布，对各国汇率制度安排进行分析描述。但是，IMF 主要根据各国官方的报告数据进行汇总，实际上，各国汇率制度的实际安排与名义安排有区别。毛瑞斯·奥伯斯菲尔德和肯尼斯·罗格夫（Maurice Obsfield and Kenneth Rogoff）发现，许多名义上宣称实行“钉住”汇率制度的货币，其汇值随着时间的推移发生了变化。②另一些经济学家如吉勒摩·卡尔沃和卡门·莱因哈特（Guillermo Calvo and Carmen Reinhart）则发现，许多被认为是浮动汇率制的货币，实际上在其政府的干预下，币比币预期要稳定的多。③

除了 IMF 的汇率制度划分方法外，许多学者从各自角度对汇率制度安排进行了分类：一是将汇率制度划分为三类，即钉住汇率制，中间汇率安排以及浮动汇率制；④ 二是根据 5 年期移动平

① ［美］罗伯特·蒙代尔著，向松祚译：“国际货币：过去、现在和未来”，《蒙代尔经济学文集》（第六卷），北京：中国金融出版社，2009 年 1 月版，第 185 页。

② Maurice Obsfield and Kenneth Rogoff, The Mirage of Fixed Exchange Rates, *Journal of Economic Perspectives*, Vol. 9, No. 4, 1995, pp. 73-96.

③ Guillermo Calvo and Carmen Reinhart, Fear of Floating, *Quarterly Journal of Economics*, Vol. 117, No. 2, 2002, pp. 379-408.

④ Eduardo Levy-Yeyati and jFederico Sturzenegger, To Float or to Fix: Evidence on the Impact of Exchange Rate Regimes on Growth, *American Economic Review*, Vol. 93, No. 4, 2003, pp. 1173-1193.

均数的汇率浮动幅度，将汇率制度分成5大种类14小类；[①] 三是根据汇率波动幅度是否超过2%，将汇率制度分为简单的两大类，即钉住汇率制和浮动汇率制度。[②]

综合各种分类方法，以及现实世界各国实际采用的汇率制度标准，可将各国汇率制度按照制度安排以严格钉住和完全自由浮动为两端的“光谱”，分成六类，[③] 分别是（参见图4—2）：

第一，货币联盟（Currency Union）。即两个或两个以上的国家使用同一货币，由同一货币管理机构管理；或者接受共同组建的政府间机构管理，比如欧元区；或者是接受联盟中某一最强国家管理，后者又称“美元化”，比如中美洲国家厄瓜多尔、萨尔瓦多和巴拿马等国。这里“美元化”（Dollarization）不仅是指接受美元为本国货币，也可指接受其他国家货币比如欧元等为本国货币的国家。

第二，硬钉住制度（Hard Peg）。指一国货币对另一国货币或某货币篮子的汇率固定在狭小的波动幅度内。为确保硬钉住制的信誉，一些国家通过立法规定，国内的货币发行必须持有100%的目标外汇储备。香港、阿根廷（某时期）等实行货币局制度，可归为此类。

第三，可调整钉住制度（Adjustable Peg）。与硬钉住汇率制度不同的是，该制度允许政府可在任何时候对钉住汇率进行调整，一旦调整后，必须实行硬钉住制度。

---

① Carmen Reinhart and Kenneth Rogoff, The Modern History of Exchange Rate Arrangements: A Reinterpretation, *Quarterly Journal of Economics*. Vol. 119, No. 1, 2004, pp. 1-48.

② Jay Shambaugh, The Effect of Fixed Exchange Rates on Monetary Policy, *Quarterly Journal of Economics*, Vol. 119, No. 1, 2004, pp. 301-352.

③ Joseph E. Gagnon with Marc Hinterschweiger, Flexible Exchange Rates for a Stable World Economy, Peterson Institute for International Economics, Washington D. C., Sep. 2011, pp. 11-18.

第四，软钉住（Soft Peg）。包括宽幅钉住和爬行钉住两种，前者指一国货币针对某目标货币（或货币篮子），围绕某固定的中心汇率平价进行宽幅波动，后者指在宽幅钉住的同时，该国政府可根据情况对中心汇率平价进行调整，这种调整可以是大幅度快速的调整，也可以是平滑缓慢渐进的方式。

第五，有管理浮动（Managed Float）。一国当局不规定汇率波动的幅度和范围，但却采取一定干预措施，维护汇率稳定。

第六，自由浮动（Free Float）。一国当局允许汇率由市场决定，只是在特殊情况下采取一定干预措施，以平抚市场的非正常无序波动。

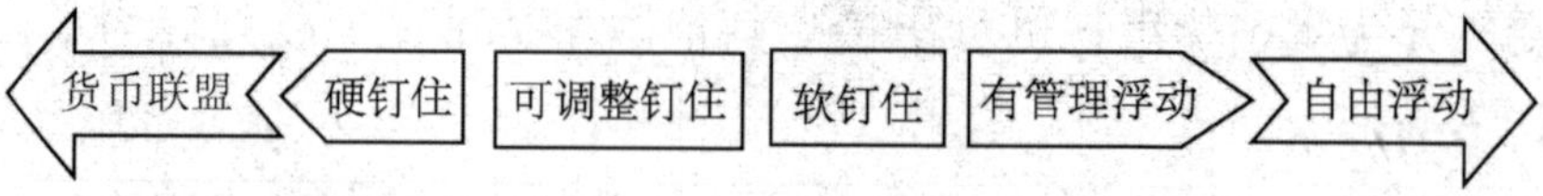

图 4—2　汇率安排制度的光谱

根据上述分类，在 IMF 统计资料的基础上，可以整理出当前世界各国汇率制度安排的分布。在 2010 年（由于各国的汇率政策不断变化，因此不同时间的统计结果不同），世界各国实行的汇率制度安排如下（参见图 4—3）。[①] 一是货币同盟的国家和地区，约 49 个。主要包括欧元区 17 国，东加勒比货币联盟（ECCU）6 国，中非经济与货币共同体（CAEMC）6 国，西非经济与货币联盟（WAEMU）8 国，以及针对美元的美元化国家或地区（厄瓜多尔、萨尔瓦多、马绍尔群岛、密克罗尼西亚联邦、帕劳、巴拿马、东帝汶和津巴布韦等 8 国）、针对欧元的美元化国家和

① Joseph E. Gagnon with Marc Hinterschweiger, Flexible Exchange Rates for a Stable World Economy, Peterson Institute for International Economics, Washington D. C., Sep. 2011, pp. 14-15.

地区（科索沃、黑山共和国以及圣马力诺等3国）和针对澳大利亚元的美元化国家基里巴斯等国。二是硬钉住汇率制的国家、地区或国家集团，共7个，分别是东加勒比货币联盟（ECCU，该联盟针对美元实行硬钉住）、波黑、文莱、达累斯萨拉姆、保加利亚、吉布提、爱沙尼亚、[1] 立陶宛、香港等。三是可调整钉住国家、地区和集团，共44个，包括中非经济与货币同盟（CAEMC，该集团针对法郎实行可调整钉住）、西非经货联盟、丹麦等。四是软钉住制度的国家、地区和国家集团，包括新加坡、俄罗斯、乌兹别克斯坦等共26个。五是有管理浮动汇率制，包括瑞士、韩国、印度、以色列、印尼、阿富汗、巴基斯坦、菲律宾、阿根廷、[2] 泰国、南非等共38个国家和地区。六是自由浮动制度，包括欧元区、加拿大、澳大利亚、美国、英国、日本、智利、捷克、新西兰、土耳其、索马里、波兰、瑞典、毛里求斯、挪威等15国。值得注意的是，除了瑞士外，主要国际货币都实行浮动汇率制度。

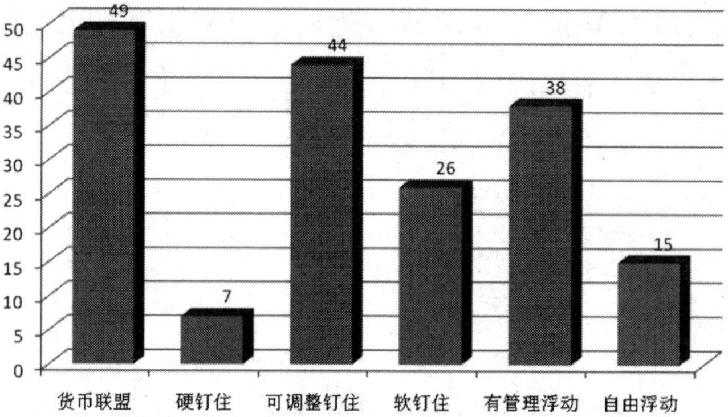

图4—3　2010年世界各国的汇率制度安排

① 爱沙尼亚于2011年1月加入欧元区。

② 阿根廷曾经实行过一段时间的货币局制度，像香港地区一样，与美元完全绑定，但在2002年因无法维持，转向有管理浮动汇率制度。

国际经济一体化的市场力量促使汇率“中间地带”趋于缩小。虽然各国对于汇率制度的选择可自主决定，但是由于国际经贸金融一体化加速发展，资本跨国流动频繁，因此在国际市场的冲击下，实行中间汇率安排的国家（尤其是中小发展中国家）越来越难以维持其原有的汇率制度，纷纷倒向货币联盟制度安排，或陷入“美元化”境地，货币替代现象严重。[①] 主要中心货币国家均实行经贸自由和资本自由流动的政策，助推了国际金融与资本的自由化、全球化潮流。据 IMF 的研究报告统计，20 世纪 90 年代至今的 20 多年间，由于国际资本流动和投机基金的冲击，越来越多的发达经济体和较发达的发展中经济体放弃原有的可调整钉住、软钉住制度，转向汇率安排的两极：或者转向固定汇率制度，或者转向自由浮动制度。[②] 有管理浮动汇率制度因不设定汇率目标区，因而受到攻击的风险较小；完全固定汇率制度因向市场传递不容忍汇率波动的信息，受攻击的可能性也较其他制度安排要小（但必须有足够的实力和市场信誉，才能稳定市场，因此货币联盟或美元化的制度，是更持久稳固的制度，因为后者借用了集体的力量或某强国的力量）。从图 4—3 可看出，实行固定汇率和浮动汇率制度的国家和地区势均力敌，目前总和已经接近 110 个，远远超过实行中间汇率安排的经济体。

---

① 国际金融领域有一个被广泛接受的规律，即货币政策独立、资本自由流动和汇率稳定三者不可得兼，只能得到三项中的两项，也被称为“三元悖论”。实行中间汇率政策的国家，包括硬钉住、软钉住、可调整钉住或有管理浮动制的国家和地区，要么必须牺牲国内货币政策自主权，被动适应国际市场形势，要么必须实行严格的资本管制，禁止资本自由流动，否则可能受到市场冲击引发危机。

② Kenneth Rogoff, Aasim Husain, Ashoka Mody, Robin Brooks, and Nienke Oomes, Evolution and Performance of Exchange Rate Regimes, IMF Working Paper, WP/03/243, 2003.

第二节　当前国际货币制度的结构

现行货币体系是1936年以来全球通行的货币体系的延伸和发展，继承了之前货币体系的“内核”，扬弃了布雷顿森林体系的缺陷。它是市场力量发展的结果，同时也是美国主动调整策略的结果，从而更有利于维护中心货币国家的利益。但是，当前国际货币体系并非铁板一块、有固定结构和明晰边界的制度体系。在全球经济一体化和政治格局多极化力量的冲击下，该制度自产生以来，其本身也处在流变之中，显示国际货币制度实际上是“深嵌”在国际大体系之内的，是与周边环境密切互动的“活体”。

制度的发展演进是连续性与间断性的统一，当前的国际货币体系亦然。当前体系是布雷顿森林体系演变过来的，继承了后者的原则、规范和规则体系，两者在制度上共性突出。

一、牙买加体系是对旧体系的延续与变革

布雷顿森林体系后期，国际货币体系放弃“双挂钩”模式，采取了固定汇率的美元本位制，虽然解除了黄金的外在约束，缓解了特里芬难题，也消除了格雷欣法则的困扰，但该体系制度设计仍然存在两大缺陷：一是特里芬问题并没有消除，国际货币供给与美国国际收支逆差问题的矛盾是巨大威胁；二是资本自由流动的规模越来越大，与固定汇率制度矛盾。这两大问题的存在，使得布雷顿森林体系最终难以持续，国际货币体系终于在“尼克松冲击”中进入新的无体系的阶段。

新体系又被称为牙买加体系，因为1976年的牙买加会议正式将浮动汇率制度合法化，汇率成为管理输入型通货膨胀和调节国际收支的核心手段。该体系的成立本质上是对旧体系崩溃的消极

反应，是对新现实的承认和接受。新体系是旧体系的延续，两者存在区别，但更多的是默认的市场惯例合法化。新旧体系本质上都是美元本位制，在计价与交易结算方式、储备货币、储备资产、资本市场开放、自由贸易、中心—外围国家的权力与地位等方面，两大体系一脉相承，没有什么制度变化。两者的区别主要体现在汇率制度安排和国际收支调节两大方面，旧体系要求各国货币与美元固定，而新体系无明确要求；旧体系要求各国维护固定汇率体系，国内经济和国际收支调节主要通过冲销政策，并且各国货币政策受美国政策的影响。因此，新旧两大货币体系的核心与本质是相同的，在汇率安排等外围制度上双方存在区别（参见表4—3）。

表4—3　新体系与旧体系的异同

		旧体系（1973年之前）	新体系（1973年之后）
不同点	汇率安排	各国货币与美元固定；汇率波动永久性保持在1%以内	短期内平滑本币对美元的短期波动，但不承诺货币平价或长期汇率稳定
	国际收支/国内经济调节	调整国内财政政策、货币政策，并通过冲销手段，消除经常项目失衡和短期国际收支失衡，维持短期货币供应；国内长期货币供应从属于固定汇率安排，受美国货币政策影响	不再坚持冲销政策；支持汇率干预，自主调整本币对美元的短期与长期汇率；实施独立的货币政策，专注于内部经济平衡
	货币供求模式	黄金等商品货币自身的供应和分布决定全球货币供应；英镑、美元等主权货币供应的地位上升，但受黄金制约	美联储的政策以及国际金融市场共同决定国际货币的供给；其他强币在国际货币市场中扮演辅助国际货币的角色

续表

		旧体系（1973 年之前）	新体系（1973 年之后）
相同点	中心—外围的关系结构	美元占绝对主导地位；美国奉行自由贸易政策，主要专注内部经济平衡，不考虑国际汇率稳定问题，消极应对外汇波动，因此外储较少，其他国家外汇干预带来的货币影响，通过被动冲销政策平抑；保持独立货币政策，并因此影响全球价格水平；美国向全球开放资本市场，调控全球货币供求	美元为国际主导货币；美国奉行自由贸易政策；美国专注内部经济平衡，消极应对外汇干预，维护货币稳定的责任主要由外围国家承担；美国向全球开放资本市场；美国不锚定全球价格水平，货币政策完全独立
	储备资产	美元为主要国际储备资产和官方干预货币	美元为主要国际储备资产和官方干预货币
	计价与交易计算方式	美元为主要计价标准与交易货币	美元为主要计价标准与交易货币
	资本管制	经常项目自由兑换；资本项目开始自由化进程	经常项目自由兑换；最终实现资本项目自由兑换，消除资本管制，实现金融自由化

二、现行国际货币体系的渐变

由于国际政治经济的变迁，牙买加体系自诞生以来，也相应地呈现阶段性渐变的特点。

第一阶段：被动管理的浮动制度体系（1973—1984 年）。这段时间的体系可称为“牙买加体系Ⅰ”，主要规则在表 4—3 中已经列出。该阶段的背景是大批殖民地半殖民地国家独立为民族国家，中东巨变以及石油危机导致的发达经济体“滞涨”。该体系特点表现在两方面：一是主要国家根据国内经济需要，通过央行和市场的互动，被动调整汇率。1980 年之前，美元贬值成常态，美国货币供给过度扩张，1980 年之后，美元进入长达 5 年的升值通道；德国、日本为应对美国国际收支恶化，防止通胀输入，开始改变汇率制度，马克、日元也开始升值，并实行了浮动汇率制度。二是美元缺乏替代品，垄断国际储备。由于黄金已不再是国际关键货币，德国、日本、石油输出国组织继续增加美元外汇储备，大量的贸易盈余重新回流到美国。

第二阶段：强国协调货币干预时期（1985—1998 年）。可称之为“牙买加体系Ⅱ”。促成该阶段的政治经济现实是欧、日持续崛起，对美国的经济地位形成挑战；同时，冷战处在转折点，苏联东欧的社会主义阵营开始瓦解，国际安全格局发生变化。促成牙买加体系局部性质变的是两大协议。

第一个协议是“广场协议”，在经历了 1981—1984 年里根总统第一届任期内强势美元政策后，美元大幅升值，出现了“美元非理性的投机泡沫”（Krugman，1985；Marris，1985），带来了美国经常账户迅速恶化。为改善国际收支，美国对德国和日本等外围国家施压，后者再一次屈服于美国的压力，在 1985 年 9 月签订“广场协议”，各国开始联手对美元的干预，提出了美元在短期内贬值 10%—12% 的目标。实际干预于 1985 年 10 月底开始，美国动用了 32 亿美元，其他国家动用了 50 亿美元。后来意大利等国加入，干预国家增加到 10 国，并增加了 20 亿美元的干预资金。到 1988 年末，美元对马克和日元分别贬值了约 50%。广场协议的重要特征是：没有对美国的货币政策和财政政策施加任何额外的约束，就达到了美元贬值的目标。

第二个协议是“卢浮宫协议”。为了进一步稳定美元，1987 年 2 月西方 7 国达成了卢浮宫协议，美国认为美元应该稳定在“现行水平上下”，卢浮宫协议采取了通过干预美元机制来对美元汇率实施定量约束：在狭窄的波动边界（±2.5%）内可以自愿干预，在较宽的波动边界（±5%）的范围内实施强制性国际协调政策。自此，各国开始了大规模的顺周期干预外汇市场，支持美元。比如，1987—1988年期间，为了防止美元继续贬值，日本大藏省运用行政指导，鼓励日本公共机构投资者尽量多持有美元，日本政府希望投资者持有的美元数量多于在利润最大化方式下所持有的数量（Jeffery·A. Frankel 等，1994）。德国也在外汇市场上购入美元，这种干预使美元在1988—1989年开始升值。

第二阶段国际货币体系的特点：一是美元是中心货币，马克、日元、英镑等为次中心货币，马克、日元的国际地位空前升高，国际储备多元化进程开始起步；二是美国主导下，各强国加大汇率干预和政策协调，共同维护美元本位制度；三是国际货币实行宽幅稳定的混合汇率制度，既实行一定程度的汇率自由浮动，又防止波幅过大，危害国际经济稳定；四是国际收支调节和国内经济调节相融合，兼顾内部平衡与外部平衡（参见表4—4）。

表4—4 牙买加体系Ⅱ的规则体系①

	国际货币博弈规则
计价方式	美元为主，但马克、日元等次中心货币地位上升
汇率安排	设定主要国际货币的宽幅汇率目标区，即在区间±12%之内波动； 如汇率波动突破目标区边界，则美、日、德三巨头通过协同干预，发出集体干预信号，将汇率维持在目标区之内； 如美、日、德三巨头的经济基本面出现根本性不对称变动，可协调调整中心汇率（中心汇率是多少，不对外公开）； 外围国家支持或不反对三巨头的汇率调整行为，通过本币—美元的买卖（直接干预）或通过本币—次中心货币（马克、日元）—美元的买卖操作（间接干预），维持本币与美元的汇率稳定。

① 本表的总结重点参考［美］罗纳德·I. 麦金农著，覃东海等译："博弈规则：国际货币与汇率"，《麦金农经济学文集》（第四卷），北京：中国金融出版社，2006年10月版，第52—53页，但同时也吸收罗伯特·蒙代尔、巴里·艾肯格林等的观点，并加入自己的理解，整编而成。

续表

	国际货币博弈规则
资本流动/交易结算	经常项目与资本项目均实现自由兑换； 国际交易中，美元仍是主体，但开始对称性使用次中心货币和其他国家的货币
储备资产	各国开始对称性地持有其他国家货币作为官方外汇储备； 美国政府开始积累马克、日元以及其他可兑换货币作为自己的外汇储备
国际收支/国内经济调节	以外汇储备、国际信贷等渠道应对短期国际收支失衡； 通过国内冲销政策抵消外汇干预给国内货币供给带来的冲击，保持短期利率不变； 调整国内货币政策，保持低通胀，但并不承诺任何确定的全国价格指数，以避免遭受国际游资的冲击，牺牲国内经济目标
国际货币结构	以美元为顶级强币，马克、日元、英镑、法郎等为强币的中心—次中心—外围货币结构成型

第三阶段：欧元崛起时期（1999—2008 年）。也称“牙买加体系Ⅲ”。1999 年 1 月 1 日，欧元（Euro）经多年酝酿和准备，正式启动；2002 年月 1 日，欧元现钞投入流通，欧元体系全面运行。这是影响全球的历史性大事，世界上首个人为设计的区域超主权货币诞生。罗伯特·蒙代尔宣称：“欧元必将挑战美元地位，并将改变国际货币体系的权力结构。”本杰明·科恩认为，欧元是美元的强有力对手，两大强币相互竞争的时代来临。① 截至 2015 年，欧元区包括德国、法国、意大利、西班牙、荷兰、葡萄牙、比利时、芬兰、爱尔兰、奥地利、卢森堡、希腊、斯洛文尼亚、塞浦路斯、马耳他、斯洛伐克、爱沙尼亚、拉脱维亚、立陶

① Benjamin J. Cohen，*The Future of Global Currency*：*the Euro Versus the Dollar*，Routledge Press，2011，p. 1.

宛等19个国家，人口超过3.3亿，经济与人口规模已经超越美国。此时，欧元区呈现扩张之势，一方面加入国家的数目可能增多，另一方面，欧元在国际上的“势力范围”在扩大，越来越多的国家可能将其货币与欧元挂钩（“美元化”），将储备资产配置在欧元资产上。

欧元的崛起在一定程度上改变了现有国际货币体系的格局，在全球外汇储备资产结构、汇率制度、国际收支调节方式等方面都出现了许多新变化。从国际外汇储备的构成上看，欧元资产占比从刚启动时的17.9%升至2010年的26%，而反观美元，从1999年的71%降至2010年的61.7%，欧元对美元的替代效应明显（参见图4—4）。[①] 汇率制度安排上，欧元区内国家实现货币同盟（统一货币），取消自身国家的货币；区外国家选择欧元作为参考货币的国家在增多，在2001年底，全球有30多个国家和地区将欧元作为本国货币的“锚”，而到了2011年底，该数字扩展至50多个。这些区外国家要么货币单边欧元化（科索沃、黑山共和国以及圣马力诺等国，但未加入欧元区），要么将欧元作为钉住货币，或将欧元放在本国参考汇率货币篮子中（随着美元作为汇率稳定锚和储备资产的不稳定性，部分国家为稳定货币和分散风险，开始加大钉住欧元的力度，比如俄罗斯在2008年将货币篮子中欧元的比例从40%提高到45%，塞舌尔将货币篮子中欧元比例从37.7%提高到59.1%）。在国际收支和国内经济调节机制上，欧元区国家通过《马斯特里赫特条约》，协调约束各国财政政策，促进欧元区经济一体化，通过共同市场调节区域内国际收支失衡；对外采取联合货币政策，辅以各国国内财政政策、贸易政策，调节失衡。

---

① IMF, Currency Composition of Official Foreign Exchange Reserves (COFER).

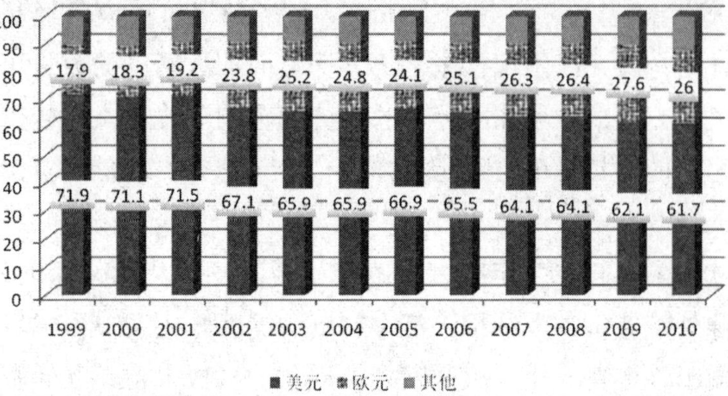

图 4—4　1999—2010 年美元与欧元在全球外汇储备的比例（单位：%）

资料来源：根据 IMF 统计资料整理。

凭借强大的政治经济实力和强强联合，欧元的崛起改变了国际货币体系的竞争格局，也在一定程度上改写了游戏规则（参见表 4—5）。但是，欧元作为一个新生的超主权货币，在制度上存在深刻缺陷，而且欧元发行方—欧盟，经济实力与政治影响都较有限。因此，欧元从创立至今，始终未能突破 30% 的国际份额“天花板”，除非未来全球经济出现有利于欧盟的意外格局，否则欧元未来也难有更大的突破。2009 年 10 月开始爆发的欧债危机，对欧元是个重大打击，使得欧元份额从最高峰 27. 6% 下滑。欧元的发展前景仍存在不确定性。

表 4—5　牙买加体系Ⅲ的规则体系

	国际货币博弈规则
计价方式	美元占主导，欧元为排名第二的重要货币，国际货币呈现多极化苗头
汇率安排	欧元区内国家实现货币同盟（统一货币），取消本国货币； 区外，选择欧元作为参考货币的国家在增多，包括货币单边欧元化、以欧元作为钉住货币以及增加欧元在本国钉住货币篮子的权重； 欧元作为关键国际货币之一，与美元等其他主要关键货币实行浮动汇率制
资本流动/交易结算	大国经常项目与资本项目均实现自由兑换； 国际交易中，美元仍是主体，欧元居次；①
储备资产	欧元成国际重要储备资产，占比约 1/4； 欧元、日元以及其他可兑换货币已成包括美国在内的各国官方储备
国际收支/国内经济调节	以外汇储备、国际信贷等渠道应对短期国际收支失衡； 各国通过财政政策、货币政策、贸易政策、汇率政策的实施，调节内外部经济失衡； 欧元区国家遵守《马约》规定，加大财政政策协调，促进经济一体化，共同调节区域内国际收支失衡； 设立欧洲中央银行（ECB）统管欧元区的汇率和货币事宜，对外采取联合货币政策； 德国在欧元区货币事务占主导地位
国际货币格局	欧元崛起，削弱美元独霸地位，国际货币竞争趋激烈； 两大中心—外围货币阵营并立，即美元中心—外围体系和欧元中心—外围体系②

① 据国际清算银行统计，2013 年 4 月，欧元占国际外汇市场日平均交易量 16.7%，美元占 43.5%。

② G. Schnabl and S. Freitag, An Asymmetry Matrix in Global Current Accounts, Unversitat Leipzig Working Paper No. 76, 2009.

第四阶段：后危机时代（2008 年至今后），即牙买加体系Ⅳ。2008 年美国次贷危机的爆发，成为 20 世纪 30 年代以来，世界经济经历的最严重的金融危机和经济萧条，至今危机阴影仍未散去。而危机的深层根源是不合理的有重大缺陷的国际货币体系。[①]金融危机引发国际对国际货币体系改革的强大呼声，现行国际货币体系的不合理性、不公平性和不稳定性成为广受关注和诟病的焦点，美元本位制的合法性深受质疑。有鉴于此，同时也为了拯救西方摇摇欲坠的经济，美、欧主导召开了 20 国集团会议（G20），讨论全球联手“救火”以及国际金融、货币的改革问题，自 2008 年至 2015 年，共召开 10 次最高领导人峰会，2016 年 G20 峰会将在中国召开。

2008 年以来，国际货币体系具有如下几个方面特点。一是以中国为首的新兴发展中大国（金砖 5 国和墨西哥、土耳其、印尼等）崛起之势凸显。新兴市场已成为全球经济增长的主引擎，对世界经济增长的贡献率数年来稳居 3/4，2013 年发达经济体 GDP 占全球比例首次被新兴及发展中经济体反超；在全球贸易份额中，大型新兴经济体占比快速上升，其中，中国的商品贸易进出口总额首次超越美国，成为世界第一大商品贸易国；在国际投资方面，对内 FDI 和对外 FDI 都快速上升，中国已成全球新兴对外投资大国和全球外汇储备数额最大国家。相反，美、欧、日等发达国家则深陷金融、债务、社会危机，复苏乏力，经济进入长期低增长通道。尽管 2012 年以来，主要发展中大国经济增速连续下滑，巴西、印度、俄罗斯等甚至降至近年最低，但总体看，新兴经济体崛起态势未变。[②] 新兴经济体的群体性崛起已成 2008 年来

---

① UNSTAD, Responding to the Global Crisis and Climate Change Mitigation and Developmen, New York and Geneva, 2009.

② 陈凤英：“新兴市场国家仍具后发优势”，《人民日报》第 3 版，2014 年 02 月 19 日。

国际经济与货币事务中的大势。二是G20等替代G7，成为全球货币与金融治理首要平台。G7的号召力首次边缘化，包括发达国家和新兴发展中经济大国在内19个国家和欧盟成为全球货币体系改革的主导机构。三是国际金融机构改革呈现进展，中国等新兴市场经济体在世界银行、国际货币基金组织中的投票权和话语权有所上升。IMF投票权等改革在2014年3月取得一定突破，美国会通过了2010年G20会议提出的份额改革方案。但是，迄今为止，在美国的阻扰影响下，国际货币体系的改革并未触及实质，现行体系的根本缺陷并未解决。四是西方大国普遍推出非常规货币政策手段，包括“定量宽松”和“前瞻性指引”等，用以调节经济的内外部均衡。2008年以来，美长期维持“零利率”政策，通过定量宽松政策，向市场注入数万亿美元资金，导致美联储资产负债表规模从2008年9月10日（危机前）的0.9万亿美元膨胀至2014年4月9日的4.2万亿美元，短短5年膨胀460%。[①] 日本银行、欧洲央行、英格兰银行等均加入定量宽松大军，导致全球流动性泛滥，资产价格膨胀。五是西方大国加大政策协调，形成以美为主导的共进退集团。2013年10月底，美联储、欧洲央行、日本央行、英格兰银行、加拿大央行和瑞士央行联合宣布，将金融危机以来双边临时性货币互换协议多边化、长期化、无限量化，应对国际货币风险。[②] 客观上讲，此举有利于修补现有货币体系裂缝，完善国际流动性供给机制，有利于巩固美国主导的国际货币体系。危机后国际货币体系发展进入新阶段，相应的博弈规则出现变化（参见表4—6）。

---

① Federral Reserve，Recent Balance Sheet Trends，http：//www. federalreserve. gov/monetarypolicy/bst_ recenttrends. htm.

② Leika Kihara，Six Major Central Banks Make Currency Swap Accords Permanent，Oct 31，2013，http：//www. reuters. com/article/2013/10/31/us-central-banks-swaps-idUSBRE99U0AJ20131031.

表 4—6 牙买加体系Ⅳ的规则体系

	国际货币博弈规则
计价方式	美元占主导，欧元、日元等地位变化不大，但新兴市场包括墨西哥比索、中国人民币以及其他国家货币国际化进程加快
汇率安排	中国、阿根廷等新兴发展中大国由原来钉住美元制，越来越倾向有管理浮动制，汇率制度安排“两极化”加剧，“中间地带”缩小； 国际加强合作，维护汇率稳定。
资本流动/交易结算	大国经常项目与资本项目均实现自由兑换； 中国等加大金融自由化改革力度； 国际交易中，美元仍是主体，欧元居次，人民币地位快速上升；① 为防范危机，国际金融改革力度加强，加大监管力度。
储备资产	美元、欧元、日元等传统国际货币仍是国际储备资产主体，并成为中心与外围各国官方和民间储备资产； 人民币等新兴国家货币开始进入
国际收支/国内经济调节	以外汇储备、国际信贷等渠道应对短期国际收支失衡； 西方大国传统财政、货币政策较长期内失效，力推“定量宽松”和“前瞻性指引”等非常规货币政策，用以调节经济的内外部均衡，转嫁经济调整风险； 世界经济失衡短期难解除，各国进入经济结构大调整的阵痛期。
国际协调和全球货币治理	G20 替代 G7，成为全球货币与金融治理首要平台
国际货币格局	新兴大国货币地位上升，双边、区域和国际货币合作格局生变，国际货币竞争更趋激烈，国际货币多极化势头加强。

① 据国际清算银行统计，2013 年人民币在国际外汇市场总交易量中排名第 9 位，约占总值 1.1%。参见 Bank for International Settlemnet, Triennial Central Bank Survey, “Foreign Exchange Turnover in April 2013: Preliminary Global Results”, Sep. 2013, p. 10.

第三节　现行国际货币体系的本质与内核

布雷顿森林体系的终结，并未改变国际货币体系的本质，它仍是美国主导、以美元为本位的货币体系。尽管现行国际货币体系的外在表现形式不断流变，但该体系的内核并未根本改变，那就是美元本位制度和美元霸权（Dollar Hegemony）。

一、美元本位制

美元本位制前面已经论及，是指以美元为国际交易货币的制度。自1934年世界各国企图恢复金本位制度的努力失败以来，国际货币体系便逐渐向美元本位制体系发展。美元逐步取代黄金、英镑，成为国际首要的计价工具、交易媒介和储值手段，垄断国际贸易和投资。美元本位制决定了国际货币的汇率选择空间、国际收支调节、国际交易结算、国际资本流动机制等，使得国际货币体系打上了“美国”烙印。

（一）官方领域

目前，美元在国际储备货币中占主体地位（2009年以来，保持在60%多一点，参见图4—1和图4—4）。据IMF统计，在考察的115个国家和地区中，单纯以美元为锚的国家和地区达到66个，远多于锚定欧元的27个国家（主要为中东欧国家），还有一些国家采用混合货币锚，即将美元作为锚的一部分。[①] 绝大多数国家都持有美元作为货币市场的干预工具。因此，在官方领域，美元的地位远超任何对手，居绝对主导地位。

① IMF, De Facto, Classfication of Exchange Rate Regimes and Monetary Policy Framework, Feb., 2009.

（二）私人领域

在私人国际贸易和金融交易中，美元同样具有统治地位。

1. 国际交易垄断性计价手段

在国际商品贸易中，大约有 60% 以美元标价。[①] 支撑美元贸易标价的因素有三个。一是美国进出口贸易大部分以美元标价（进口 92% 以上，出口达 99.8%），而美国约占进出口贸易总额全球的 10%—12%，这意味着仅这一个方面，美元计价的贸易量至少在 10% 以上。而且，美国主导北美自由贸易区的内部贸易（2011 年该自由贸易区贸易比重占全球 16.4%，但其 48.3% 的贸易是区域内贸易，而美元标价的交易占北美内部贸易进口贸易 73.3%，出口贸易占 64.9%），[②] 这为美元地位的贡献率即达到 5%—6%。二是关键大宗商品的美元定价机制，比如石油，大豆、小麦、黄金、铜、铝等农矿产品。目前，世界主要的大宗商品交易所基本设在美国，主宰全球能源、粮食等市场的大型跨国公司也大多来自美国。这是支撑美元全球地位的重要支柱。三是中、日、韩等亚洲地区和拉美地区的对外以及区域内部交易主要使用美元，极大地支撑了美元地位。其中，亚洲的进出口贸易中美元标价比例非常高，进口美元标价达 73%，出口达 75%。美元在国际贸易的标价情况，具体参见表 4—7。[③]

---

① 祁京梅："G20 决议让中国将成为间接受益者"，《中国经济信息》，Vol. 9，2009 年，第 41 页。

② WTO，International Tade Statistic，2012.

③ L. Goldberg and C. Tille，The International Role of the Dollar and Trade Balance Adjustment，NBER Working Paper，No. 12495，2006.

表4—7　部分地区进出口贸易的货币标价　　（单位:%）

国家与地区	年度	出口贸易标价		进口贸易标价	
		美元比例	欧元比例	美元比例	欧元比例
美国	2003	99.8		92.8	
亚洲	2003—2004	75	5.3	73	5.8
欧元区	2002—2003	29.1	53.6	37.3	50.7
中东欧	2002—2004	27.7	58.6	23.8	62.3

注：本表的比例是指一国或一地区各世界其他地区贸易中，使用美元标价比例的简单平均数。

2. 国际交易的垄断性媒介

判断一种货币在国际交易中的使用比例，可以从一些指标间接反映。一是以该货币标价的交易量。一般而言，国际交易中，以美元标价的交易大都使用美元进行交易结算，前面已经提到，这方面的比例，美元约占60%。二是该货币在国际外汇市场的交易量，包括即期外汇市场、远期外汇市场、外汇掉期市场、货币互换市场等。据国际清算银行估算，2013年4月外汇市场上的日平均交易总量中，占比排名前10位的货币分别是美元（43.5%）、欧元（16.7%）、日元（11.5%）、英镑（5.9%）、澳元（2.8%）、瑞士法郎（2.6%）、加拿大元（2.3%）、墨西哥比索（1.25%）、人民币（1.1%，2007年人民币交易量仅占0.25%，排名世界第20位）和新西兰元（1%）。[①] 三是该货币的境外流通量。据美联储统计，自20世纪80年代开始，美元境外存量（包括活期存款和现金流通）迅速增加，进入21世纪突破2000亿美元，2008年更接近4000亿美元，其中主要为现金需求

① Bank for International Settlemnet, Triennial Central Bank Survey, "Foreign Exchange Turnover in April 2013: Preliminary Global Results", Sep. 2013, p. 10.

（约为美联储当年资产负债表的一半左右，意味着美国货币当局过半的货币投放在境外流通）。[①]

3. 美元资产是国际金融财富的主要形式

这里主要指美元作为价值储藏手段在私人领域的地位。一国货币被外国居民持有，主要用于两种目的，一是为了国际交易结算，二是为了投资和财富配置，即出于流动性、盈利性、安全性和对财富形式的偏好，将财富的一部分以美元资产的形式持有。一国居民将美元作为储值手段，取决于美元资产收益率、流动性、安全性等因素。目前，没有专门的数据对此做统计，但可从某种国际金融资产市场（比如债券市场）的情况做间接估计。据欧洲央行统计，截至2012年12月，全球国际债券市场（排除国内发行债券市场）的未清偿债券资产总额约为12万亿美元，美元资产占比52.4%，欧元资产为25.5%。[②] 美元资产构成国际金融资产的主体。

二、美元霸权

目前，各种文献对美元霸权尚无统一的定义。最早明确提出这个概念的，是法国总统查尔斯·戴高乐，[③] 以及他的财政部长吉斯卡尔·德斯坦等。他们认为美元的特殊地位，使得美国使用廉价纸币置换全球资源。多数经济学家认为美元霸权是美元在国

① 黄梅波、熊爱宗著：《国际货币体系改革：困境与出路》，北京：经济科学出版社，2012年6月版，第59页。

② European Central Bank，The International Role of the Euro，Frankfurt Germany，July 2013，p. 22.

③ 法国总统查尔斯·戴高乐（Charles de Gaulle）抱怨美元“过度的特权”（Exorbiant Privilege），法国当局也多次通过购买黄金储备、挤兑美元等手段，企图用黄金改变美元独大地位，但势孤力单，最终失败。

际经济交易中的优势地位，包括美元在国际定价、国际交易媒介、国际储备与投资等方面的市场地位，因此美元霸权本质上是其市场权力（市场上最被接受）的体现。查尔斯·金德尔伯格较早提出“霸权稳定论”，认为货币霸权是霸权国在货币体系的体现，即政治经济超级大国主导全球事务，包括主导制定国际货币制度，提供公共产品，并认为20世纪大萧条爆发的根源是英国霸权衰落而美国不愿承担霸权责任的结果。[①] 罗伯特·吉尔平认为美元霸权是美国霸权的支柱之一，体现了美国在国际货币体系的领导地位。[②] 阿尔温德·苏布拉马尼亚认为，美元霸权是指美元在国际货币体系的“超级特权”（Super Privilege）或绝对“主导权”（Dominance），包括三个方面：垄断国际交易的定价、结算、投资等货币事务；操纵国际货币制度的制定；通过对国际货币影响他国行为，比如金融制裁等。[③] 虽然有多种看法，学者们的共识是，强大的货币权力使得美国具有特别的影响力，能够攫取其他国家无法获得的经济利益和地缘政治好处。

这里说的美元霸权，是指美国在国际货币事务上的垄断性影响力。美国的货币霸权源于两个方面。一是美国经济的领先优势，以及美元在国际货币体系中的强大竞争力。美国强大的经济实力、进出口能力、对外投资能力和高流动性的金融市场，使得美元自然而然成为国际市场的首选。通过选择美元为国际定价、交易工具和储值资产，相比其他货币更具有便利性和盈利性，可降低交易成本。而美元在国际货币体系的这种特殊优势和地位，

---

① Charle P. Kindleberger, *The World in Depression* 1929-1933, Berkley: University of California Press, 1973, p. 247.

② ［美］罗伯特·吉尔平著，杨宇光等译：《国际关系政治经济学》，北京：经济科学出版社，2006年版。

③ Alvind Subramanian, “Eclipse: Linving in the Shadow of China's Economic Dominance”, Washington: Peterson Institue for International Economics, 2011.

使得美国具有对全球的影响力。二是美国强大的政治实力，包括在国际政治、安全、外交、文化等方面的结构性权力，有助于美国提升美元国际地位、主导国际货币事务，以及借助美元对他国施加影响。也就是说，美元霸权是美国全球霸权在国际货币事务上的反映和体现，因为美国在政治、外交、安全等方面的影响力，使得他国在国际货币方面选择空间有限。

现行体系下，浮动汇率的纸币美元本位制取代与黄金挂钩的固定汇率美元本位制，美元摆脱黄金“紧箍咒”，其货币权力不但没有降低，反而大大提高。当前美元霸权体现在如下几个方面：

（一）推迟力（Power to Delay）和转嫁力（Power to Deflect）

两者都属于一国货币自主自治的能力，或免受外部影响的能力。由于现代国际货币体系的非对称性，美元的推迟力、转嫁力举世无双。一是美国拥有国际货币发行权，不必像外围国家那样因为储备有限，为维护收支而必须调整国内政策。美国不必为了获取储备（之前要维持与黄金比价）而牺牲国内经济目标。从历史数据看，自1980年以来，美国经常项目逆差持续扩大，但美国并没有因此根本性地调整国内政策，美国的货币、财政政策的首要出发点是国内经济。此外，美国还可利用其特殊的地位操纵汇率、利率等。二是美国拥有强大的融资能力，拥有全球领先的金融市场，美国债券是全球流动性最高、收益率较低的债券，这更增强了美国免于为平衡国际收支调整国内经济的能力。三是美国对外经贸依存度小。据统计，2012年美国商品进出口总额占GDP的比例为24.7%，在主要发达国家中，美国外贸的对外依存度是最低的。[①] 而中国的数字是46.3%，与美国的对外依存度相比要

---

① WTO，Trade Staticits.

高得多。因此，美面临国际冲击时，保持较大的政策自主性。四是资本和劳动要素流动性高（反映经济的弹性和灵活度，该指标值越高，表示经济受外部影响越小，从而转嫁危机的能力越强，见表4—8）。据测算，美国的要素流动性在全球居第4位，远高于金砖国家、法国、德国等。[①] 在面临国际冲击时，美国将因市场弹性高，而以较小成本化解冲击的负面影响，其他国家则需付出较大代价。

表4—8　主要国家劳动力及资本要素流动性[②]

国家	流动性指标	世界排名	国家	流动性指标	世界排名
英国	8.13	3	法国	5.94	57
美国	8.13	4	韩国	5.86	60
加拿大	7.56	8	巴西	5.84	61
澳大利亚	7.40	10	印度	5.49	79
日本	6.89	17	中国	5.12	96
德国	5.95	56	俄罗斯	4.21	114

资料来源：根据 James Gwartneya and Robert Lawson 的数据，有所加工。

（二）对他国的影响力（Power to Influence）

这是指利用自身在国际货币体系的优势地位和“特权”，迫使他国在有违自身意愿的情况下，进行或不进行某种行为。一是实施国内经济政策，通过国际货币体系的传递机制，间接影响他国经济。2001年网络经济泡沫破裂后，美国为刺激经济大幅降低利率，维持低利率长达一年之久，导致欧洲、日本被迫长期降息，其中日本零利率政策持续近五年。而新兴发展中国家等外围

① James Gwartneya and Robert Lawson, “Gthe Concept and Measurement of Economic Freedom,” *European Journal of Political Economy*, No. 19, 2003, pp. 405-430.

② 根据 James Gwartneya and Robert Lawson 的数据，有所加工。

国家则面临大量资金涌入，相当于被迫实行宽松货币政策。借此，美联储的政策起到了倍增效应，一方面国内利率下降，促进消费和投资；另一方面，其他国家的货币宽松政策，也有利于美经济复苏。2008 年金融危机爆发，美国率先推出定量宽松等非常规政策，大规模向市场注入流动性，导致全球流动性泛滥，推高全球资产价格泡沫，冲击各国经济稳定；2013 年末，美国又突然开始收紧定量宽松步伐，从 2014 年 1 月起，逐步减少国债购买量，导致全球流动性抽紧，尤其新兴市场，大量资金开始外流，货币、资产市场价格等大幅下滑，加剧全球经济波动。美国的政策完全以自我为主，并起到一石二鸟的作用：既解救本国企业和居民脱离困境，稳定并促进本国经济发展，又可借机将调整经济的成本转嫁他国。

二是以货币为手段，直接施压，迫使别国就范。通过操纵世界银行、IMF 等国际机构，以有条件援助为前提，对受援助国家的内政施加影响。如 1997 年亚洲金融危机，美通过 IMF 对泰国、韩国等发生危机需要救助的国家提出苛刻的援助条件，包括紧缩财政政策、改革调整经济结构、开放国内金融市场等，推行美式价值观（华盛顿共识），并获得多年梦寐以求的进入东亚、东南亚国家金融市场的目的。此外，美还通过直接向外国政府施压，达到自身目的。1985 年的“广场协议”中，美国为扭转长期的收支逆差，迫使日本同意日元升值，使得日元美元指数由原先的 240 升值至 200（次年升值至 160），一年之内升幅达 30%，为 20 世纪 90 年代日本经济衰退埋下伏笔。

三是对他国进行封锁和制裁，迫使对方让步，发挥地缘政治影响。最经典的案例是 1956 年的苏伊士运河危机，埃及贾迈勒·纳赛尔新政权将苏伊士运河收归国有，而该运河是西欧至关重要的运输通道，因此英法联军联手夺取运河控制权。但是该行动遭到美国反对，后者威胁“不支持”英国维持 1 英镑兑 2.8 美元的汇率，并阻止 IMF 向其贷款。如果英国无法维持该汇率，英联邦国家和北欧国家等与英镑挂钩的国家将会改变与英镑的关系，投资者可能大量出逃，从而会对伦敦造成灾难性的影响。最后，只有 20 亿美元储备的英国被迫撤军，标志着大英帝国时代的最终结束。① 最近的案例是对伊朗的制裁。2011 年末，美国领导欧美各国对伊朗进行金融封锁，目的是阻止伊朗通过出口石油获得国际硬通货。美国采取了三方面的举措：通过银行封锁发动对伊朗的金融制裁；欧盟的石油禁运；限制欧洲为主的油轮削弱伊朗的石油出口。经过 18 个月的封锁，重创了伊朗经济、货币等方面的信心，从 2011 年 12 月至 2012 年 12 月，伊朗货币贬值 80%；食品价格翻番；通胀率超过 30%；消费与投资下降，政府财政收支赤字将近 40%，失业率高涨至 12.5%；国内政治分裂加剧。② 经过一年的顽抗，最终伊朗被迫在 2012 年 4 月回到谈判桌。

（三）结构性货币权力（Structural Monetary Power）

这是指利用美国在全球的结构性权力，影响国际货币事务。

首先，利用美国在全球经济、安全、政治、文化等领域的绝对主导地位，提升或维持美元的国际地位。在经济方面，美国处于全球产业链高端，并且提供世界最大的进口市场，多年来一直是世界经济中最有活力的一部分。美国在全球经济的主导地位，是美元作为全球货币的经济基石。战后至今，美元之所以维持当前货币地位，与美国强大的经济实力是分不开的。只要美国经济仍然是全球最具竞争力的经济体，那么美元的地位就不会终结。

---

① ［美］巴里·艾肯格林著，陈召强译：《嚣张的特权：美元的兴衰和货币的未来》，北京：中信出版社，2011 年 12 月版，第 190—197 页。

② Giri Rajendran, "Financial Blockades: Reserve Currencies as Instruments of Coercion", from *The Power of Currencies and Currencies of Power* (Edited by Alan Wheatley), The International Institute for Strategic Studies, Routledge Press, 2013, pp. 87-88.

在安全方面，正如大英帝国的海军实力助推英镑的全球地位一样，美国独特的地缘政治位置、强大的安全力量是美元走向世界的基础。苏珊·斯特兰奇曾称，“我们可以想象这样一个未来场景，就算联邦德国被强大的苏联红军占领，而大西洋彼岸的‘堡垒美国’仍能保持完好。反之则不然，如果美国遭入侵或遭核攻击变为废墟，那么德国将无法生存。只要这种根本的政治不对称继续存在，那么德国马克就不会成为国际货币体系的中心货币。”某种货币要被国际广泛接受，该货币必须是安全的。在政治与外交方面，美国是西方的盟主，在亚太、欧洲等均有广泛的盟友，他们在价值观、全球战略（冷战时，是共同应对苏联）等方面有共同点，美国有确保盟国免受外来侵略的义务，在全球各地驻军，主导全球的军事安全格局。作为交换，盟国为了接受美国提供的安全方面的“公共产品”，必须支持美元，将美元当作储备。

其次，主导全球规则和制度的制定。20 世纪 80 年代末，欧、日等银行业快速发展，对美形成激烈竞争，为扭转颓势，平息国内政治压力，美联储向各国政府施压，要求提高本国银行的准备金，谈判的结果就是 1988 年的《巴塞尔协议》，制定了以美国为标准的银行最低资本充足率。在国际货币体系方面，正如 20 世纪六七十年代美国中止黄金美元兑换，将黄金非货币化一样，美国根据自身利益调整、塑造国际货币制度体系。1973 年以来，美国利用其独特的政治、经济影响力，根据时势发展，不断调整、制定新的规则体系，以满足自身需求（参见表 4—4、表 4—5、表 4—6）。

三、“深嵌的西方自由主义”

“深嵌的西方自由主义”在这里是指开放主义和自由主义的政治经济理念，政治上，主张民主、自由和人权，经济上主张市场开放、经济自由等理念。这是现行国际货币体系的灵魂，是原则、价值观和意识形态等理念层次的“隐性”的制度体系。[①] 历史表明，霸权国家一般都奉行“自由主义”，以达到对全球各地的有效介入、控制和干预。一个封闭、割裂的世界政治经济，不利于强国追求全球霸权。

二战后美国主导建立了开放的世界经济秩序，“至今仍是20世纪最引人注目的成就之一”。强国往往以促进某种国际经济、货币秩序为手段，实现更广泛的政治和战略利益。美国建立开放的全球化的经济体系包括当前的国际货币体系，不仅仅是适应世界经济发展的潮流，而是与美国的经济、政治与安全目标紧密相连。自由主义是发展经济的路径，也是一种国际大战略。

首先，开放的世界经济体系，有利于美国获得所需要的市场、技术和资源，从而促进国内经济和财富增长，最终增强国家安全和权力。因此，历届美国政府发布的《国家安全战略报告》，均将确保开放、自由的世界市场经济体系当作国家安全战略的基石之一。[②] 美国作为全球最发达，生产率最高的国家，其主要产业在全球充满竞争力，开放的世界经济是按照非歧视、国民待遇等等多边原则组织的，符合美国国家利益。而一个统一有序的国际货币体系，有利于实现世界经济的开放和一体化。

其次，开放的世界经济体系，有利于美国影响他国政治经济走向。世界经济相互分割，集团林立，与领导国利益背道而驰，而一体化的世界，有利于超级大国发挥全球性影响。这方面，海

---

① 实际上，战后主要战胜国美国、英国在设计世界秩序时，专门提出过战后国际秩序的指导原则，比如1941年两大巨头罗斯福和丘吉尔会商，并起草了《大西洋宪章》，明确自由、开放的全球市场体系等指导国际关系和世界经济的原则。但是，该《宪章》是强国双边协商的结果，体现大国利益，因而不是国际协议（显性制度）。

② 参见布什总统以及奥巴马总统第一任期内发布的《国家安全战略报告》。

洋性霸权比大陆强权更热衷于开放的世界政治经济体系，因此，大英帝国的霸权与美国霸权在促进市场自由开放方面，有高度一致性。建立以中心国家为核心的国际货币体系，有利霸权国通过货币、金融等渠道，轻易实现对外围国家的主导和影响。

第三，开放的世界经济体系，促进各国经济上相互依赖相互联系，有助于降低战略对立。20 世纪 30 年代以来，美国逐步从传统孤立主义转向开放主义，在战后对日本、西欧的政策中，努力发展更加紧密的经济联系，降低这些国家成为美国强大对手的风险。战后，美国支持欧洲一体化便具有一石多鸟的战略效果，一是可集结盟国力量，重建德国，遏制苏联，二是通过将欧洲所有大国联系在一起，从而削弱民族主义和战略竞争，既消除德国这一安全隐患，也使欧洲不再对世界构成威胁。一个相互依赖的国际体系，更利于超级大国发挥领导作用。

第四，开放的世界经济体系，有利于保持美国大国地位，有利于维持美国创建的全球秩序。美国战略家尼古拉斯·约翰·斯皮克曼（Nicholas John Spykman）对开放世界与美国家安全与利益的关系做了总结，认为“如果一个或几个敌对帝国主宰了欧洲和亚洲的边缘地带，将对美国安全产生灾难性的影响，美国要保持大国地位，就必须在欧亚大陆寻求经济开放、市场准入和均势的目标。”[①] 美国战略家在设计有利于美国的国际秩序时，得出的共识有三。[②] 一是美国的繁荣和强大建立在全球自由市场体系的基础之上，一个仅限于西半球的经济集团不可能支撑美国的全球地位。为了确保亚欧大陆的市场，美不能听任任何潜在对手控制

① Nichlas John Spykman, *America's Strategy in the World*: *The United States and he Balance of Power*, New York: Harcourt Brace, 1942, p. 195.

② ［美］约瑟夫·格里科、约翰·伊肯伯里著，王展鹏译：《国家权力与世界市场：国际政治经济学》，北京：北京大学出版社，2008 年 6 月版，第 109—143 页。

欧亚大陆，或形成排他性权力集团。二是双边或狭隘区域主义是国际摩擦和冲突之源，多边自由主义才能促进全球合作，形成全球秩序。双边主义不可能促成全球性合作。三是仅仅依靠军事力量和权力均衡不足以建设一个有利的国际秩序，开放的经济体系是世界秩序稳定的基本要素，美国需要一个多元化、易打交道的经济和政治环境。一个“无核”、多强并列的分割的国际货币体系，必将削弱美国的影响力和全球地位。

总之，美元本位制度、美元霸权体系以及“深嵌”于体系之内的西方自由主义价值原则，是现行国际货币体系的核心，汇率制度、储备制度、交易结算和投资制度、国际收支调节和国内经济调控制度、国际协调制度等是现行国际货币制度的外围（参见图4—5）。核心与外围相辅相成，核心制度决定外围制度的性质、范围和种类，而外围制度是核心制度的体现。国际货币体系变迁，主要是指制度的内核的变迁，而构成核心制度的美元本位制度、美元霸权以及西方自由主义这三大要素，并非仅仅由市场力量就能决定，从根本上讲，是由国际政治权力结构决定的。除非国际权力结构发生变迁，否则现行国际货币体系的本质难以蜕变。

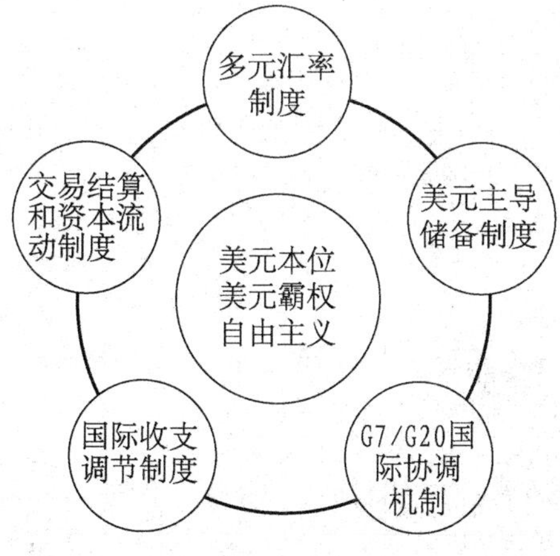

图4—5　现行国际货币体系的核心与外围

第四节 本章小结

布雷顿森林体系的崩溃，使国际货币体系进入发展的新阶段，即史无前例的以美元法币为本位的新时代。推动现行货币体系产生、演进的力量依旧是市场力量和政治权力，这两股彼此交缠的力量，决定了当前国际货币体系的结构、性质和运行机制。

首先，现行体系是布雷顿森林体系的继承和发展。因此，也有人称之为“布雷顿森林体系Ⅱ”,[①] 或牙买加体系。前者强调现体系对旧体系的继承性，后者强调变革的方面，即汇率制度、国际收支调节制度、国际协调机制等方面。实际上，国际货币体系是连续性和间断性的统一，布雷顿森林体系本身也非一成不变，它源于1936年三国协议，并在1944年—1973年间不断渐变，使得该体系到后半阶段已经演变为固定汇率的美元本位制（黄金被边缘化）。现有体系是布雷顿森林体系的自然过渡，即浮动汇率的美元本位制度。而现有体系本身在形成之后，也在不断渐变，其外围制度经历了多次阶段性的变迁，即1973—1984年、1985—

① 罗伯特·佐利克（Robert B. Zoellick，2013）认为，本质上讲，目前国际社会仍然在努力解决布雷顿森林体系未解决的遗留问题：第一，全球多边贸易问题不仅是贸易问题，也是货币问题；第二，无论贸易还是货币问题，都要解决一个再平衡问题，即盈余国和赤字国共担调整成本；第三，主权货币充当国际货币导致的全球责任和本国利益之间的冲突问题；第四，浮动汇率和固定汇率的意识形态之争。加伯（Garbe）（2003，2004）提出了全球不平衡的DFG模型——“布雷顿森林体系Ⅱ”模型，其基本含义是：新兴发展中外围国家（主要是亚洲国家）采取币值低估并钉住美元实施出口导向型的发展战略以促进增长和就业，并通过吸收FDI来提高资源配置效率，同时使用美元储备来干预外汇市场维持币值低估；中心国家（美国）使用外围国家大量的美元储备来降低融资成本，同时从FDI的高回报率中获取收益，并享受来自外围国家价格低廉的消费品。DFG模型认为这一体系中资金是从发展中国家流向发达国家（即存在“Lucas之谜”），并符合美国和亚洲（尤其是中国）的利益。

1998年、1999—2008年、以及2008年至今的阶段。当前，国际货币体系正在演进当中，酝酿新的变化。

其次，当前国际货币体系的结构分为核心和外围两个层次。核心层次包括美元本位制度、美元霸权制度和“深嵌”在整个体系中的西方自由主义。其中，美元本位制度是指美元纸币不仅是美国内货币，而且是国际货币，垄断全球官方、私人国际交易和投资的计价手段、交易媒介和价值储藏等国际货币功能领域。美元霸权是指美国依靠其超强的经济、政治、安全、文化等综合实力，主导国际货币事务，其外在体现为美元的货币推迟力、转嫁力、对外影响力和结构性货币权力等方面。美元霸权是美元地位的支撑和后盾。西方自由主义不仅是指导当前国际政治经济秩序的灵魂和原则，而且是体现美国国家根本利益的大战略。

外围层次包括多元汇率制度、美元主导的国际储备制度、G7/G20主导的国际协调机制、各国自主自助的国际收支调节机制、美元主导的国际交易结算和自由化的资本流动机制等。货币体系的核心决定国际货币体系的本质，也决定着外围制度的可能选择范围，但外围制度是核心制度的重要辅翼和实现方式，国际货币体系的核心与灵魂通过外围制度得以展现。

第三，市场力量和政治权力是塑造并推动当前国际货币体系的两大基础性力量。其中，货币体系的核心制度虽然也受市场力量的影响，比如货币本位制度等演变是基于市场选择之上，但更多是由国际权力结构决定。只有当国际权力关系发生结构性质变，才能重塑国际货币格局，进而影响国际货币体系的核心与外围，推动国际货币体系的变迁。外围货币制度如汇率制度、国际收支调节制度等，是各国根据自身国家利益做出的制度选择，而国际协调机制更取决于国际政治权力的分配。因而，国际货币体系必然深受政治权力的影响，但同时，政治权力的影响是建立在市场基础之上的。如果一项国际制度安排与市场力量相冲突，那该制度必将难以长久维持。比如资本自由流动下的固定汇率制在市场力量的冲击下，多数国家最终放弃。当然，在具体货币事件中，市场力量和政治权力的影响难以清晰区分，往往是两者合力作用的结果。欧元的问世既体现市场需求，符合居民降低交易成本的要求，但无背后的政治力量博弈，欧元区的成立难以想象。

第三部分　前景与应对

“后布雷顿森林”国际货币体系发展至今已40多年，作为人类全新的货币实践，到目前为止，似乎不能算是成功的。这40年间，国际货币大幅动荡，前所未有；国际金融危机频仍，无论是危机频率还是危机深度，远超之前任何历史阶段。美元本位体系的不合理性、不稳定性和不公正性得到确证；国际货币体系改革已被列为国际重要议程。世界如何应对？中国如何应对？

至今，国际社会已经提出多种改革方案，但要么过于理想主义，现实不具有可行性；要么过于注重技术，专务细枝末节的修修补补，“只见树木不见森林”，无法根治弊病。改革未能取得进展，究其根本，一是认识上的偏颇，对国际货币体系的本质及其结构的认识不足，“把脉”有误，当然难以提出贴合实际的“药方”。二是现实利益的矛盾冲突，改革意味着利益的重新分配，必然触及长期占主导地位的美国的利益，从而遭受后者百般抵制。

基于此，第五章提出短期和中长期方案相结合的改革路径，短期而言，善用市场力量，完善国际多边治理，推动有利于世界经济稳定发展的现有体系“改良”方案；中期而言，新兴大国发展自身经济与金融实力，加强相互间国际合作，循序推进本币的国际化和国际储备的多元化，在“增量”中推进国际货币体系改革；长期看，大国须摒弃狭隘的霸权主义，奉行“王道主义”，结合世界经济一体化潮流和最新科技发展成果，逐步发展“非主权”国际货币体系，这符合大国长远利益，也有利于世界经济稳定发展。

第六章提出中国的应对战略。一方面，中国应做好“顶层设计”，明确人民币的战略定位，将人民币纳入国家总体发展战略；另一方面，加强国际合作，推动完善国际金融治理，积极推动国际货币体系改良和改革。尤其要创新思维，处理好与美元的关系。“一带一路”为实现人民币崛起提供历史性平台，宜紧抓机遇，助力中华民族伟大复兴，促进世界和平与发展。

第五章

国际货币体系的改革及发展前景

不幸的是，世界上最重要的央行却又最没有经验，美联储就像国际舞台上初生的牛犊，拥有令人生畏的权力，可以维持或摧毁国际货币体系。

——罗伯特·蒙代尔，1993

简而言之，国际货币体系改革对世界整体经济和各国经济，皆有异常深刻之影响。国际货币体系对世界各国经济之影响程度，远远超过所有国内经济政策，美国亦不例外。

——吉斯卡尔·德斯坦，1968

国际金本位并非由谁创立，而是在长期试错实验之后逐渐成型的。同样，未来国际货币安排的形成也将如此，不太可能通过一次重大设计活动产生。

——罗伯特·佐利克，2013

当前国际货币体系存在内缺陷，在经济全球化和国际格局多元化的潮流下，这些制度缺陷将被放大，冲击全球经济稳定，导致国际货币危机频发。国际货币改革的呼声和压力日涨，从各方提出的方案看，改革的路径至少有四条，但到底哪条路径具有可行性，取决于各方政治经济的力量博弈，而这形塑着国际货币体系的未来发展前景。

第一节 当前国际货币体系的缺陷及影响

作为联结各国经济的纽带，国际货币体系的功能和作用是促进国际交易，促进国际收支平衡，维护世界经济的秩序和稳定，提供足够的融资手段以应对可能遭到的重大冲击。[①] 但是自1973年以来，当前国际货币体系并没有提供足够的“公共产品”，国际经济波动频繁，金融危机频发，显示当前国际货币体系面临危机，存在根本缺陷。

一、国际货币体系的缺陷

（一）现行货币体系的非对称性

这里的非对称性（Asymmetry）是指在维护货币价值、汇率稳定、国际货币供给和国际收支调节等方面，中心与外围国家的职责和角色的不对等。尽管与之前国际货币体系相比，当前体系的汇率制度、国际收支调节机制以及储备资产更加多元化，但当前体系的本质与核心仍然是美元本位制，即美元在全球仍处在主导位置，国际货币体系仍建立在一国主权信用货币的基础之上，这就决定了当前货币体系的非对称性。

首先，货币价值决定和国际货币供给上的不对称。这实际上是货币地位不平等导致的不对称性。在金本位下，黄金是各国货币的“驻锚”，各国都以黄金为中心，维持本币与黄金的平价。因此，各国在维护货币价值、物价稳定以及汇率稳定方面，地位

---

① ［美］巴里·艾肯格林著，彭兴韵译：《资本全球化：国际货币体系史》（第二版），上海：上海人民出版社，2009年8月版，第1页。

是对称的，总体物价水平随着黄金价值（取决于货币黄金存量、流量以及开采成本）的波动而波动，而不是由某个国家的央行决定。而美元作为首要国际货币，它的价值取决于美联储立足于美国经济发展和稳定需求而实行的货币政策，其他国家无从施加影响。在国际货币的供给上，美国是美元的发行国，美联储就像世界中央银行，不受任何外在制约，通过其在货币市场操作，影响全球货币供给。

因此，国际货币发行与世界经济发展就出现巨大的“错位”：世界经济发展需要国际货币的支撑；但国际货币的价值及其发行却由美国单边决定，而不是根据世界经济的需求来决定。当美国的经济占全球份额较大时，通过技术调整和金融操纵，该非对称性对世界经济影响可控，但当美国经济相对地位不断下滑时，其占世界经济的份额不断下降，这种非对称性将不断扩大，对世界经济以及美国经济自身的不利影响也将升高。

其次，国际收支调节上的不对称。国际货币发行国可以通过发行货币为国际收支逆差融资，这是最为便利的方法，而不必采用可能招致国内政治压力的国内经济调整或高成本的干预本国汇率等措施，促进本国经济的外部平衡。而其他国家则不存在这个特权，要么通过调整本国汇率的方法，要么调整本国货币、财政或贸易政策，成本巨大。

正是这种不对称性，导致世界经济体系具有巨大的不平衡性。这是因为在当前国际货币体系下，各国调节国际收支和维护各国货币稳定必须高度依赖美元，为了提高防范国际收支不平衡冲击的能力，外围国家必须持续积累高额的储备资产。同时，世界经济一体化下，国际产业价值链深度融合，各国经济、社会、文化交流日益密切，导致居民和企业对国际货币和国际资产的需求持续升高，国际货币的民间需求也不断增大，导致很多经济体积累了巨额的美元储备资产，而这些国际资产很大部分必须靠对美国的贸易顺差来累积。[①] 因此，当前国际货币体系的非对称性，也是当前世界经济失衡的制度根源；随着世界经济发展和美国在世界经济的相对份额不断下滑，这种非对称性不断扩大，世界经济失衡的程度将持续加深。只要这种货币体系的不对称不改变，世界经济长期失衡将无法根本解决。

第三，国内经济政策自主性的不对等。美国作为国际货币发行国，在实施国内经济政策时，所受的外部约束要比外围国少得多。这是美元霸权中的推迟力和转嫁力决定的。外围国累积的外储和廉价资金源源不断流入美国，支撑美国的消费和投资，美国可以较轻松地实行货币扩张政策；而美国高度发达的金融市场，使美国能以较外围国家低得多的债券利率为财政赤字融资。外围国家要促进出口（比如亚洲国家推行出口导向型发展战略），要求其在财政政策上采取一定的约束和限制，以免扩张性财政政策造成进口增加，与出口战略产生冲突，而美国等国际货币发行国则可以采取扩张性的财政政策应对国内经济萎缩。[②] 而这种不对称性，导致了现行体系的不稳定性和不公平性。

（二）货币体系自身的不稳定性

当前国际货币体系的不稳定性是其内在矛盾决定的。该体系的内核包括三个方面：一是美元本位制，即美元这一美国的国家货币，充当国际货币；二是美元霸权，即美国的国际霸权，支撑美元的国际地位，并根据本国需要决定国际国币体系的制度设置

① 理论上，一国要拥有美元储备，除了通过贸易顺差积累外，还可以通过出售本国资产（吸引外国的直接投资或间接投资）、获得官方美元援助、国际借贷等方式获取美元。但是归根到底，国际借贷的偿还仍须通过贸易顺差获得的储备予以偿还。

② L. Costabile, "Current Global Imbalances and the Keynes Plan: A Keynesian Approach for Reforming the International Monetary System", *Structural Change and Economic Dynamics*, Vol. 20, 2009, pp. 79-89.

和制定；三是反映美国国家利益的西方自由主义，即美所需要的全球经济市场化、一体化和经济的开放自由。而这三点都蕴含着内在矛盾，是国际货币体系的根本性隐患。

首先，美元本位制必然面临“特里芬难题”。虽然美元已经不再与黄金可兑换，并且国际货币的汇率是浮动制，但这只是缓解“特里芬的困境”，并没有从根本上解决这个困境。只要国际上存在着国际货币需求（目前尚无其他货币可替代美元），美国之外的世界就存在大量的对美元流动性的偏好，美国的贸易逆差就不可避免（麦金农，2006）。[①] 而随着国际经济的增长，国际货币需求必然随之增长（国际流动性需求是世界收入的正相关函数），美国的贸易逆差就必然跟着扩大，但对一国经济而言，这是不可持续的。因此，当矛盾持续积累到一定阶段，美元信心问题必将凸显，最后带来美元资产的抛售和价格暴跌、美元贬值，引发金融动荡。

其次，美元霸权带来的不稳定：一是霸权地位导致国家货币与国际货币角色的矛盾。美元霸权，具有利用美元转嫁风险、追求本国利益的倾向。但是，美元的国际霸权，必须要向全球提供

① 国际清算银行的专家罗伯特·麦考利（Robert N. McCauley）等提出“新特里芬问题”，认为随着时代发展，特里芬问题并未消失，而是以新的形态出现。他认为目前存在三个层次的特里芬问题：一是特里芬难题Ⅰ，即传统特里芬问题，指美元作为国际货币，通过贸易逆差提供货币供给，但贸易逆差越大与国际对美元的信心呈反比。二是特里芬难题Ⅱ，即包括贸易和金融的综合化特里芬问题。美国作为全球金融中心，通过吸引外来资本流入或负债的方式来弥补美国的国际收支逆差，但外国资金供给取决于美对外投资和经常账户逆差的大小。因此，当美国经常项目赤字不可持续时，外部资金流入就会收缩，这又反过来影响美国的金融市场，威胁美国际金融地位，威胁国际货币供给和国际货币体系的稳定。三是特里芬难题Ⅲ，即从财政角度对特里芬问题进行扩展，即美元作为国际货币，要向世界提供国债等安全资产，而随着世界经济的增长，要求美元供给和美元资产的供给随之增长，但美国债的增多是不可持续的，因此美元体系难以持续。总之，任何一国货币充当国际货币，都会产生特里芬问题，因为该国货币既是国内货币又是国际货币，会出现国内经济目标与国际经济需求相冲突的矛盾。

公共产品，即提供出口市场，提供信贷，满足国际流动的需求，维护国际货币和金融稳定。这两者经常是冲突的，当国内利益与国际利益相互冲突时，霸权国必然选择本国利益，其结果就是国际金融动荡，引发危机。2008 年美国金融危机爆发以来，美国大规模实施量化宽松，以刺激本国经济，制止金融危机的蔓延深化，其结果是全球流动性泛滥，美元大幅度贬值，引发他国被动实施宽松货币政策，为下一轮国际金融危机埋下祸根。二是霸权导致国际货币价值不稳。美元的霸权地位，使得美国在货币政策的实施上缺乏“货币纪律”和外在约束。在纸币本位时代，货币的价值由政府决定，这种不受约束的美元霸权，必然导致国际货币内在价值的波动，从而引发全球经济的波动。三是霸权兴衰导致支撑货币体系的权力结构的不稳定。“霸权稳定论”其实就是“霸权不稳定论”，霸权的存在，导致货币稳定；一旦霸权出现衰落迹象，新旧霸权之争，必然导致国际货币体系的混乱和崩溃。

第三，“深嵌”的西方自由主义与外围国经济政策的矛盾。全球性霸权往往具有国际自由和开放主义倾向，这是符合霸权根本利益的战略。市场开放和经济自由已经成为内嵌与国际货币体系深处的现行秩序的基本原则和精神。目前发达国家的两种制度安排，美、日的单独自由浮动，以及欧洲的联合自由浮动，都遵从这个原则。但是，对于广大发展中外围国家，由于国内外条件限制，难以实行单独浮动或联合浮动，所能采取的制度选择有限，要么采取钉住制或有管理浮动制度，要么货币美元化，但这将导致管制与自由化之间的矛盾，或者与保持本国货币主权与政策独立性相冲突。除非采取严格的资本管制，否则钉住制度难以维持，即使是发达国家，比如欧洲早期的货币体系即在游资冲击下崩溃，导致英镑退出欧洲汇率机制，至今没有返回。外围国家的动荡，不利于现有货币体系的稳定。

上述三种制度安排导致的不稳定性，具有自我强化的性质。

由于货币体系内在不稳定性，导致外围国家必须积累足够多的外汇储备，以防范风险，而这种行为反过来加剧体系的不平衡性，导致恶性循环。

（三）现行货币体系的不公正性

这同样是由现行货币体系的本质属性决定的，使得中心货币国家拥有过多特权和收益，而外围国家则处于被盘剥和被支配的位置。

第一，美国等中心货币国占有外围国家的资源和财富。随着世界经济的发展，外围国家为防范国际交易和国际收支风险，必须积累越来越多的美元外汇储备；而美元是主权信用纸币，外围国家必须将美元投放在具有高流动性的美国金融市场上，购买廉价的美元资产。这就导致了一个奇怪的现象：贫困国家的资源源源不断流向发达国家，流向美国，出现穷国补贴、资助富国现象。[①] 近年来，美国已经成为全球第一债务国，而所欠债务，大约65%来自于新兴经济体和石油输出国。联合国的相关报告也指出，近年来，随着发展中国家的外汇储备急剧增多，国际经济上出现发展中国家对发达国家“反向援助”（Reverse Aidd）现象。[②]

此外，美国为代表的中心货币国家还通过发行储备货币，从而占有外围国家的财富。一是对于在海外流通的美元，获得巨大的铸币税收益。[③] 美元纸币的印制费用与美元面值的差异，就是每单位美元的铸币税总量，而美元纸钞的成本可以忽略不计。理

① 美国著名经济学家劳伦斯·萨默斯将之称为国际资本流动的悖论。参见L. Summers, Reflection on Global Account Imbalances and Emerging Markets Reserve Accumulation, Lecutre in Reserve Ban of Indaia, Mumbai, India, March 2006.

② United Nations, World Economic Situation and Prospects 2011, New York, 2011.

③ 铸币税（Seigniorage）一词源于古代君主制时期，国家垄断货币铸造，除了收取铸币费外，还通过减少货币中贵金属含量，获得货币面值与实际价值之差的收益。但随着纸币的普及，该概念内涵发生了变化。

论上，只要美元在美国境外流通不回流，那么这些货币就是美国纯粹的铸币收益，即通过输出纸币换取外国的实际资源。目前美国至少有5000亿美元在境外流通，而这些货币所代表的国外商品和服务就是美国纯所得。[①] 二是对于回流美国的外国储备。这部分美元投资于美元资产，主要是短期、低收益高流动性的债券等资产。对这一部分的外国储备而言，美国的收益是获得巨大利息差。美国利用外国低息廉价资金，投资于高回报的项目上，从而可以得到高于其负债成本的额外收益。以中国为例，麦肯锡的一份调查发现，美国资本在中国的平均年收益率高达33%，远高于中国持有美国国库券的收益率。另一份研究表示，中国外汇储备在美的投资平均收益率约为5%，而美对华投资的收益率达20%以上，主要是股权投资等。[②] 斯蒂格利茨委员会估算，由于两种资产的巨大息差和收益率差异，在2007年，发展中国家向发达国家转移的资本高达3.7万亿美元，远超发达国家对发展中国家所接受到的金融援助。[③] 三是货币贬值导致外国对美债券价值缩水。通过美元贬值，使得美国对外国财富将升值，而外国拥有的对美债券，则面临财富缩水。据统计，从2002年至2007年，美国通过美元贬值，获得的债务稀释或者资本收益约有1万亿美元。[④]

第二，中心国利用其货币优势地位压制和“敲打”外围国。现行国际货币体系下，外围国对美元具有更大的依赖性和脆弱

---

① ［美］巴里·艾肯格林著，陈召强译：《嚣张的特权：美元的兴衰和货币的未来》，北京：中信出版社，2011年12月版，第16—17页。

② 张明：“高储备高风险：越来越烫手了”，《上海证券报》，2007年12月5日。

③ UNPGA, Report of the Commission of Experts of the President of the United Nations General Assembly on Reforms of the International Monetary and Financial System, Sep. 2009.

④ R. Clarida, With Privildge Comes…?, PIMCO, Global Persectives, Oct. 2009.

性。两者的结合，使得美元在当前体系内具有影响他国行为的能力。一是冻结外国在美金融市场上的资产。各国都把外汇储备投入美国市场中，也为美国威慑他国提供了前提。二是禁止美国金融市场的准入，比如提高外国银行和金融机构进入美国市场的门槛，切断 IMF 等国际组织以及主要大国的贷款等，从而对他国造成打击。三是利用国际交易机制，使对象国在国际金融市场中被孤立和包围。目前，美国控制的美元清算体系 SWIFT，赋予了美国限制其他国家接触全球金融资源的特权。[①]

（四）制度缺失和机制不完善

20 世纪 70 年代“尼克松冲击”（Nixon Shock，指尼克松总统单方面放弃美元兑换黄金的承诺，终结了布雷顿森林体系）后，使得美国在牢牢把握国际主导权的基础上，放弃了部分全球责任。但制度破坏之后，并未跟上相应制度供给。牙买加体系作为“无体系的体系”，在布雷顿森林体系崩溃后并未向世界提供相应的“公共产品”。

1. 缺乏对储备货币发行的约束机制。虽然 IMF、世界银行等国际组织仍然存在，但在美国主导下，其管理全球储备货币、约束国际货币发行等方面的作用有限。美联储制订货币政策主要依据美国自身经济利益，不会为了“稳定世界经济”而牺牲美方利益。自 2008 年以来，美联储通过史无前例的量化宽松，已经向市场注入数万亿美元流动性，导致全球流动性泛滥，新兴市场资产泡沫膨胀；2014 年，美联储正式结束量宽，并准备启动包括升息在内的“退出”政策，又引发全球资本流向大逆转，导致全球金融市场、大宗商品市场巨幅震荡下滑，新兴市场货币持续大贬，

---

① Robert B. Zoellick，“The International Monetary System：Past，Present… and a Possible Future”，from Alan Wheatley Edited，*The Power of Currencies and Currencie of Power*，IISS，Routledge Press，April，2014.

经济持续下行。虽然 IMF 等多次“劝诫”美联储谨慎行事推迟加息，但后者我行我素，表明 IMF 的作用已经严重边缘化。

2. 缺乏对国际收支失衡的有效调节机制。牙买加体系下，决策者依靠浮动汇率的自动调节功能，并未设定任何失衡调节的强制性规则。事实上，在金融一体化背景下，汇率脱离基本面而过度波动已成常态，再加上“有管理的浮动汇率制度”在多国流行，汇率制度的多元化和差异化，极大地削弱了汇率制度对国际收支的自动调节作用。近数十年来，国际官方储备的数量不但没有下降，反而以倍数上升。据世界银行最新统计，2000 年全球外储总和（包括外汇储备、SDR、黄金等）按照市场汇率计算为 2.12 万亿美元，而到 2014 年末，该数值上升至 12.5 万亿美元，增加了 487% 多。[①] 全球经济失衡持续加剧，一些国家如美国贸易赤字持续扩大，外债率高居不下，另一些如亚洲新兴经济体持续保持巨额贸易盈余，以应对类似于 1997 年那样的金融危机。而当某些国家出现严重的国际收支赤字需要外在援助时，美西方主导的 IMF 则设置重重严格条件，使得 IMF 调节国际收支的功能深受掣肘。这从侧面表明现有的国际收支调节机制存在巨大缺陷，甚至名存实亡。

3. 缺乏对各国汇率形成机制的监督和协调机制。浮动汇率、固定汇率和中间汇率制度并行，各国自行决定汇率制度，导致国际货币乱象频仍。国家主权货币本位制度的流行，本质上决定了各国货币币值的决定并非由客观市场力量决定，而是各国政府决定。因此，近数十年来，货币操纵、汇率战乱象频频发生，影响

---

① 根据世界银行 WDI 数据库计算。根据该数据库，中国在 2000 年外储总值约为 1720 亿美元，到了 2014 年末约为 3.9 万亿美元，年均增加 2660 亿美元，目前中国外储占全球 31% 强。中国外储激增，反映了中国经济实力快速增强，但同时也表明在当前不合理的国际货币体系下，中国被动承担巨额外储所带来的消极影响。

国际经济稳定，也影响国际关系的和谐发展。

4. 缺乏权威的国际协调和治理机制。由于合法性日益不足，IMF 等国际金融机构无力在货币金融争端调解、各国矛盾协调、各国行为的监督等领域发挥影响力。金融危机后，美西方国家为了解套，将 20 国集团（G20）升级为领导人峰会，成为国际治理的新机制，但是，近两年来，随着经济的逐步好转，其对 G20 的重视程度日渐减弱，而对 G7 的兴趣却有增无减。美对改革国际货币体系的政治意愿不断下降，甚至已经成为国际协调治理机制的“不和谐音”。2014 年，G20 布里斯班峰会上，与会各方为了再次敦促美方遵约守信，履行 2010 年 IMF 改革承诺，甚至发出“最后通牒”，明确声称“落实 2010 年 IMF 改革方案仍然是我们最首要的任务。我们敦促美国批准上述改革方案。如今年底前未实现，我们将要求国际货币基金组织在现有工作基础上研拟下一步的政策选项。”①

二、不合理体系影响世界经济平稳增长

现行货币体系的不对称性、不稳定性以及不公平性，提升了国际经济交易的成本，冲击国际经济稳定，不利于世界经济的增长和发展。2008 年的金融危机，从根源上看是国际货币体系的弊端，导致出现二战以来首次全球性的金融大危机。总体而言，现行货币体系导致汇率波动频仍，利率上升并且变动不居，价格通胀，成为世界经济问题所在。

（一）汇率大幅波动，加大国际交易成本

对于浮动汇率的优劣，经济学家存在两种不同看法。一派以

---

① 《二十国集团领导人布里斯班峰会公报》（2014 年 11 月 15 日 – 16 日），http：//news. sina. com. cn/w/2014—11—17/015431153883. shtml.

米尔顿·弗里德曼、保罗·克鲁格曼等为代表，认为黄金平价和固定汇率制度的存在，使得市场存在“单向投机”特征（投机资金对某货币发动攻击，如果汇率按照他们的预期发生波动，则他们获利；而如果投机失败，由于国家承诺的固定汇率，他们并不会有太大的损失）和汇率定值失当的风险（是指经济的发展变化，会使得当前的货币定值偏离经济市场基本面，使得汇率定价高估或低估，从而为投资基金提供投机攻击的机会，导致经济不稳定)，汇率体系是不稳定的。而且，实行浮动汇率后，各国国际收支相当部分由市场自动调节，各国可节省调整经济的政策成本和干预货币市场所需的外汇储备。弗里德曼进一步指出，自由浮动的汇率体系下，国际投资具有稳定汇率的功能，即当预期某货币汇率将回升，则大量资金购买该货币，从而加速汇值回归；反之则反是。另一派以罗伯特·蒙代尔、罗纳德·麦金农等为代表，主张实行共同货币本位，采取固定汇率，因为货币一旦失去外在约束和价值锚，单纯由币当局和市场供求确定汇值，会导致“赌场效应”，即投资者为规避风险或套利，通过猜测政府如何管理货币政策和市场投机，导致汇率波动成为常态，导致金融体系危机不断。①

这两种看法理论上均自成体系，有各自的合理性。但从经验上看，“浮动汇率优越论”的主张似乎与现实不相符合。首先，实行浮动汇率制度后，世界的外汇储备并没有减少，反而不断增大，今天的世界外汇储备远超过数年前的外汇储备量。即使官方对外汇储备需求下降了，但由于浮动汇率下，中心货币与外围诸

① ［美］罗纳德·麦金农著，谭东海等译：“博弈规则：国际货币与汇率”，自《麦金农经济学文集》（第四卷），北京：中国金融出版社，2006 年 10 月版，第 12—13 页。

币间汇率波动频繁，私人对美元外汇储备也会增加。[①] 其次，全球汇率的波动幅度大于预期，成为影响世界经济发展的负面因素。

实际上，浮动汇率和固定汇率孰优孰劣，应该放在国际货币体系这个大背景上进行考察。不同的制度背景下，汇率的效果不一样。因此，浮动汇率的效率并非绝对，而是相对的。国际投资基金对汇率的影响可以是稳定性的因素，也可能是不稳定性因素，取决于货币体系的制度。在国际金本位制度下，由于各国货币价值被黄金锚定，且当时各国政治、经济以及思想意识形态允许政府仅冲当“守夜人”，将维护币值稳定和经济秩序稳定作为“天职”，这种制度稳定了投资者的心理预期。因此，即使当时国际经济高度自由化，国际资本跨国流动无阻碍，但各国货币汇率非常稳定。而当前货币体系下，由于制度因素，浮动汇率的作用被夸大，或者说负面作用凸显。现行货币体系将黄金非货币化，使得各国货币失去价值锚，价格水平由各国货币当局控制。这种货币制度，使得金融市场自由化和资金流动放大了货币汇率的波动，加剧国际货币与金融体系的不稳定性。

事实表明，无论名义汇率还是实际汇率，现行体系下汇率波动比布雷顿森林体系固定汇率制度大得多，也比支持浮动汇率的学者所预言的要大得多。以日元兑美元为例，根据统计，两者实际汇率（根据相对批发价格指数核算）的波动，在 1970 年之前，波动幅度在 2% 范围内，而 1971 年之后，汇率波动扩大至近 10% 。[②] 美元实际价值（用特别提款权来衡量）也剧烈波动，近

---

① ［美］罗纳德·麦金农著，谭东海等译：“博弈规则：国际货币与汇率”，自《麦金农经济学文集》（第四卷），北京：中国金融出版社，2006 年 10 月版，第 106—113 页。

② ［美］巴里·艾肯格林著，彭兴韵译：《资本全球化：国际货币体系史》（第二版），上海：上海人民出版社，2009 年 8 月版，第 141—145 页。

20 年来波幅在 10% 以上（参见图 5—1）。[1]

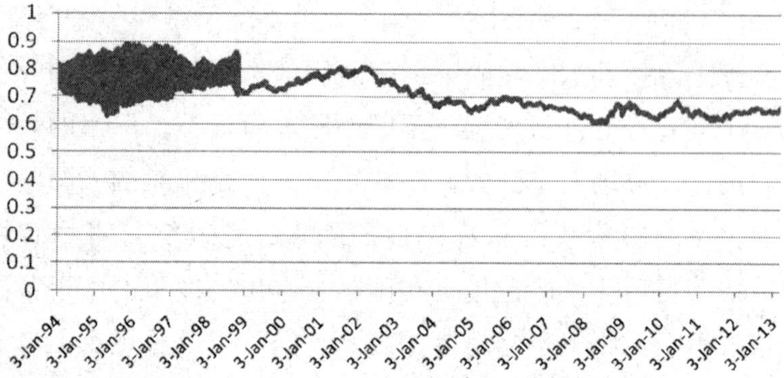

图 5—1　1994—2013 年特别提款权/美元汇值变化

注：本图根据 IMF 有关特别提款权/美元的日均汇率值数据加工而成。其中 1994—1998 年波幅和短期波动频率较大；而 1999 年即欧元问世之后，SDRs 的构成有所变化，汇率的短期波动频率和波幅趋向缓和，但总体上波幅维持在 5% 以上。

汇率的大幅波动，无疑侵蚀了国际经济交易的收益，使得汇率风险成为国际经济活动的重要风险，增大了交易成本，也成现代新保护主义抬头的重要因素，阻碍世界经济平稳发展。

（二）利率大幅波动，冲击世界经济稳定，不利世界经济长期发展

利率水平由多种因素决定，包括生产率水平、国际资本和劳动的相对丰裕度、产业利润率、金融业发展水平等，以及市场风险水平。一般而言，市场风险越高，利率（作为资金的使用价格）的风险溢价越高，利率水平越高，而且波动性越大。1973 年之后，各国采取浮动汇率制度，各国货币政策也缺乏外在约束，使得市场不确定性空前上升，汇率风险和政策风险大增，导致利率的剧烈波动。

---

① 该图根据 IMF 统计数据加工而成。

由于各国政府债券收益率通常是市场利率水平的“价值锚”和定价依据，为衡量世界各国的利率波动水平，我们选择国债收益率指标来间接考察。据统计，1973—1990 年间，主要国家日本、美国、德国、英国的利率水平很高，达到 12% 的水平，而且波动非常激烈，各国之间的利率差异也非常明显。比如，英国和美国之间存在 5%—6% 差异，而布雷顿森林体系期间，各国利率水平接近，变化率高度趋同。如果将各国利率波动率放在金本位、布雷顿体系和牙买加体系的背景下比较，其差异更加明显。金本位体系下，利率波动最小，英国的长期利率波幅为 7%；而布雷顿森林体系次之，英国的长期利率波幅为 45%；当前体系波动幅度最大，英国的波幅达 99%（参见表 5—1 和图 5—2）。[①]

表 5—1　不同货币体系下英国和美国的利率波动　（单位:%）

利率变动		英国	美国
利率年度平均变动（百分比）			
长期债券	金本位（1879—1913）	7	14
	布雷顿（1950—1970）	45	29
	牙买加（1973—1994）	99	105
短期国库券	金本位（1879—1913）	98	101
	布雷顿（1950—1970）	77	69
	牙买加（1973—1994）	205	157
利率月度平均变动（百分比）			
长期债券	金本位（1879—1913）	3	3
	布雷顿（1950—1970）	9	8
	牙买加（1973—1994）	34	26

① ［美］罗纳德·麦金农著，谭东海等译：“博弈规则：国际货币与汇率”，自《麦金农经济学文集》（第四卷），北京：中国金融出版社，2006 年 10 月版，第 3—4，71—76 页。

续表

利率变动		英国	美国
短期国库券	金本位（1879—1913）	50	40
	布雷顿（1950—1970）	16	14
	牙买加（1973—1994）	53	39

资料来源：罗纳德·麦金农（2009）。

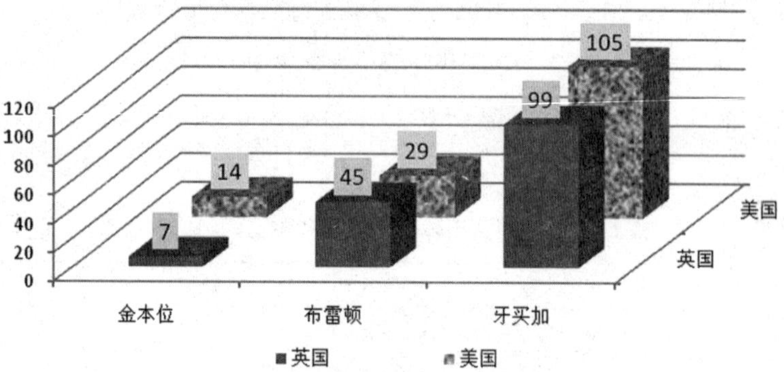

图 5—2　不同货币体系下英美长期利率的波幅（%）

资料来源：罗纳德·麦金农（2009）。

（三）通货膨胀趋势和金融危机频发

首先，通胀已成常态。主权信用货币本位的货币制度，再加上当前主要国家的西方民主政治制度，以及美国霸权的国际政治结构，使得通货膨胀已经成为当前货币体系下不可避免的倾向。“毫无疑问，1914 年以来人类的通货膨胀，超过了以前全部历史所创作通胀的总和。”①

导致通胀的原因多样。一是货币价值失去黄金等商品货币的约束，价格之锚缺失。货币的价值由主权政府决定，这为通胀时代准备了制度基础。二是选民制度的政治机制，为通胀准备了政治基础。为了赢得选举所需的选票，候选人无不向选民承诺各种福利和经济增长的许诺，而发行货币刺激是重要举措。当政府负债累累，为了确保不被选民推翻下台或确保下次当选，当权者成本最低也最简便的方法就是通过滥发货币促使债务货币化，因为任何通过增加税收的方法都很难获得选民的支持，或赢得国会的通过。三是国际霸权的存在，为通胀准备了国际政治基础。霸权作为国际货币发行国，拥有发行货币换取他国资源、转嫁国内经济调整成本的特权，很难想象霸权可以抵制“行使特权的诱惑”；同时，霸权为确保自身国际地位，必定穷兵黩武，通过武力或其他手段遏制潜在对手，以防后者威胁自身地位。霸权的扩张和遏制战略，在货币发行缺乏任何外在约束的情况下，其经济后果便是战争和通货膨胀。二战以来，美国为谋霸权先后发动多次战争，导致通胀和国际货币动荡。

1914 年之前，世界长期物价水平非常稳定，英国经济学家罗伊·加斯托姆（Roy W. Jastram）以英国批发物价指数为基础，统计了英国自 16 世纪以来的长期物价水平以及 19 世纪之后美国的物价水平，发现从 1560—1914 年的 350 多年历史中，英物价指数几乎保持不变，其间有温和的通胀和通缩，但彼此相互抵消，而 1971 年之后，英国的通胀是全部英国历史当中最剧烈的通胀史，在 1971 年至 2000 年间，英国物价水平上涨了 750%；同样，

① ［美］罗伯特·蒙代尔著，向松祚译：“国际货币：过去、现在和未来”，自《蒙代尔经济学文集》（第四卷），北京：中国金融出版社，2009 年 1 月版，第 121 页。

1800—1930年间，美国物价走势（除了内战期间和一战后实行不兑换货币的短暂时期）非常平稳，但1971年至20世纪末后，美物价指数上升了390%，是美历史上最严重的通胀期，其他国家情况大致相同。①

其次，金融危机频发。现有文献对金融危机（Crisis）的定义不同，一般是指由于金融资产（财富）的价值出现崩溃，导致市场混乱和实体经济困境的现象。金融危机包括银行等金融机构危机、货币危机和混合危机（上述两者相互交叉混合的危机）等类型。② 金融资产价格的崩溃原因主要有两方面：一是金融资产供给层面，包括金融资产的收益率、风险、资产流动性等因素；二是金融资产的需求层面，包括需求者的资产偏好、市场流动性等。当商业周期处于衰退期或低谷，银行资产、股票资产等收益率下降，引发金融危机，就属于供给冲击类型危机；当市场流动性不足，资产价格下降，则属于需求冲击类型危机。

金融危机早已有之。金德尔伯格在考察西欧金融史后总结，过去400年历史，平均每10年发生一次危机。但是，1914年之前，由于采用金本位货币，货币币值稳定，引发危机的因素较为单一，因此危机爆发频率和危机的深度较小；而1973年主权信用货币本位制度出现，货币发行缺乏约束，金融体系受外在影响复杂化，金融危机的频率和深度显著增大。据统计，从1880年至1913年间，银行危机、货币危机以及孪生危机的年平均爆发频率约为4.8%（其中货币危机爆发频率最低，仅为1.5%左右）。而1973—1997年间，上述危机的年平均爆发频率达到12.2%，相当

---

① ［美］罗伯特·蒙代尔著，向松祚译："国际货币：过去、现在和未来"，自《蒙代尔经济学文集》（第四卷），北京：中国金融出版社，2009年1月，第121—124页。

② ［美］富兰克林·艾伦、道格拉斯·盖尔著，张健康等译：《理解金融危机》，中国人民大学出版社，2010年1月，第26页。

于平均每隔 8 年就会出现一场金融危机，为前者的 2.5 倍，两者的主要区别就在于，后者货币危机发生的频率远大于前者。①

第二节　国际货币改革的主要方案评析

现行国际货币体系弊病丛生，影响国际经济稳定，是不可持续的，因此有关货币体系改革的声音从未间断。从 1971 年以来，各种改革提议异彩纷呈，现实国际货币体系也的确有改革变化，比如 G7 等国际协调机制、欧洲货币体系的建立等，但总体而言，国际货币体系本质未变，基本矛盾仍存，国际货币体系改革仍任重道远。本节首先对当前有影响的国际货币体系改革方案进行概述和简要评论，最后对国际货币体系改革提出自己的看法。

一、现有改革方案

自 20 世纪 70 年代以来，国际货币领域问题不断，催生了各种改革倡议和方案，这些方案包括储备货币改革方案、汇率制度改革方案、国际机构和国际协调机制改革方案、资本流动管理改革方案等。综合而言，主要有如下两类方案：

（一）改良方案

这是指维持现有体系，但需要对部分机制和制度进行修改或改良，使之符合现实需求。许多西方国家的经济学者持有这种观点，具体方案如下。

1. 对美元发行实行约束。比如前 IMF 总裁卡恩认为，当前国

① Machael Bordo, Barry Eichengreen, D. Klingebiel and M. Martinez-Peria, "Is the Csrisis Problem Growing More Severe?" *Economic Policy*, Vol. 16, No. 32, April 2001, pp. 53-82.

际货币体系虽然存在问题，但运作总体仍然不错，面对金融危机，仍有生命力和弹性，考虑到未来美元仍将长期作为主要国际货币而存在，当前的改革应该聚焦于如何对美元的国际地位进行约束和制衡。①

2. 逐步实现储备货币多元化，即在美元为主的国际货币格局中，增强特别提款权、欧元、日元等其他货币的地位。该方案认为储备货币多元化使得货币竞争趋于激烈，不但可以增强对美元发行的约束，还可改善国际流动性管理，缓解一国主权货币充当国际货币的“特里芬难题”。

3. 提出改革现有汇率制度。比如约翰·威廉姆森、约瑟夫·加格农等提出建立目标汇率区制度；蒙代尔、麦金农、穆萨（Mussa）等提出的美元、欧元等主要货币大国间加强政策协调，实行固定汇率制或建立汇率目标区的建议等。

4. 加强国际协调和国际机构改革，完善国际货币问题的全球治理机制。比如亚洲开发银行（ADB，1999）、康德苏（2009）等提出改革 IMF，加强其危机救援、经济监督和国际收支调整等功能，增强其国际社会“最后贷款人”角色。

5. 完善国际资本流动管理机制，减少资本无序流动对货币体系冲击，比如托宾认为国际货币机制之所以不稳定，是因为私人金融资本大规模无序流动的冲击，因此要将货币体系改革的重心放在资本流动的改革管理上，比如对国际间货币交易征税等。②著名货币学者多恩布什和弗兰克尔则建议对商品和资本实行双重汇率，对商品实行固定汇率制，对于无关国际贸易与投资的金融交易则实行弹性浮动汇率制，促进国际贸易，但抑制国际资本无

① D. Kahn, The International Monetary System: Reforms to Enhance Stability and Governance, *International Finance Forum*, Beijing, November 16, 2009.

② J. Tobin, A Proposal for International Monetary Reform, *Eastern Economic Journal*, Vol. 4 (3-4), 1978, pp. 153-159.

序流动。

（二）改革方案

这是指建立超主权货币制度或非主权货币体系的方案。该观点久已有之，但此次金融危机爆发后，该类观点再次受到重视。主张对现行体系进行根本性改革，认为当前国际货币体系的种种问题都根源于主权信用货币本位制度，只有彻底抛弃美元本位制度，才能实现国际货币体系的长治久安。该方案的核心是，恢复货币的价值锚由“第三方”决定，而不是由一国政府决定，因为政府不可能做到理性、公正和合理，且政府的能力有限，也不可能拥有所有信息，从而作出符合市场需求的决策。但对“第三方”是谁，主张各有不同。

1. 超主权货币。这是国际多边主义基础上的全球货币制度，即通过国际多边合作，设立全球性机构，发行并管理国际货币。一是创设全球性货币。20 世纪 40 年代以来，包括凯恩斯、特里芬等经济学家就提出建立类似货币制度，1969 年，IMF 特别提款权问世，就是该思想的实践。扩大特别提款权的方案近年来明显有了吸引力。拉戈、奥坎波等主张建立一个基于特别提款权的体系，取代美元为中心的体系，要完善特别提款权的价值决定和分配机制，并逐步提升特别提款权的流动性、鼓励私人使用和投资等。理查德·库珀（1984）、斯蒂格利茨委员会建议设立全新的全球管理机构（全球储备银行），发行新的全球货币。[①] 二是分层次创设国际货币。坎帕内拉（Campanella）、皮法雷蒂（Piffaretti）等主张分层创设国际货币，美、欧、日、英等为一个层次，首先建立彼此间货币联盟，并最终发行发达国家共同货币，其他发展中国家可视情况设立各种地区货币，全球货币和地区货币之间实

① UNPGA，2009.

行某种钉住制度。分层次创设货币的优点是可行性有所提高，少数发达经济体的合作比全球各国货币合作要容易得多；也相对更可行，因为货币合作要求财政、贸易、产业政策的高度融合，要求各国经济周期较为一致。

2. 商品本位货币。即以黄金、商品篮子等为国际货币的发行基础，使实物商品为货币的价值锚。罗伯特·巴罗（Robert Barro，1965）、鲁伊夫等奥地利学派专家、格林斯潘（1966）、林毅夫（2012）[①] 等主张恢复金本位制度，或至少是类似于金本位的非信用货币本位，因为商品本位具有稳定、可信、透明、自我调整等优点。罗伯特·蒙代尔（1981 年）曾提出美国恢复金本位的建议。哈耶克（1943）、[②]本杰明·格雷汉姆（Benjamin Graham，1944）、哈特、卡尔多以及丁伯根（1964）、罗纳德·麦金农、张五常[③]等主张建立指数化商品本位货币，即以可交易的指数化商品篮子为货币发行基础，强调货币为实体经济服务的职能。一旦货币的价值由商品价格锚定，那么各国货币的汇值、市场预期等也将随之稳定，国际资金流动也将发挥稳定功能。

3. 自由竞争货币。该方案的核心是货币“去国家化”，去除权力的影响，建立市场自主选择的货币体系。一是哈耶克的市场自由货币方案。哈耶克（1978，1986）称金本位具有内在缺陷，法币本位下，货币价值完全由政府操控，更加危险，因为该货币体系缺乏制约和监督，政府无法及时全面获知市场信息，难以保

---

① 林毅夫主张设立国际纸黄金本位的制度，即货币价值由黄金决定，但货币与黄金比价需国际社会成立机构决定，经常根据市场行情予以调整。

② ［英］弗里德里希·冯·哈耶克著，邓正来译：“商品储备货币”，载《个人主义与经济秩序》，上海：三联书店，2003 年 1 月版，第 303—317 页（注：哈耶克的货币观前后有变化，早期强调货币价值由商品篮子决定，但后期主张自由浮动的市场自主选择、自主创设的货币制度）。

③ 张五常：《货币战略论：从价格理论看中国经验》，北京：中信出版社，2010 年 1 月版，第 147—185 页。

证作出理智的判断和决策，而且政府必然受民主政治和利益集团影响，其决策难以代表全民利益。将货币“非国家化”（Denationalisation），改由银行自由发行各自“货币”，一方面可以防止权力的干预；另一方面，市场的选择又会对各国货币产生约束，使得世界各国能够使用有利世界经济稳定的“良币”。

二是基于个人对个人交易的市场货币体系，比如比特币（Bitcoin）。比特币自2009年横空出世后，获得广泛关注，虽然问题不断，但其未来前景仍被部分学者看好。由于比特币是按照特定程序创造，其发行者既不是某主权政府，也不是某具有市场垄断地位的市场主体，而是客观的、毫无利益倾向的“程序”；其次，由于信息技术的飞速发展，信息不对称现象逐步消除，比特币的交易则可实现“脱媒”，即不需要金融中介，而是个人对个人直接的交易；第三，比特币交易并非杂乱无序的交易体系，而是存在一个全球网络记录、结算、清算系统（Blockchain），从而保证交易的合法性、高效率和真实性。因此，比特币系统可以满足货币的定价、交易、支付和价值储值功能，是当前货币体系的一个替代。①

二、改革方案简要评析

改良和改革方案各有其合理性，前者强调现实改革的复杂性和长期性，主张逐步修正现行体系，逐步克服其缺陷和不足；后者强调现行体系的根本缺陷，主张全面变革现状。但目前的各种方案都存在不足之处，因此很难成为现实选择。

1. 改良的方案没有触及现有体系的本质即美元本位和美元霸

① David Descoteaux，“Bitcoin：More Than a Currency，a Potential for Innovation”，Economic Note，Monteroal Economic Institute，Jan. 2014.

权，不能解决根本矛盾。首先，对美元霸权进行限制和约束看似合理，实际上不可行，因为主权信用货币具有双重性，国际货币特性和国内货币特性，这两者往往是冲突的。一旦履行国际货币职能与国内货币政策目标相矛盾，发行国不可能牺牲本国利益而成全国际利益，这是不可调和的矛盾。事实表明，每当国际货币出现动荡，需要美国调整本国经济结构以维护国际货币体系稳定时，美国的选择要么是通过强力手段迫使他国调整政策，比如《广场协定》等；要么单方面违约，废止相关货币规则，比如宣布不兑换黄金；要么采取单边货币行动，转嫁成本，包括货币贬值，既稀释对外负债价值，又可促进出口，打击进口。2014 年初，鉴于美经济平稳复苏，为维护美经济利益，美联储不顾世界经济脆弱形势，单方面宣布"退出"货币宽松政策，引发新兴市场经济金融动荡，加剧世界经济脆弱性。权力本质上是自私自利的，权力不可能主动为自身设限。而且，没有霸权的认可，这种方案也难以付诸实施。

其次，多元储备货币方案有一定吸引力，但只能缓解当前国际困境，同样说易行难，无法从根本上解决问题。一是在国际货币权力结构未发生根本变化的情况下，储备货币多元化的方案难以推行。即使霸权国不阻扰改革，市场的选择也会使该方案成"一纸空文"。目前看，尚无任何货币可与美元匹敌，美国金融市场的广度、深度以及美国经济的成长前景，使得美元仍将在较长时期内成为市场首选。2008 年金融危机虽发源于美国，但即使是危机期间，美元仍是国际资金的"安全港湾"，其市场份额并未减少，反而较危机前有所上升。二是国际货币多元化即使成功，也只是美元独享的货币特权在少数货币之间进行利益分配而已，没有解决国际货币体系的"不公平性"。三是储备货币多元化，缓解了国际流动性不足问题，但可能加剧体系的"不稳定性"。多元的储备货币，使得外围国家和私人投资者有更多的选择，而各国政治经济发展不平衡，使得“货币错配”现象加剧，当资金在众多货币间不断转换过程中，必定加剧汇率波动的风险和国际金融体系的动荡。而且，市场上的货币越多，会使市场信号传递更加混乱。最后，多元储备未能解决少数主权货币充当国际货币的“特里芬问题”，未能从根本上维护世界经济稳定发展。

第三，着重从汇率制度、国际协调、资本管制等进行修补，实际上是舍本逐末，只能在有限的程度上缓解问题，而无法解决问题。所有这些制度都是货币体系的外围，受货币核心制度的制约和影响，不对根本制度进行改革，这些外围制度的修补只能舒缓矛盾和掩盖矛盾，不可持续。而且，汇率制度改革、国际协调机制的加强、资本的管制机制并不能解决美元霸权的非对称性、不公正性和货币体系内在不稳定性等这些根本问题。

2. 改革方案触及现有体制的本质矛盾，是解决现有体系的根本出路，但不同改革方案，要求的政治经济条件不同，因而可行性和实现难度各异。

首先，国际创设货币的方案，有一定现实基础。其中，特别提款权已经实施了40多年，如能进行深化和扩大化改革，将其提升至功能化的全球货币，应是现有各种方案中最具可行性的改革方案。但是，目前存在的问题，一是制度设计不足。特别提款权目前还是官方记账货币，主要用于政府间计价和平衡结算，并非私人市场货币。国际上缺乏特别提款权计价的金融资产市场可供私人投资和使用。二是缺乏权力基础。它是超主权国际机构创设的，市场对其信心不足。不像欧元是主权国家让渡主权形成的建立在主权基础上的货币（即使如此，欧元仍被认为缺乏主权基础而备受诟病）。三是特别提款权的总量和分布有限，无法满足现实国际交易需求。四是现有方案缺乏强权国家支持，离形成系统可操作方案尚有较大距离。按照目前规定，IMF发行特别提款权或进行其他重大改革时，需成员国85%以上的投票权才行，而美国一家拥有超过16%的投票权，可一票否决，除非美国点头，否则所有涉及特别提款权和国际机构的改革只能徒劳。正因为如此，特别提款权被称为“伪币”。

至于分层创设国际货币的方案，其效果与多元储备方案类似，即使成功，也只能解决局部问题，无法解决现有体系的根本问题。发达国家经济占全球总体份额持续下降，G7的号召力日薄西山，既便发行G7货币，也只能缓解流动性紧缺问题，不能解决现行体系的公平性、不稳定性问题。此外，让经济结构千差万别、实力地位不平衡的发达国家放弃现有货币主权，实行共同货币制度，不具有现实可行性。

其次，回归商品货币本位。黄金本位制度的方案已经被否决，目前不被全球主流认可。1981年7月，美国成立了“黄金问题委员会”(Gold Commission)，专门研究美国恢复金本位的可能性问题，次年3月，该委员会在对各种方案进行了详细论证，最后否定重归金本位的提案。[①] 黄金本位主要问题是黄金储量有限，而且分布不均衡（即使刚开始均衡，最后由于市场经济发展不平衡，黄金的分布也会走向不均衡），不利于货币体系的稳定。指数化商品篮子的货币改革方案可能是现有改革选项中最具有可操作性的，可以避免黄金本位的各种局限性，因此拥有很多拥趸(下面会专门讨论)，但是能否实施同样取决于国际权力博弈的结果，取决于现行货币强权的利益选择。

最后，市场自由竞争货币的方案。这也许是最“乌托邦”式的改革方案，也最具争议性。这种方案的前提是市场是完全有效的，但货币对社会生活各个层面具有全面深刻的影响，“牵一发而动全身”，如果出现市场失灵（Market Failure)，那将带来灾难

① A. Schwartz, *Money in Historical Perspective*, Chicago: the University of Chicago Press, 1987.

性的经济后果。任何市场都不是真空存在，而是“嵌入”在一定社会政治经济体系之中的，具有社会属性、阶级属性和权力属性，将货币这个“国之重器”交由私人运作，无法排除“道德风险”，会带来巨大社会问题。此外，货币是一种具有天然垄断特性的商品（具有规模报酬无限递增的特点，纸币货币的生产成本为零），也是“公共产品”性质的商品，良好的货币制度体系惠及普罗大众，因此需要公权的介入。该方案最大的问题是现实不可行，没有那个权力主体愿意完全将权力交给私人手里。至目前为止，国际社会如何从当前普遍的主权货币本位体系，过渡到市场竞争货币主导的国际货币体系，还缺乏细致可行的有说服力的方案。正如2014年比特币的惨痛经历一样，私人自发开发的电子货币虽可以避免主权货币的一些弊端，但因其分布不均匀、容易被市场操纵且缺乏可靠价值基础，难获民众信任，充其量只能作为国际货币的一种补充。

三、国际货币体系改革设想

（一）现有改革方案失效的主要原因

现有的改革方案涉及方方面面，有些方案已讨论多年，甚至部分付诸实施，但迄今各种方案基本仍属“纸上谈兵”，未能成功实现目的。

一是现有方案均存在不足之处。如上所述，无论是改良方案，还是改革方案，主要从市场或经济技术层面切入进行方案设计，因而均存在一定缺陷。实际是国际货币体系包含核心层、外围层等多个组成部分，涉及市场、权力和制度等因素，改良者忽略了货币体系的根本矛盾，改革者过于理想化，未能考虑冷酷的政治经济现实。

二是脱离现实，缺乏现实可行性。当前推动国际货币体系变革的条件仍不成熟。国际货币体系的改革远非制度设计或技术层面的问题，更是一个政治和利益博弈问题，涉及各主体的权力关系调整和利益再分配，因此异常复杂。首先，国际权力格局仍未根本转变，美国仍是超级霸权。蒙代尔在总结历史时提出，“首要结论是，国际货币体系性质面貌取决于成员国的权力格局”。[①]美国将货币霸权视为其根本利益和国际地位的象征，不会主动放弃国际货币霸权。金融危机以来，美多方阻扰国际货币改革即是明证。其次，美国经济仍是世界上最大经济体，拥有最大的进出口市场（包括服务贸易）、规模最大金融市场。第三，现实改革方案涉及各方利益，各方利益冲突和矛盾拖延改革进展。金融危机以来，各国均提出了自己的看法，其中，美国作为现行金融体系最大受益者，其改革方案的核心是尽力维护美元的中心地位；欧洲强调加强国际金融监管，适当提高发展中国家发言权，取消美元独霸特权，但反对削弱自身地位；以“金砖国家”为代表的新兴经济体强调储备货币多元化、提升新兴国家地位。[②] 总之，各方在国际地位、监管规则等方面互不相让，导致改革方案搁浅。只有各国就改革和重构现有货币体系达成所有大国都能接受的共识，国际改革才可能有动力。

三是路径依赖效应。当前货币体系存续数十年，美元定价、结算、清算的网络体系健全，“在位优势”十分明显，更换当前体系将面临巨大成本。而且，由于目前美国仍是世界最大经济体和最大市场，美国金融市场深度、广度世界首屈一指，与其他货

① ［美］罗伯特·蒙代尔著，向松祚译：“国际货币：过去、现在和未来”，自《蒙代尔经济学文集》（第六卷），北京：中国金融出版社，2009 年 1 月版，第 184 页。

② 王元龙：《中国抉择：走向国际金融强国战略》，北京：中国金融出版社，2011 年 10 月版，第 62—63 页。

币相比，国际交易中使用美元的交易成本最低，也最为便捷，因此国际市场对美元仍有巨大的需求。无论新兴货币，还是欧元、日元、英镑等传统强币，与美元相比仍有巨大差距，美元尚缺乏替代的对手。

但是，现实货币体系具有许多重大缺陷，影响世界经济发展，已经不合乎时代潮流。时代呼唤改革，如何推进货币体系改革，仍是摆在各国面前的历史性课题。

（二）长期布局，逐级深入，分阶段推进国际货币体系改革

货币体系改革的过程，本质上是各方政治经济博弈的过程，其结果取决于各方利益博弈和权力较量。每一方提出或赞成的改革方案，均包含其自身的利益诉求，作为新兴发展中大国，中国应顺应时代潮流，借势而为，联手国际上主张改革的力量，既要反映国际现实，推出务实可行的、符合国家利益的方案，又要着眼长远，本着负责任大国的态度和科学、公正的精神，提出有利全球经济稳定发展的改革路线图。前者要求切合实际，正视各主体的力量对比和复杂的国际政治现实，所提方案要符合国际市场与现实国际斗争的实际情况。后者要求不能因循霸权的一贯行为模式，不能将国际货币体系改革当作谋求权力的旗号和手段，不能将国际货币体系由当前美元霸权转变为另一种霸权体系，这种模式不具有可持续性，不仅将冲击世界，也将伤及自身。只有推动建立公正、合理、对称、多赢的国际货币新体系，才有利于凝聚合力共同推行国际改革，才有利于国际经济的长期稳定发展。

国际货币体系改革是长期的过程，不可能一蹴而就。经典国际金本位时期，起初英国等少数国家实行金本位制度，随着核心国家英国的影响力不断扩大，越来越多的国家加入“金本位俱乐部”，最终在19世纪中晚期，国际金本位体系基本形成，前后历时半个多世纪。布雷顿森林体系是在两次世界大战后特殊国际格局下，全球百废待兴渴望和平发展之际，由世界超级霸权美国主导创建，但即使如此，布雷顿森林体系也是对1936年以来国际货币旧体系的继承，并无重大制度创新。现有体系的改革不太可能如布雷顿森林体系那样，通过一次或数次国际会议就能完成，正如罗伯特·佐利克所言，这将是多个力量多种方案长期磨合后逐步形成的过程。①

因此，应该稳中求进，根据国际政治经济现实，先改良再改革，在改良中逐步推进改革。改良与改革方案并非相互对立，而是互补的，可以并行不悖。改良的方法强调继续发挥现有体系有利的一面，同时对现有体系进行修补完善，重视延续性和稳定性；改革的方法要求从根本上去除现有体系不公平、不稳定、不对称以及美元霸权等问题，注重公平性和合理性。改良方案侧重外围层面的改革，企图通过对现有体系的“边际变革”，解决现行制度体系与国际现实不匹配问题，具有成本较低、过程稳定可控的优点，但长远看，并不能解决现有体系的根本矛盾，无法排除时刻威胁世界经济稳定的“地雷”；改革方案侧重从核心层面颠覆现有秩序，一次性解决制度体系与现实的“错配”问题。两者有其合理性，但均有不足之处，应将两者有机结合，以系统的方法，统筹推进国际货币体系改革规划（参见图5—3）。

① Robert B. Zoellick, “The International Monetary System: Past, Present … and a Possible Futur?”, from *The Power of Currencies and Currencies of Power*, edited by Alan Wheatley, p. 134.

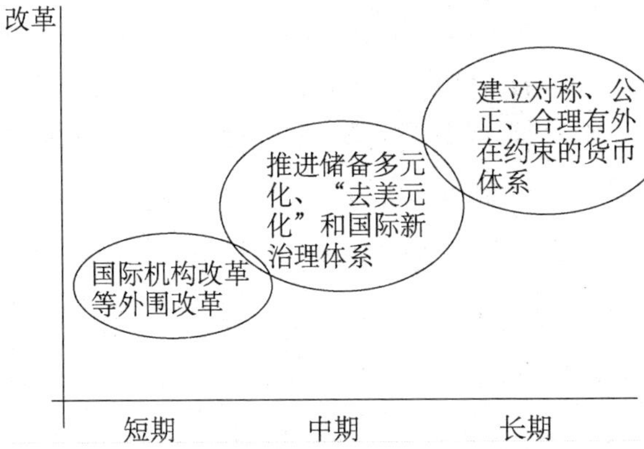

图 5—3 国际货币体系改革路径

1. 短期内，应累积国际共识，推动国际体系改良，加大现行体系的修补和完善，维护世界经济稳定。

首先，续推国际机构改革，加大国际协调合作，缓解迫在眉睫的国际金融问题，维护世界经济的稳定。2008 年以来，以 G20 为平台，国际社会已经推出系列补救和完善措施，稳定当前国际货币环境，包括：增发特别提款权份额，壮大 IMF 资金力量，增加国际流动性供应；推进包括世界银行、IMF 等在内的国际金融机构改革，如改善两大国际机构的内部管理，适当增加发展中国家的发言权；加强国际合作，促进国际货币合作和协调，改善国际经济治理等等。这些措施对防止国际货币危机进一步深化、世界经济进一步下滑有积极作用，但力度不够，仍需强化合作，继续出台“纠偏”政策。应继续推进国际机构改革，一方面，提高世界银行、IMF 的代表性、合法性和权威性，增加发展中新兴大国的份额，特别是要逐步取消美、欧在国际组织中“一票否决”垄断权，促进国际经济关系民主化。只有真正恢复国际机构的本来面貌，去除隐藏其中的“霸权主导”色彩，国际货币体系才能更好地为世界经济金融稳定发展提供公共产品。另一方面，加强组织和管理机制改革，促进现有国际治理机制朝透明、民主和科学高效管理迈进，提高其稳定国际经济的能力、作用和地位。比如，IMF 等国际机构的决策机制的民主化和简化，改变“新自由主义”独霸的状态转而采用包容性可持续性的发展理念，改革 IMF 的特别提款权（SDRs）货币篮子（现有的美元、欧元、日元、英镑四大货币已经无法更好代表当前全球经济，使得 SDRs 的稳定性、影响力和代表性全面下降，必须及时更新货币篮子的货币权重，增加新兴货币）等等。

其次，加强对美国货币行为的监督，加强对美国货币纪律的约束。由于种种原因，“美元独大”局面短期难以改变，因此，必须利用双边、区域和国际多边机制，包括国际机构和 G20 等机制，对美货币政策行为进行一定约束和监督，防止再次发生美国独断专行，以牺牲他国利益为代价采取单边政策的局面。四是推进国际储备货币的多元化，改善国际流动性管理。各主要国家在储备货币选择、国际交易和结算、国际定价过程中，鼓励选取其他储备货币，包括黄金、SDRs、欧元、日元等，避免“美元陷阱”和对美元的过度依赖。人民币国际化是推进国际货币体系变革的重大积极因素，做强做大人民币，对全世界都有好处。此外，推进国际资本流动监管机制改革，加强国际金融监管，促进“目标汇率区”等国际汇率制度改革等也十分必要，有助于促进国际货币体系的“边际改革”，是改革的重要组成部分。

2. 中期看，要推进国际储备货币多元化，推动国际货币体系的渐进性变革，建立公正合理、竞争有序的国际货币秩序。这是国际货币改革的过渡阶段，在当前状态下，摆在国际社会面前的道路有三：“改良”现有体系，短期内可缓解矛盾但不能根治问题；对现有体系进行彻底“革命”，建立超国家货币体系或者非主权货币体系，但国际社会现在尚未做好思想和技术准备，难以承担“断崖式”变革所带来的经济、金融和社会冲击，显然不是当前可行的选项；剩下的道路就是“扬弃”现有体系，即从外围到核心、先容易后困难，推进当前体系的“增量改革”，在修补现有国际体系的同时，通过革新或新建国际外围体系（如汇率决定机制、新型国际收支调节机制、国际资本流动监管机制等）或子体系（比如近两年来，中国和新兴经济体共同推动的“金砖银行”、“亚洲基础设施建设银行”的建设等），通过逐步调降美元的“一超独大”地位，逐步推进当前国际货币体系的渐进性转变。

首先，逐步推进多元化储备货币体系建设，加速“去美元化”进程，让美元回归其在国际上的应有地位。“去美元化”进程其实就是重塑国际货币格局的进程，其前提是国际多元储备货币格局的出现。而多元储备货币体系的建设，又必须以国际政治经济多极化为前提。当前世界，欧元已经成为国际货币稳定的一极，但受欧元区一体化程度的限制，欧元短期内无法挑战美元；日元、英镑等货币总体走下坡路，受日、英经济增长前景影响，日元和英镑在达到各自的顶点后，均冲高回落，难以再恢复昔日荣光，但这两大货币仍属国际强币，在可预见的未来可在一定程度上承担“去美元化”的责任，有助于新国际货币体系的构建。“金砖”国家等新兴货币的加速崛起，则是推进多元储备货币体系的主要力量。俄罗斯在美欧的挤压下，已下决心将推进卢布国际化、加速“去美元化”列为国家重大战略目标；印度、巴西、南非同样在加大金融改革，力推货币国际化，成为国际强币。此外，土耳其、墨西哥、中东海湾国家等也在发力，其货币的国际地位在稳步提高。IMF 特别提款权、黄金等的国际地位近来有所提升，也是推进国际储备多元化不可忽视的因素。新兴和发展中大国货币的崛起过程，也就是美元地位遭受“蚕食”和国际货币体系“再平衡”的过程。

其次，将 G20 打造成国际货币金融治理的核心平台。以 G7、OECD 等为代表的西方主导的国际治理体系反映西方利益，既不具有号令全球的合法性，也不具备单独推进全球治理的能力；而G20峰会是2008年金融危机之后，全球治理体系的一大创举，在今后的国际多边治理方面，具有不可替代的作用。自2008年之后，每年至少召开一次首脑峰会，若干次部长级会议以及不定期的研讨会，讨论国际金融、经济以及其他国际重大议题。G20是当今世界无可替代的全球治理新平台。G20的世界经济地位举足轻重。19个成员国经济总量占全球GDP的80%左右，如果包括欧盟成员，比重更是超过90%。在贸易、投资等方面，也占据全球大半壁江山。G20的代表性较强。成员国来自亚、非、欧、美洲和大洋洲，总人口数量超过全球一半，发达国家和发展中国家数量基本平衡。第三，现有成员国是各大国际组织中的核心成员，拥有巨大影响力。在IMF中，G20成员国占总投票权数60%多，拥有15个执行董事席位。

危机爆发以来，G20遏制国际金融危机的进一步蔓延恶化功不可没，在协调各国宏观经济政策，促进经济增长，加大金融危机治理，推进国际金融体系改革，防范保护主义抬头等方面，取得了进展。理论上，G20可以利用其独特国际影响力，发挥全球领导作用。但G20的表现越来越让人失望，权威性日渐流失。除危机之初各国在加强政策协调上展开了有效的合作，近年来，G20在事关全球稳定的大问题上，并未取得实质性进展。当前全球金融体系与危机前相比，并没有根本改变：国际金融依旧动荡，并增添许多新的不确定性，2013年中期以来，国际金融市场巨幅震荡、新兴市场风声鹤唳，说明现有金融体系并未能提供稳定市场的“公共产品”；虚拟经济膨胀，与全球实体经济相比仍然虚高不下，当前国际经济金融形势与危机前相比，并未有多大改善；金融机构“大而不能倒”问题尚未解决，金融产品和交易依然不透明，影子银行问题突出，国际货币金融体系病根仍在；“议而不决，决而不行”问题突出，发达国家与发展中国家，以及发达国家之间，在金融税、资本管制等问题上争吵不断，许多问题往往“只闻楼梯响”，现实并未见实质性行动，以至有人将G20的共同倡议看成“橡皮图章”。

G20问题如此之多之大，其背后原因复杂多样。一是与国际大格局密切关联。国际金融危机之初，西方国家深陷困境，急需借重发展中国家力量帮助脱困，主动升级G20地位，推动全球“共治”，因此2008年和2009年G20各项工作进展较顺利。但随着经济逐渐走好，危险期已过，美国和西方对发展中国家的战略需求下降，推动其解决国际问题的动力下降。2010年的首尔峰会便成为分水岭，G20在推动解决全球问题上的阻力加大，进程趋缓。可以预见，今后数年，如没有改变，G20峰会成果难以让人振奋。二是G20自身需要变革。G20是西方国家依照G7模式设计运作的，存在先天“缺陷”。它只是一个非正式的对话机制，没有常设与执行机构，没有章程，不能确保执行和问责。它的合法性和代表性有缺陷，19个国家之外广大国家的声音和意见完全被忽视，非洲在G20中仅一个代表，低收入国家被拒之门外。总之，G20的表现曲线先升后降：危机来临，其地位急剧上升；“后危机时代”，地位又快速下滑。

全球化时代，各国离不开全球治理，合作共赢是大势所趋，人类有太多问题需要各国携手共同面对。仅就现有国际机制而言，G20作为新型全球多边平台，具有不可替代的特殊优势，是国际社会的重大机制创新，可以发挥其独特领导作用，推动全球治理。

3. 长期看，要努力推动最终建立非主权国际货币体系，即以“可交易的商品篮子”为基础的体系。自1973年以来，主权信用货币大行其道，成为国际货币的基本制度，这种不受外在约束的主权货币信用体系到目前已经实践了40多年，事实表明，当前这种货币制度不仅不利于世界经济健康稳定，也不利于既得利益者

——美国等大国自身经济的长远发展利益。在全球化和经济一体化日益发展的世界里，一个不稳定的国际货币体系对全球经济都是一个威胁，必须寻找最终的解决方案。

要建立一个对世界各国都有利的国际货币体系，首先要逐步放弃“主权货币本位”。对普通居民和广大企业而言，主权货币深受各种政府和权力阶层的左右，虽然为国家调控宏观经济带来“巨大便利”和手段，但政治机制的复杂性，决定了该体制不能确保货币价值的稳定性和公正性，更不必说该制度无法建立货币自然自发自动调节、具有自身稳定性的体系；对小国而言，主权本位表明从此可能失去货币和经济政治自主权，被大国鱼肉和“围猎”的可能性增大；对大国而言，追求单极货币霸权，虽在一定程度上可满足一国私利，从表面上看似乎有利可图，但这种利益是建立在他国利益受损和世界经济不稳基础之上，不可持续，并最终对本国不利。货币霸权是双刃剑，条件转变了，可能伤及自身，也伤及世界经济。

要建立一个良好的可持续的国际货币体系，还应放弃“超主权货币本位”的幻想。超主权货币比如欧元或者 SDRs。即使假设世界各国突然醒悟，同意放弃自身主权货币，而一致同意将 SDRs 实体化为国际货币（这在目前看非常不具有现实性，因为即使不考虑各国愿意放弃主权货币的政治意愿，单从技术层面考察，也很难在中期内实现，即使像欧元区那样，在强烈的政治力量推动下在区域范围内最终实现超主权货币，也花费了将近 50 年时间，并且仍面临重重困难，当前欧元区面临“欧债危机”的巨大困境，表明超主权货币合作的技术难度），[①] 也难以根本去除

① 根据蒙代尔等最优货币区理论，要想实现统一货币这种高级货币金融合作，需要各国经济一体化和经济周期的同步化，而且合作各方最好是经济互补、地理相邻。到目前为止，人类实现超主权货币合作的，仅此一例而已。

“主权货币本位”的弊端。因为国际机构本质上仍是大国政治博弈的平台，随着政治经济发展的不平衡，一些大国最终会脱颖而出，在国际机构中扮演主导性角色，从而推行有利于其自身利益的政策，不利于世界经济长期稳定。此外，超主权本位货币的发行仍不是自我调节的稳定系统；对于小国而言，仍然会面临被大国操纵的风险。

要建立一个高效、稳定、公正的国际货币体系，还须放弃回归“黄金本位”的不切实际的遐想。有关重建金本位的批评已经很多，在此不想赘言重复，这里主要想强调一点，那就是黄金作为一种实物，其作为货币的优越性在古代社会是可信的（容易切割、价值大便于携带、适合储藏等），但在现代信息科技社会，其优越性已经不复存在，而其局限性则比古代放大了数倍（当前国际经济已经达到近80万亿美元的规模，而黄金的产量和存量均十分有限，并且容易因为工业、生活大量需求而退出流通领域，冲击黄金供应）。黄金作为一种商品的特性，在现代社会越来越突出。既然黄金只是千百万种商品的一种，将国际货币的供应固定在这一种商品之上，便越来越不具有合理性。事实上，纵观国际货币历史，黄金真正发挥核心作用的时间不过百年，非常短暂。

因此，最佳的解决方案是建立健全的全球治理机制，通过多边途径，建立稳定可靠、公正合理、可持续发展的国际货币体系。大国应该在尊重市场选择基础上，发挥领导和引导作用，凝聚各国共识，以“可交易篮子商品指数”为基础，建立非主权的国际货币体系。这是可行的选择，即选取不同商品组合（比如根据一定权重，选取粮食与原油等初级产品、制成品、黄金等商品，所有这些商品都在国际上有成熟的商品市场，可大规模购买），组成一个商品篮子；然后按一定权重编制成综合的商品指数，以此为货币发行基础，政府并不储存商品，而是确保所发行的货币可以随时按照一定购买力购买到该篮子商品。[①] 该体系具有如下诸多优势。

优势一：为世界货币和全球价格体系确立稳定“锚”。货币价值锚定，其实就为世界价格水平确定了基础。自主权信用货币问世以来，这种不受外在约束的货币，有一定优点，但正如弗里德曼所言，这种“史无前例的全新货币实践”，将人类社会带至充满不确定性的未来。自“无锚”货币通行以来，世界经历了较以往历史更多的金融危机、更大程度的通货膨胀和货币动荡。缺乏约束和纪律的货币权力，对世界经济发展是一种危险源。有很多种渠道可以为货币立“锚”，如黄金本位制、商品本位制等，它们各有优点，从理论上看，都具有一定的可行性。[②] 但以可交易商品篮子指数为货币发行依据，与黄金本位制度等相比，政策成本较低，更节省仓储、保管、运输、保险等费用，且更不易被市场投机力量冲击。而黄金本位制度仅涉及一种商品，且储量有限，分布不均，以该商品为单一货币决定的基础，容易招致投机冲击。

优势二：有助于建立公平合理、具有对称性和自我调节性质的货币体系。当前各国货币关系是中心—外围模式，即超级货币（美元）——强币——外围货币模式，其中，强币与超级货币（美元）确立某种关系，外围货币则通过强币与超级币建立间接关系，或直接与超级币建立关系。该模式的缺点是不对称性和不稳定性，中心货币拥有充分的自主权，几乎不受外在约束，外围货币则依附于中心货币，必须通过调整经济以维护其与中心货币

① 相关讨论，请详见罗纳德·麦金农、张五常等的论述。

② 凯恩斯、米尔顿·弗里德曼、本·伯南克、保罗·克鲁格曼、巴里·艾肯格林等对金本位基本持否定态度，但罗伯特·蒙代尔、格林斯潘、林毅夫等认为金本位本身没有问题，关键看制度设计是否合理，良好的制度设计可以避免金本位的缺陷，发挥黄金的优势。

的关系。而以上述“可交易商品指数”本位制度为基础，所建立的货币关系本质上具有对称性和稳定性。各国货币政策的目标之一是维护该篮子商品的价格水平稳定，因此大国与小国责任和义务是对称的。而且，该种制度给予市场稳定性预期，市场资金流动不但不会加剧汇率，反而是“熨平”汇率波动的市场稳定性力量。多年来，货币理论家对采用固定汇率还是浮动汇率争议不断，一些专家则提出建立中间汇率制度或者“汇率目标区”制度[①]，而货币锚的确立，就基本确定了各国货币的关系。

优势三：最大程度降低国际政治冲突风险。只要主权货币本位这一核心制度不改变，就不可避免会带来国际货币竞争，因为在国际政治经济发展不平衡规律和利益最大化动机驱使下，国际市场竞争的结果必然是降低交易成本，缩减可交易国际货币的数量，弱势货币将不断遭到淘汰，强势货币则因规模递增效应不断得到强化。伴随货币市场竞争的，必然是激烈的货币政治竞争，从而带来国际政治动荡和冲突。取代美元体制，建立另一强权货币体系，一定会导致新老霸权激烈的地缘政治经济冲突，引发全球不稳定；重建黄金本位国际货币体系，且不说其可行性，就算建成该体系，由于黄金分布的极端不均匀，以及黄金生产国成为最大赢家，必然引发黄金储备不足的国家和非黄金生产国的不满，导致国际关系的紧张；建立 SDRs 或者“世界元”等超主权货币体系，同样会引发各大强权对 IMF 等国际机构主导权的争夺。由于可交易商品各国均可获得，其政治敏感性较低，因此，以“可交易的篮子商品指数”为基础国际货币体系较其他方案而言，政治风险最低，政治上是可行的。

正如著名学者卡尔·波拉尼所言，货币国家主义（即指主权

① 约翰·威廉姆森提出目标汇率区制度，吸收了固定汇率制度和浮动汇率制度的优点，在一定程度上避免两者的缺点。

本位的货币体系）显然与全球化水火不相容，“只有商品货币能够服务于全球化这一目的”，从长远看，既有利于全球经济稳定发展，又符合各国共同利益，有利于世界稳定与和平的国际货币体系，不是主权本位货币体系，不是超国家的超主权本位的货币体系，也不是狭隘的金本位货币体系，而应该是基于更有代表性的“商品篮子”的货币体系。

第三节　国际货币体系发展前景探析

正如巴里·艾肯格林所言，任何现有体系的改革者都不能独立于货币体系过去的安排，国际货币体系改革要受历史的局限。同时，也要深入国际政治经济现实，累积共识，寻找突破口。就像金本位制度那样，新国际货币体系的成型也不太可能是通过一次性国际谈判签订协议就能完成的，新国际货币体系是长期演化的结果，将是在市场选择与权力博弈中逐渐成型的。

一、国际货币体系的近期前景

有关国际货币改革的行动和呼声从未停止过。2008 年以来，法国等欧洲国家发声要重建国际货币体系，中国、俄罗斯等新兴发展中大国也借机提出国际货币改革的诉求，并在 G20 中力推国际机构改革，增大发展中国家的发言权。所有这些变化都是促进新体系变革的量变力量，但只要国际权力格局未发生根本变化，现有体系将难有根本改观。展望未来 20 年，[①] 现有体系的基本面貌仍将维持，但其背后的货币竞争和权力博弈将加剧，为国际货

① 美国彼得森国际经济研究所的著名货币理论家约翰·威廉姆森（John Williamson）认为美元霸权地位仍将维持 20—25 年时间。

币体系变化积聚力量。

（一）美元独大地位短期不会改变

此次金融危机结束，美元地位不但没有萎缩（至少在近期内），反而逆势上扬。在国际储备货币方面，美元地位基本保持原样，欧元地位反而下降了约3个百分点；在国际交易和结算领域，没有迹象表明美元已被放弃，比如，虽然加拿大等国货币近年国际使用范围不断扩大，国际地位日渐上升（2013年与美元、欧元、日元、英镑、澳元等一道，被IMF列为特别提款权的权重篮子货币，而之前是被归为“其他货币”一类），但对美元的冲击微乎其微，在近两年中，其国际交易仍有近75%使用美元报价和结算；主要国际大宗商品和投资品仍以美元为计价手段；国际外汇交易市场中，美元所占比例与2004年几无差距，占总交易量的43%多。① 这是由网络外部性或国际货币体系的路径依赖特性以及美国霸权地位短期难以动摇等因素决定的。

一是网络外部性或美元的“在位优势”。自1936年至今，现有美元为中心的国际货币体系已经存续了近80年，在报价、结算、投资等领域早已结成庞大网络，形成一整套财务、会计、报表以及基础设施网络等体系，如果某个主体突然改变现有做法，将面临重建一套新体系的成本。而且只要其他主体都仍在继续使用现行体系，少数希望变革现状的行为者将不得不遵从，否则将面临失去客户的风险。

二是路径依赖。网络外部性主要指制度体系边际变革面临的外部成本，路径依赖是就制度体系内在“惯性”而言。制度往往具有“规模报酬递增”特性，即当其他条件不变，规模越大，制度执行的边际成本降低，收益增多，除非外部条件发生质变，原

① 参见国际清算银行（BIS）的2013年8月的调查统计报告。

有成本收益模式被打破。美元长期作为国际货币体系的“第N种货币”①，一直发挥较有效的各货币的媒介作用，降低了国际交易和结算成本。美元体系的持续时间越长，这种制度的收益越巩固。

三是美元的国际霸权地位并未根本动摇，国际上尚无美元的替代者。美国仍是全球最大经济体，美国金融市场全球居首，美国经济增长前景仍然欣欣向荣，美国在全球安全的话语权无可替代，这些表明美元仍是全球最安全、最值得信赖、最具流动性的资产。而其他货币均存在明显缺陷：尽管欧元崛起，但欧元是区域超主权货币，缺乏强大统一的权力基础，欧元的治理机制仍有缺陷，欧洲经济发展前景总体呈下降趋势，欧元的扩张面临“天花板”；日元在20世纪90年代达到占全球9%份额的峰值后，一直萎缩不振，目前占全球份额3%左右，与特别提款权的全球份额不相上下，主要受经济增长低迷、人口规模递减影响；英镑情况与日元大致相同，已经降为二流国际货币地位；加元、澳元近期地位上升，但因经济与人口规模不大，其未来影响力有限。人民币则存在国内金融市场不健全、资本项目未开放等困扰，短期内难以与美元抗衡。

（二）一超多强的格局日渐成型，货币竞争加剧

2008年金融危机是“牙买加Ⅳ”的起始，美元虽仍处在独大地位，但相对地位开始下滑，其他货币尤其是中国等新兴国家货币崛起势头不可阻挡。

首先，欧元短期虽处困境，但欧元不会因为欧债危机解体。

① 罗伯特·蒙代尔认为在一个有N个国家的货币世界里，如果每一个国家货币都建立相互比价关系，那么每个交易者将面临N（N—1）/2种汇率，国际交易的成本高企；但如果以某一个国家比如美国货币（第N国货币）为中心，各国货币先确立与该国货币关系，其他货币之间关系以此进行套算，那么每个交易商将面临N—1种汇率，国际交易成本将大为缩小。

自2001年首次投入使用以来，欧元已在欧洲深入人心，使得欧洲各国利益交叉更为复杂深入，欧洲解体的代价太高，欧盟不会容忍欧元的解体。而且历史表明，每次危机过后，欧盟一体化程度会加深一层，修补漏洞完善管理机制。自欧债危机以来，欧洲加大财政联盟、银行联盟的建设步伐，欧洲稳定机制进一步完善，欧洲央行（ECB）的功能进一步加强，有利于欧洲地位的强化。2014年以来，欧洲经济数据持续向好，希腊、爱尔兰等国国债融资成本不断下降，欧债危机进入尾声阶段。因此，即使未来欧元地位难有突破，但随着欧元区的扩大步伐（未来不排除英镑也加入欧元），欧元影响将企稳回升。

其次，中印等新兴国家货币崛起，将改变国际货币格局。这是当前阶段国际货币发展的最大事件。中国的快速发展，为人民币国际化并成为国际储备货币奠定了强大基础。一是国内改革强势推进。中共十八大确立了全面改革的总方向总路线，并成立"中央深化改革领导小组"和"中央国家安全委员会"等多个机构，负责领导指挥新一轮改革行动，为改革保驾护航。金融改革已经启动，利率市场化、汇率形成机制弹性化、金融市场改革持续深化。具有标杆意义的"中国上海自由贸易实验区"2013年8月份正式启动，并且已经在贸易、服务、投资、金融等领域出台诸多新举措，改革已成为不可逆的发展势头。中国改革开放进入一个新阶段，人民币国际化的国内基础逐步夯实。二是中国对外贸易、对外投资发展迅速。2013年，中国正式超越美国，成为全球第一大商品贸易国。对外投资方面，随着"走出去"战略的实施，中国对外投资增长速度居全球前列，势将成为全球投资大国。此外，随着中国中产阶级的快速膨胀，中国将成为全球最大的进口市场，未来5年，中国将为全球提供10万亿美元的进口市场。所有这些都为人民币快速崛起提供坚实的基础。三是中国稳步推进人民币国际化。目前，中国已经与20多个国家签订货币互换协定，总额超过2万亿人民币，已经与日元、新西兰元等建立直接交易关系；为推进人民币走出去，拓建人民币资产国际交易市场，从2009年开始至今，中国先后在香港、伦敦、巴黎、柏林等地建成或即将建成人民币离岸市场；中国也在积极推进贸易和投资的人民币结算进程，在2012年，中国对外贸易的12%已经实现人民币结算；尽管中国资本项目尚未开放，但已有马来西亚、尼日利亚、智利等多国持有人民币作为储备货币；在国际外汇市场交易中，人民币交易量占全球比重由2010年微不足道的地位，升至2013年全球排名第9位。综合而言，在未来20年，虽然人民币仍难挑战美元独大的地位，但将成为可与英镑、日元、加拿大元、澳元等比肩的国际化货币。

除了人民币外，其他大型新兴市场如俄罗斯、印度、巴西、韩国等也在推进货币国际化。这些国家的贸易、投资等国际份额也在上升，在全球产业链中地位上升，并且在力推金融市场化改革，这些国家的货币将成为地区乃至国际重要货币。因此，在可预见的未来，随着多国货币的崛起，美元的市场将被逐渐蚕食，美元的影响力将越来越与其国力相一致，其全球“势力范围”将逐步收缩。

（三）货币权力的博弈将愈演愈烈

蒙代尔认为，只要出现超级大国，它的货币就要在国际货币体系里发挥中心作用，并且因为货币的国际化给它带来巨大利益，所以对于任何旨在降低其货币地位的国际货币改革或合作，超级大国一般都会否决。[①] 可见，货币体系改革必然涉及利益再分配，引发权力斗争，引发国际紧张关系。已有历史证明，一战

① ［美］罗伯特·蒙代尔著，向松祚译：“国际货币：过去、现在和未来”，自《蒙代尔经济学文集》（第六卷），北京：中国金融出版社，2009年1月版，第120页。

后，大英帝国为维持英镑的地位，动用外交、军事等力量，诱使或逼迫原英联邦国家继续持有英镑为储备货币，并且将储备资产存放在伦敦，而且该措施确实起到了延长英镑地位的作用。[①] 但是，美国通过 1956 年苏伊士运河危机等事件，迫使英国撤军埃及，该事件沉重打击了英国货币地位，再加上英国国力严重衰退，大英帝国联邦逐渐分崩离析，使得英镑地位迅速下降，让位于美元。同理，美元在面临激烈国际竞争，影响力逐步衰减之时，是否也会像英国一样采取措施维护自身地位？答案似乎是肯定的。巴里·艾肯格林预言：如果美元失去超级特权，所引发的后果将不仅仅局限于经济领域，弱势美元地位将会让美国难以发挥战略影响力，难以实现其外交政策目标。[②] 美国显然不愿意让这种“苦日子”早日来临。

欧元成立前后，欧洲周边包括中东、科索沃等问题不断，北约并未因为苏东剧变而解体，反而作用和地位大大增强，欧洲面临的地缘政治压力也让欧元在刚启动的数年里波动不断。欧元的曲折成长经历与国际政治战略博弈格局高度契合。展望未来，国际货币权力的较量和竞争将更趋激烈。

---

① Susan Strange, *Sterling and British Policy*, London: Oxford University Press, 1971; Susan Strange, "The Politics of International Currencies," *World Politics*, Vol. 23, No. 2, 1971, pp. 215-231; Catherine Schenk, The *Decline of Sterling*: *Managing the Retreat of an International Currency*, Cambridge: Cambridge University Press, 2010.

② ［美］巴里·艾肯格林著，陈召强译：《嚣张的特权：美元的兴衰和货币的未来》，北京：中信出版社，2011 年 12 月版，第 217 页。

二、国际货币体系的远期前景

（一）新体系将在长期市场博弈和权力竞争的过程中逐渐成型

市场对储备货币、交易货币的选择，是驱动当前货币体系演进的重要力量。随着中国、印度、巴西等发展中大国的崛起，人民币等新兴货币的吸引力将逐步增大，在私人领域占据重要地位。瑞士法郎之所以成为全球前列的国际货币，主要不是得益于瑞士的国力，而是瑞士作为一个中立国超然于国际政治之外，并且瑞士的金融服务业发达，吸引各地私人投资者的目光，才使得瑞士法郎独树一帜。

此外，国际权力格局转换也不会一朝一夕完成，美国在较长时期内仍将是全球超级大国，中国即使在经济总量（GDP）上在2030年前后超越美国，其综合国力仍较美国相差甚远。随着中国国力的崛起，周边国家和地区对华担忧将上升，将越来越倾向大国平衡外交战略，希望与美国建立更紧密的经贸和安全联系。在美国重返亚太战略的作用下，美国在世界各地包括亚太将继续维持庞大军事基地，而作为提供安全保护的交换，这些国家将继续持有美元储备，支持美元的地位。因此，安全和权力格局的改变将是长期的过程，伴随着美元和人民币地位的此消彼长。

（二）人民币将跻身全球顶尖货币

IMF近期一份评估报告称，放眼全球，在各种外围国货币中，人民币是最具潜力、最有可能被国际广泛使用的货币。[①] 彼得森

① Samar Maziad et al.，“Internationalization of Emerging Market Currencies：A Balance between Risks and Rewards”，IMF Staff Discussion Note，19 October 2011，SDN/11/17，p. 21.

国际经济研究所的专家阿尔温德·苏布拉马尼亚则对人民币未来崛起更为乐观，认为只要中国金融自由化改革推进，人民币完成国际化进程，2030 年前后将与美元平起平坐，甚至超越美元，一举成为全球最主要的储备货币，其崛起速度可能超过人们预期。[①]综合各家言论，一个共识是人民币会成为全球重要储备货币，这不是能不能的问题，而是什么时候的问题。可以预见，30 年之后，美元、人民币、欧元三强鼎立的格局将会逐步形成。

（三）未来世界货币体系有可能是多极并立的体系

美国一超独霸的超级地位将逐步下降，直至消失。在国际权力格局多极化的时代，多强并立，国际权力分布更加均衡。中、美、印、日、巴西等国将是经济实力居全球前五位的国家，在全球产业链、经贸、投资等领域都占据全球重要地位。在这样一种权力格局下，美元很难再像今天一样，继续通过货币“双输出”的格局，维持美元一元独大地位。那种中、日等国继续持有大量美元储备，美国继续保持越来越大的双赤字（贸易赤字、财政赤字）维持借债消费的经济格局无法长期持续，这种“全球大失衡”的脆弱格局，终将随着局势的变化实现“再平衡”。只要全球失衡格局扭转，美元的地位就将恢复常态。

衰落中的霸权将越来越失去维持货币霸权地位的意愿。货币霸权的收益与成本存在此消彼长的转折点，在这个点上，边际收益等于边际成本。超过某一点，货币霸权的收益将低于成本，继续维持货币霸权将有损国家利益。巴里·艾肯格林证明，货币地位是大国的结果，而非大国的原因；货币对促进一国经济发展和权力的作用往往有限，真正决定一国战略影响力的根本性因素是其基本经济和财政力量；拥有顶级货币的国家，如果不能促进经

---

① Arvind Subramanian, *Eclipse*: *Living in the Shadow of China's Economic Dominance*, Washington: Peterson Institute for International Economics, 2011.

济增长，定将失去政治和战略实力，因为一个无法筹得足够财政收入或无法控制其他开支的国家，将无力长久维持国防和国际政治权力。[①]

越来越多的事实表明，如果一国政治经济实力地位居全球主导，那么该国货币崛起将“如虎添翼”，有助于该国扩大政治经济影响力，比如处于上升期的大英帝国和美国；但是如果该国政治经济实力下降，还维持货币霸权地位，将无助于该国利益。凯瑟琳·申克研究发现，20 世纪 50—60 年代，英帝国地位衰落，虽然该国也在采取措施试图维持英镑的地位，但英国财政部许多关键高官和政治家对保持英镑国际地位持有敌意态度，因为英国为此付出沉重代价，比如确保国际资本自由进出，对国内经济稳定和调控政策的实施造成巨大压力；维持持有本国货币储备的国家的支持和信心的政治经济负担较大等等。英国越来越多的官员主张逐步削弱乃至放弃英镑领先地位的政策，因此，在一定程度上，英国是主动采取措施“脱袍让位的”。[②]

同样，美国越来越多的顶级货币问题专家如弗雷德·伯格斯滕、约翰·威廉姆森、约瑟夫·加戈农、肯尼斯·奥斯汀、迈克·佩蒂斯等倾向认为，维持美元全球独大地位已经越来越不符合美国的国家利益，并敦促美国政府寻找路子“降低”美元的国

① ［美］巴里·艾肯格林著，陈召强译：《嚣张的特权：美元的兴衰和货币的未来》，北京：中信出版社，2011 年 12 月版，第 217—219 页。

② Catherine Schenk, *The Decline of Sterling: Managing the Retreat of an International Currency*, Cambridge: Cambridge University Press, 2010.

际地位。[1] 伯格斯滕进一步指出，美国维持当前独大地位，将给美国带来两大成本：一是其他国家可单边决定对美元汇率，并可通过不断持有美元维持货币低估，这使得美国贸易赤字每年增长2000—5000亿美元，损失100—500万工作岗位；二是美元独特地位使得美国经济外部失衡加剧时没有压力调整经济。[2] 约瑟夫·加戈农（Joseph Gagnon）也称，美国已经因其特殊货币地位损失了可观的贸易成本和就业岗位。[3] 美国专家之言反映出一个事实，货币特权可能是"双刃剑"，当地位与特权不相称，且运用不当时，反而会弊大于利，有违自身国家根本利益。

---

① Fred Bergsten, "The Dollar and the Deficits: How Washington Can Prevent the Next Crisis", *Foreign Affair*, Vol. 88, No. 1, pp. 79-95; John Williamson, "The Dollar and US Power", from *The Power of Currencies and Currencies of Power* (Edited by Alan Wheatley), Routledge Press, 2013, pp. 75-84; Kenneth Austin, "Communist China's Capitalism: The Highest Stage of Capital Imperialism", *World Economic*, Vol. 12, No. 1, 2011, pp. 79-95; Michael Pettis, "An Exhorbitant Burden", *Foreign Policy*, Sep. 7, 2011, http://www.forignpolicy.com/articles/2011/09/07/an exorbitant buiden.

② C. Fred Bergsten, "Currency Wars, the Economy of the United States and Reform of the International Monetary System" Stavros Niarchos Foundation Lecture, Peterson Institute for International Economics, Washington DC, May 16, 2013.

③ Joseh E. Gagnon, "The Elephant Hiding in the Room: Currency Intervention and Trade Imbalances", Working Paper Serie 13-2, Peterson Institute for International Economics, Washington DC, March 2013.

第六章

中国的货币战略构想

在不远的将来，人民币必将取代美元而成为首要国际货币。美元的未来地位并不掌握在美国手中，即使美元表现良好，也无力遏制住人民币崛起为全球主导货币的步伐。

——阿尔温德·苏布拉马尼亚，2011

发行国际货币有利也有弊，要全盘考虑收益和成本，包括地缘政治考虑。决策者应采取有选择性的战略，聚焦于那些最符合其利益和偏好的方面。

——本杰明·科恩，2011

今后全球金融的核心以及第三次货币战争的主要战役，是中美之间以及人民币和美元之间的斗争。

——詹姆斯·里卡兹，2012

当前国际货币体系正处在渐变的过程之中，人民币等新兴货币的崛起成为撬动国际货币格局变革的突出因素。随着中国国力和国际地位的快速上升，人民币等新兴货币面临空前机遇，同时也面临巨大挑战。中国应以国家总体战略为基轴，长远布局，长期打算，稳步推进中国货币的国际战略，实现中华民族复兴梦。

第一节　人民币国际化的现状

目前，人民币未能自由兑换，资本账户尚未完全开放，从各种指标衡量，人民币离成为国际强币的目标还有较远的路要走。但人民币国际化步伐正在加快，发展前景良好，是当前国际诸多货币中最有活力和前途的货币。

一、人民币国际化进程提速

（一）使用范围

人民币境外使用的范围不断扩大，由原来主要局限在少数周边国家，向全球扩展。据中国人民银行统计，截至2014年末，与我国发生跨境人民币收付的国家达189个（不含港澳台等境外地区），其中，与香港地区的跨境人民币收付量占比为52.7%，同比下降4.4个百分点，与新加坡、中国台湾、日本、德国、英国等的跨境人民币收付量占比较2013年同期均有所上升。

（二）贸易结算

2010年第二季度，在人民币对外贸易总额中，使用人民币结算的比例仅为1%，而到2013年底，达到24.5%，总额为4.63万亿元。除了交易量上的进步，在质和结构上也在进步：交易对象上，从刚开始时80%左右是中国大陆与香港之间进行的，到目前交易对象日益多元化；结构上，从开始时进口贸易结算比例远大于出口结算（1.5：1），到现在开始走向平衡，2013年上半年该比例降为1.13：1。[①] 而到了2014年，经常项目人民币结算金额6.55万亿元，同比增长41.6%，占全球8.66%（美元占81%），世界第二。其中，全年经常项目人民币实收2.73万亿元，实付3.83万亿元，净流出1.1万亿元，收付比为1：1.4。

贸易报价方面，2009年，人民币报价占中国对外贸易比例几乎为零，但到了2013年末，该比例猛然超过20%，总额接近1700亿美元。[②]

（三）投资货币

以人民币计价和结算的对内和对外直接投资，在2012年第一季度仅为70多亿美元，而到2013年第三季度，该数额接近250亿美元。[③] 2013年全年人民币直接投资856多亿元，占比近20%，全球占比5.28%；2014年，我国对外直接投资（ODI）人民币结算金额为1865.6亿元，同比增长117.9%，截至2014年末，ODI人民币结算金额累计3320.5亿元；FDI人民币结算金额为8620.2亿元，同比增长92.4%；截至2014年末，FDI人民币结算金额累计16886.5亿元。[④]

资本账户的“口子”正在打开。境内合格机构投资者（QDII）与境外合格机构投资者（QFII）的额度不断开放，2014年上半年，央行还出台港股和内地股市的“沪港通”政策。在国

---

① Barry Eichengreen and Masahiro Kawai, “Issues for Renminbi Internationalization: An Overview”, Asia Developent Bank, ADBI Working Paper, No. 454, January 2014.

② Barry Eichengreen, Kathleen Walsh and Geoff Weir, “Internationalisation of Renminbi: Pathways, Implications and Opportunities,” Centre for International Finance and Regulation, Research Report, March 2014.

③ Barry Eichengreen and Masahiro Kawai, “Issues for Renminbi Internationalization: An Overview”, Asia Developent Bank, ADBI Working Paper, No. 454, January 2014.

④ 人民银行，2015年6月。

际债券发行上，人民币的地位也稳步提高。国际清算银行（BIS）统计，截至2014年末，以人民币标价的国际债券（指境外机构发行的人民币债券）余额5351.18亿元，其中境外机构在离岸市场上发行的人民币债券余额5304.8亿元，在中国境内发行的人民币债券（熊猫债）余额46.3亿元。截至2015年4月末，共有232家境外机构获准进入中国境内银行间债券市场，债券托管余额为6346.1亿元。[①] 人民币离岸中心人民币计价债券现在已经在英国、卢森堡、德国、法国以及整个东南亚挂牌，并在场外市场进行交易。

（四）货币互换和双边货币直接兑换快速推进

自2008年开始，中国与一系列国家和地区开展以人民币计价的货币互换，扩大各央行获得人民币的渠道。截至2015年6月末，人民银行与32个国家和地区的中央银行或货币当局签署了双边本币互换协议，协议总规模约30105亿元人民币（参见表6—1）[②]，对扩大人民币在国际交易中使用起到极大推动作用。中国人民银行2015年2月10日公布的《2014年第四季度中国货币政策执行报告》显示，目前，人民币已实现与马来西亚、俄罗斯、日本、澳大利亚、韩国、英国、新西兰、新加坡等8种货币在双方银行间外汇市场直接交易，人民币对外币直接交易共成交10482亿元。其中，在2011年12月与日本达成的协议中（原定2012年6月生效），不仅人民币与日元可直接交易，日本还持有人民币主权债券为外汇储备，日本公司还可发行人民币计价的债券。

---

① 人民银行，2015年6月。

② 根据中国人民银行网站资料统计，统计截止至2015年4月。

表 6—1　中国签订的海外货币互换协议

日期	国家	金额（亿人民币）	备注 *
2011 年 4 月	乌兹别克斯坦	70	
2012 年 1 月	阿联酋	350	
2012 年 2 月	马来西亚	1800	2009 年 2 月签订 800 亿人民币互换协议
2012 年 2 月	土耳其	100	
2012 年 3 月	蒙古	100	2011 年 5 月签订 50 亿人民币互换协议
2013 年 3 月	巴西	1900	
2013 年 3 月	新加坡	3000	2010 年 7 月签订 1500 亿人民币互换协议
2013 年 6 月	英国	2000	
2013 年 9 月	匈牙利	100	
2013 年 9 月	阿尔巴尼亚	20	
2013 年 9 月	冰岛（延期）	35	
2013 年 10 月	印尼（延期）	1000	
2013 年 10 月	欧元区	3500	
2014 年 3 月	卡塔尔	350	
2014 年 4 月	新西兰	250	2011 年 4 月签订 250 亿人民币互换协议
2014 年 7 月	阿根廷	700	2009 年 4 月签订 400 亿人民币互换协议
2014 年 7 月	瑞士	1500	
2014 年 9 月	斯里兰卡	100	
2014 年 10 月	俄罗斯	1500	
2014 年 10 月	韩国	3600	2008 年 12 月签订 1800 亿、2011 年 10 月扩至 3600 亿
2014 年 11 月	香港	4000	2009 年 10 月签订 2000 亿、2011 年 11 月扩至 4000 亿
2014 年 12 月	哈萨克斯坦	70	2011 年 6 月签订 65 亿人民币互换协议

续表

日期	国家	金额（亿人民币）	备注＊
2014 年 12 月	巴基斯坦	100	2011 年 12 月签订 100 亿人民币互换协议
2014 年 12 月	泰国	700	2011 年 12 月签订 700 亿人民币互换协议
2015 年 3 月	苏里南	10	
2015 年 3 月	亚美尼亚	10	
2015 年 3 月	澳大利亚	2000	2012 年 3 月签订 2000 亿人民币互换协议
2015 年 4 月	南非	300	
2015 年 5 月	智利	220	
2015 年 5 月	乌克兰	150	2012 年 6 月签订 150 亿元人民币互换协议
2015 年 5 月	白俄罗斯	70	2009 年 2 月签订 800 亿人民币互换协议
2015 年 6 月	匈牙利	500	
总计		30105	

资料来源：根据中国人民银行网站资料整理，截至 2015 年 6 月份。

＊货币互换协议每 3 年重审一次，决定是否续签。备注栏描述本次续签前的情况。

（五）储备货币地位明显上升

人民币国际化进程中最有意思的一个方面是，中国资本项目还未完全开放，各国央行、主权财富基金和政府已经开始积极增加对人民币的投资，人民币在成为自由兑换货币之前，就已经开始作为官方价值储存手段。据中国人民银行的不完全统计，截至 2015 年 4 月末，境外中央银行或货币当局在境内外持有债券、股票和存款等人民币资产余额约 6667 亿元。另据部分专家预计，截至2015年初，全球已有50多家央行储备人民币资产。[①] 渣打估计，全球近40%央行持有人民币储备。[②]

（六）非居民持有的人民币资产

据中国央行统计，截至2015年4月末，非居民（境外机构和个人）持有境内人民币金融资产44065亿元，其中：境外机构持有的股票市值和债券托管余额分别为6444亿元和7352亿元；境外机构对境内机构的贷款余额8739亿元；非居民在境内银行的人民币存款余额21530亿元，包括境外参加行同业往来账户存款、境外机构和境外个人存款。

（七）在国际外汇市场的交易量增大

国际清算银行于2015年3月6日发布外汇成交额报告显示，全球外汇交易总额中，人民币成为第9大外汇交易货币，首次跻身于全球前十。另据中国央行统计（人民银行，2015年6月），2014年，中国境内人民币外汇市场（含银行间市场）日均交易量550亿美元。全年银行间市场人民币外汇即期成交折合4.12万亿美元，同比增长1.2%；人民币外汇掉期交易成交折合4.49万亿美元，同比增长32.1%；人民币外汇远期市场成交折合529亿美元，同比增长63.5%。据不完全统计，2014年香港、新加坡、伦敦等主要离岸市场人民币外汇交易量日均超过2300亿美元。

二、人民币国际化的未来预测

这方面的研究和讨论很多，一个共识是：尽管人民币当前面临种种问题，但人民币不可能永远维持当前这种状况，一个经济

① 尤卡·皮尔曼："人民币离储备货币有多远?"，《金融时报》FT中文网，2014年8月27日。

② ASIFMA、渣打银行及汤森路透，《人民币路线图》，2014年5月。

总量即将跃居全球首位、在国际贸易和投资中拥有举足轻重地位的大国，不可能永远使用他国货币进行国际交易结算。人民币必将破茧而出，成为国际关键货币，具体时间进程取决于中国的经济与金融改革进展。这方面最典型的研究是阿尔温德·苏布拉马尼亚的研究，他通过建立量化模型，在诸多影响货币国际化的因素中，抽取了 GDP 全球占比、国际贸易全球占比，以及对外债权与投资全球占比三个指标，对美、中等国货币的未来发展前景进行了预测，认为到 2030 年前后，人民币将取得 1870 年前后英镑及二战之后美元的类似地位。[①] 根据他的测算，从上述三大指标看，中国经济的综合优势在 2010 年就已经超过美国，美元在国际储备货币中的份额和地位“已经大大超过美国所应拥有的”。虽然该研究存在争议，但他所指出的人民币国际化发展趋势具有合理性。

而苏布拉马尼亚的预测并非最乐观的，实际上，主流的学者和机构都对人民币崛起持肯定看法，包括一些金融机构，比如渣打银行研究部与英国著名的汤森路透公司在 2014 年联合推出有关人民币国际化前景的报告，认为 2020 年前后，人民币将超越日元、英镑，成为继美元、欧元之后的全球第三大货币。[②]

国内部分学者和研究机构也同样持非常乐观的态度，比如清华大学经济学者李稻葵先生认为未来四五年后，人民币将上升至全球第 3 大货币；2015 年 7 月 18 日，中国人民大学国际货币研究所发布了《人民币国际化报告 2015》，该报告认为，随着“一带一路”战略的推进，特别是资本账户稳步开放等政策实施，人民币很有可能“2 年之内”超越日元，成为美元、欧元、英镑之

---

① Arvind Subramanian, *Eclipse: Living in the Shadow of China's Economic Dominance*, Washington: Peterson Institute for International Economics, 2011.

② Standard Charted and Thomson Reuters, RMB Roadmap, ASIFMA Report, May 2014.

后全球第4大国际货币。[①]

各研究机构的积极预测是有实际根据的。首先，人民币国际化步伐正在持续加快。渣打银行一直在追踪研究人民币国际化问题，并编制人民币全球化指数（RGI）。根据该行的研究，人民币全球指数已经从2011年的500左右，达到2015年4月的2154，翻了4倍多。[②] 另外，据中国人民大学货币研究所在2015年7月发布的报告，人民币国际化指数从2009年的0.02提高到了2014年的2.47，并预计到2015年第2季度，人民币国际化指数将升为2.9。该报告认为人民币与日元的差距已经不足1个百分点，与英镑的差距大约2个百分点，人民币与这两大货币的全球化程度已经非常接近，超过后者指日可待。[③]

其次，中国政府持续大力支持。与美元等国际化不同[④]，人民币国际化自始至终得到政府的引导和支持，为今后人民币在国际市场开疆拓土提供强大的支撑。自2009年以来，中国政府积极推动与国外的货币合作，推动双边货币互换和双边货币的直接兑换，推动双边经贸的本币结算。

同时，积极建设人民币国际化的金融基础设施，为人民币走

---

① 中国人民大学国际货币研究所：《人民币国际化报告2015："一带一路"建设中的货币战略》，中国人民大学出版社，2015年7月14日。

② 克里斯·布鲁姆（Chris Brummer）等，《人民币崛起：人民币如何影响全球市场、对外政策及跨大西洋金融监管》，华盛顿特区，大西洋理事会，2015年（该报告为美国大西洋理事会、伦敦金融城公司、渣打银行及汤森路透等联合发布的报告，洪培博是报告发布委员会的主席）。

③ "人民大学发布《人民币国际化报告2015》，'对人民币国际化更重要的是制造业实力'"，《时代周报》，2015年7月28日。

④ 美元离岸市场的形成表面上是市场自发力量推动的，比如，许多市场参与者是为了避税。但是，政治因素也是重要推动因素，因为国际地缘政治争夺激烈，许多国家害怕受到美国政府政治干预的影响，比如金融制裁，因而寻求将所持有的美元放在美国境外的市场。此外，美元国际化过程中，美联储的建立、马歇尔计划的推行，以及美国对中东等大宗商品出口国的政治干预等，都起了重要的作用。

向国际铺平道路。一是加大建设人民币跨境支付系统（CIPS）建设。根据计划，2015 年年底我国将完成一期建设，同时推动政府部门全面实现涉外经济统计、核算、管理中采用人民币作为主要计价货币，进一步完善人民币跨境收付信息管理系统（RCPMIS）建设。二是积极推进海外人民币清算中心的建设。2014 年以来，人民银行先后与英国、德国、韩国、法国、卢森堡、卡塔尔、加拿大、澳大利亚、马来西亚、泰国和智利等 11 个国家的中央银行签署了关于在当地建立人民币清算安排的合作备忘录（参见表6—2）。三是推动建立国际性金融机构，包括“亚投行”（AIIB，亚洲基础设施建设银行）、金砖银行、上合组织银行、丝绸之路基金等等。通过设立中国主导或者中国为主要发起国的区域性国际性国际金融机构，向全球提供国际金融公共产品，有利于人民币在全球发挥更大作用。四是推动 IMF 的 SDRs 改革，力争将人民币纳入 SDRs 货币篮子。2010 年，中国申请加入 SDRs，但由于未达到“货币可自由使用”门槛，未能成功；近年中国再度发力，在 2015 年 IMF 基金份额再审查年成功“入篮”，使得人民币作为国际储备货币更具合法性。

表 6—2　当前海外人民币清算中心

时间	国家和地区	清算行
2003 年 12 月	香港	中国银行（香港）有限公司
2004 年 9 月	中国澳门	中国银行澳门分行
2012 年 12 月	中国台湾	中国银行台北分行
2013 年 2 月	新加坡	中国工商银行新加坡分行
2014 年 6 月	英国	中国建设银行（伦敦）有限公司
2014 年 6 月	德国	中国银行法兰克福分行
2014 年 7 月	韩国	交通银行首尔分行
2014 年 9 月	法国	中国银行巴黎分行
2014 年 9 月	卢森堡	中国工商银行卢森堡分行

续表

时间	国家和地区	清算行
2014年11月	卡塔尔	中国工商银行多哈分行
2014年11月	加拿大	中国工商银行（加拿大）有限公司
2014年11月	澳大利亚	中国银行悉尼分行
2015年1月	马来西亚	中国银行（马来西亚）有限公司
2015年1月	泰国	中国工商银行（泰国）有限公司
2015年5月	智利	中国建设银行智利分行

最后，中国经济持续增长，是人民币未来崛起的最重要保障。2013年以来，中国经济连续下滑，已经进入历史性的“新常态”，增长率从两位数下降到当前的个位数，几近减半；2015年以来，中国金融市场巨幅动荡，经济面临更严峻考验，导致国际上“看空”中国经济的“中国崩溃论”沉渣泛起。由于结构性、周期性因素叠加共振，中国经济确实进入艰难的调整转型期，但是中国人均GDP仍不到8000美元，属于低收入国家；中国城市化仅为50%左右；广大中西部省份经济仍处在落后发展水平；中国科技研发投入快速增长，中国高校毕业生和理工科毕业人数全球领先，“大众创新、万众创业”已经起步，创新和科技必将激发更多活力，对冲中国劳动力增长率下降的影响；更主要的是，中国政府锐意改革，中国共产党“十八大”确定的新一轮改革浪潮正汹涌涌起，将推动中国经济“脱胎换骨”，进入新的发展时期。因此，中国经济增长潜力巨大，中国仍能保持较长时期的中高速增长。根据一些预测，即使在当前全球经济增长放缓的背景下，中国预计仍能在2015至2020年间实现6.7%的平均增速，并

在2021至2030年间达到5.7%的平均增速。[①] 中国将极可能在2020—2025年期间，GDP总值超过美国，成为全球第一经济大国。

第二节　人民币面临的历史机遇

决定一国货币地位的因素复杂多样，既包括权力因素也包括经济因素，如货币发行国的综合国力及其在国际政治格局中的地位、该国社会的稳定程度、该国金融市场的深度广度和自由度、该国货币在市场的可接受度、该国经济发展前景等等。强国才有强币，随着中国国力的增强以及国际格局的变化，人民币崛起为国际强币的机遇期已然来临。

一、政治意愿清晰强烈

人民币的国际地位与中国的国际地位极不相称。目前，联合国安理会五大常任理事国和世界排名前6的经济体，中国是唯一货币不可自由兑换的大国。作为全球第二大经济体[②]，世界第一大商品贸易大国，蒸蒸日上的对外投资大国，中国的货币在国际上的地位尚不及一些小国，无法参与国际金融资源的分配，国际结算大多使用其他国家的货币，每年必须将大量的盈余回流美欧，为他国提供廉价资金。人民币的货币地位与中国实力不匹配，已成为制约中国发展的外在因素，推动人民币的开放和国际

① 渣打银行，“全球聚焦：鹰派、鸽派和鹦鹉派”，2015年3月25日，https：//www. sc. com/en/news-and-media/news/ global/2015-03-25-global-focus-hawks-doves-and-parrots. html.

② 2014年4月，世界银行国际比较项目组（ICP）发布报告，称2014年中国GDP总量（按购买力平价计算）将首次超越美国，居世界之首。

化已经成为我国走向复兴的战略选择。

（一）国内已形成共识

经过广泛的讨论和理论论证，中国目前已经形成共识，那就是人民币国际化是国内外政治经济形势发展的必然要求，这既是服务实体经济发展的现实需要，又是推动中国进一步发展的助推器。除了降低交易成本、促进对外贸易和投资、获取铸币税、增强国际影响力等货币国际化收益外，还有以下几点动因。

一是人民币国际化有利于增强中国经济与国际金融竞争力，助推中国经济腾飞。微观看，货币国际化有助降低交易成本和市场风险，有助我国企业拓展国际市场。对金融业的好处更加明显，不仅可借此机会做大整个金融行业，我国商业银行、投资银行、基金公司等还可享受国际货币带来“计价租金”（Denomination Rent），走向国际。宏观看，一国崛起过程中，货币国际化还可带来丰硕的铸币税收益，为我国经济快速发展赢得充足、廉价的资金。

二是有利于推进国内金融改革，包括利率市场化改革、汇率制度改革、银行业改革、资本市场化改革、行政监管体制改革等。只有推动经济金融的市场化改革，培育公平竞争的金融市场，货币才能真正走向国际。人民币国际化打通国内外金融市场，还可推动我国更大程度与国际市场融合，参与国际资源的分配，扭转纠正我国内的金融市场扭曲，促进经济发展。

三是人民币国际化有利于降低我国对美元的依赖，摆脱当前由发达国家主导国际货币的桎梏，赢得更大的自主权。对美元的依赖，给我国带来巨大的经济成本和金融风险，带来美元资产贬值的财富损失，还时常面临被美国等转嫁危机的被动局面。从地缘政治看，对美元的依赖，还使得中国时刻处在悬在头顶上“金融制裁”这把达摩克利斯之剑的威胁之中。要确保国家安全，获得经济与金融独立自主权，中国必须使自己的货币独立于世界货币之林。人民币摆脱对美元的依附地位，不仅有利于中国经济的稳定，还有利于世界经济的平衡发展。

（二）中国已制定并大力推行人民币国际化的路线规划

为推动人民币的跨境使用，中国无论在政策构想上，还是在现实行动上，均有明确的表现。

首先是宏观计划层面。中央在我国经济发展的“十二五”规划中，明确将推动人民币国际化列为未来经济规划的重要部分，提出“完善以市场供求为基础的有管理的浮动汇率制度，推进外汇管理体制改革，扩大人民币跨境使用，逐步实现人民币资本项目可兑换”。[①] 中共十八大报告指出：“深化金融体制改革，健全……现代金融体系，加快发展多层次资本市场，稳步推进利率和汇率市场化改革，逐步实现人民币资本项目可兑换”。[②] 2012、2013 和 2014 年“两会”政府报告，均提及“扩大人民币在跨境贸易和投资中的使用”。国家领导人多次在各种场合强调，要有计划推进人民币国际化。

其次是具体政策层面。纵观历史，可以看出中国一直在循序渐进、有步骤地推进人民币跨境使用。从上世纪 90 年代开始，中国政府推动与邻国边境地区小额交易试点；1993 年，国家规定公民可携带一定量的人民币出境，为人民币走出国门提供合法渠道；1996 年，中国加入 IMF 协定的第 8 条款，推进人民币在经常项目下可兑换；2003 年，中国开始推动香港发展人民币业务；2005 年，对人民币汇率制度进行重大改革，推动汇率形成机制市

① 《中华人民共和国国民经济和社会发展第十二个五年规划纲要》，新华网，2011 年 3 月 16 日，http：//news. xinhuanet. com/politics/2011-03/16/c_ 12119 3916. htm。

② 参见中国共产党十八大报告，《坚定不移走中国特色社会主义道路，夺取中国特色社会主义新胜利》。

场化，逐步解除资本项目管制，进一步推动人民币“走出去”；2006年，中国全面开放境内人民币业务，包括外资金融机构；2007年，香港特区获准发行人民币债券，香港人民币离岸市场进一步成型。

金融危机以来，中国加大推动人民币跨境使用的步伐。2008年，央行首次提出人民币国际化目标。2009年央行正式下发《跨境贸易人民币结算试点管理办法》，在上海、广州、深圳、珠海、东莞等5城市对指定企业和境内符合条件的银行，面向全球进行跨境人民币贸易结算试点。2010年6月，跨境贸易人民币结算试点范围扩大到20个省（区、市）。2011年1月，境外直接投资人民币结算试点启动。2011年8月23日，人民银行、财政部、商务部、海关总署、税务总局和银监会联合发布《关于扩大跨境贸易人民币结算地区的通知》，将跨境贸易人民币结算境内地域范围扩大至全国。2011年10月15日，央行发布《外商直接投资人民币结算业务管理办法》和《关于跨境人民币直接投资有关问题的通知》，推进人民币跨境结算业务和跨境直接投资业务，人民币国际化更向前迈出一步。2012年，取消试点企业制度，规定全国所有地区所有对外出口企业均可选择以人民币进行跨境业务。2013年来，中国启动金融改革计划，加大与境外货币互换和海外人民币离岸中心的发展建设力度，为人民币国际化进一步清理障碍。总之，中国高层对推动人民币国际化具备明确的政治意愿，正按计划逐步贯彻落实相应政策措施。

二、综合国力增强

历史表明，国力是一国货币成为国际强币的基石。经过30多年改革开放，中国国力蒸蒸日上，无论政治、经济、外交、军事、科技、教育等方面，无疑已经提升到全新高度，而这些为人民币国际化提供了坚实的基础。其中，一国经济总产值、对外贸易总额、对外投资总量的迅速增长，对该国货币的国际化是极大的推动力量。自2001年“入世”以来，中国的经济体量、对外贸易和投资日新月异，在国际上的地位快速提升，为人民币国际化提供了坚实基础。

一是中国经济总量。根据世界银行统计，以2005年不变美元价值为依据，中国GDP总值从2003年的1.842万亿美元，增长至2014年的5.3万亿美元，占同期全球经济总产值由4%左右升至9%多，自2010年便跃升至全球第二大经济体，仅次于美国（见表6—3）。中国不仅经济总量上升，对世界经济的影响也与日俱增。如表6—3所示，自近10多年以来，中国对世界经济增长的贡献率不断增大，2008年达到38.2%，2009年更是一枝独秀，在美、欧、日等经济哀鸿遍野之时，中国成为全球经济唯一发动机；近几年来，中国经济有所放缓，但对世界经济增长的贡献率维持在1/4左右，2013年，超过27%，远超过美国对全球经济的贡献率。[①]

表6—3 近十年中国经贸发展及贡献率 （单位 万亿美元＊）

时间	世界GDP	中国GDP	中国GDP世界份额（%）	中国贡献率（%）	世界商品出口贸易	中国商品进出口总额	中国占世界出口份额（%）＊＊＊
2005	47.2	2.29	4.85	14.11	10.14	1.24	12.26

① 本表的数据是根据联合国贸易与发展会议（贸发会议）数据库的最新数据，汇总加工计算而成。其中，关于中国和世界GDP的增长，是根据2005年美元不变汇率计算，因此与美元市场现汇统计的数值有一定出入。之所以选择2005年不变汇值计算，是因为2008年金融危机以来，美西方进行大规模量化宽松（QE），导致金融市场大幅动荡，汇值波动剧烈，难以反映实体经济的发展形势；而购买力平价法统计，由于技术上的困难，也难以反映经济实际情况。

续表

时间	世界GDP	中国GDP	中国GDP世界份额（%）	中国贡献率（%）	世界商品出口贸易	中国商品进出口总额	中国占世界出口份额（%）＊＊＊
2006	49.15	2.58	5.24	14.87	11.72	1.52	13
2007	51.1	2.94	5.76	18.46	13.61	1.92	14.14
2008	51.86	3.23	6.22	38.16	15.7	2.31	14.74
2009	50.82	3.52	6.93	主引擎＊＊	12.2	2	16.37
2010	52.9	3.89	7.36	17.79	14.9	2.71	18.17
2011	54.38	4.25	7.82	24.32	17.97	3.38	18.79
2012	55.57	4.58	8.24	27.73	18.15	3.65	20.09
2013	56.84	4.93	8.68	27.56	18.55	3.94	21.26
2014	58.25	5.3	9.09	26.24	18.69	4.05	21.68

注：该表根据联合国贸发组织数据库的最新数据制作而成。

＊中国与世界的GDP数值以2005年不变美元为基础计算，中国与世界商品贸易是根据美元市场现汇统计；

＊＊2009年世界经济总体呈现负增长，中国经济增量约3000亿美元，一枝独秀，成为世界经济支撑。

＊＊＊本处中国商品进出口贸易占世界份额是指中国商品进出口贸易占全球商品出口总额（不包括进口总额）的百分比，因此比值较高。

二是国际贸易与对外投资。“入世”以来，中国对外贸易快速发展，已经成为国际一流贸易大国。据统计，近10年来，中国对外贸易总额全球占比从2003年的5.51%，升至2012年的10.45%（参见图6—1）。[①] 2013年，中国对外商品贸易总额达到3.94万亿美元，2014年则达4.05万亿美元，超过美国，全球排名第一，其中出口额占全球第一，进口市场占全球第二，仅次于

① 本表根据世界银行DATABANK的数据加工整理而成。

美国。[①] 随着中国经济的发展和经济结构调整，中国进口市场持续扩大，未来5年，中国将为世界提供10万亿美元的巨大出口市场，在全球首屈一指。

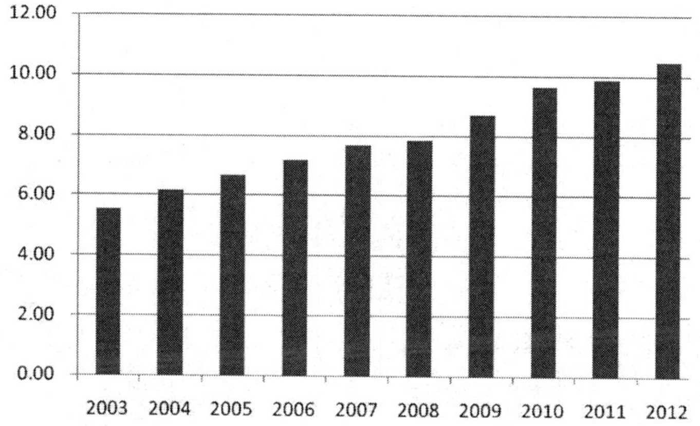

图6—1　中国对外商品贸易全球占比（%）

对外投资方面，中国大力推行“走出去”战略，对外投资增长迅速。据统计，截至2012年底，中国1.6万个境内投资者在国（境）外共设立对外直接投资企业近2.2万家，分布在全球179个国家（地区），年末境外企业资产总额超过2.3万亿美元。[②] 自2013年以来，我国对外直接投资（非金融类）首次超过1000亿美元，接近外商对我直接投资的数额，达到1078亿美元（参见表6—4）。[③] 目前我国对外投资流量居全球前三，是全球对外投资增长最快的经济体之一，预计未来10年，我国对外直接投资将达

① 参见中国商务部网站，关于2013年对外贸易统计数据41603.3亿美元，与联合国贸发会议的统计数据不同，主要是后者根据市场现汇计算，不同日期统计，汇值有变化。

② 杨挺、田云华等：《2013—2014年中国对外直接投资特征与趋势》，《国际经济合作》，2014年第1期，第27页。

③ 根据中国国家统计局的数据以及商务部《中国对外投资合作发展报告》（2014）内容加工编制。

表 6—4 近年中国对外直接投资 （亿美元）

	世界	亚洲	非洲	欧洲	拉美	北美	大洋洲
2013	1078.44	756.04	33.71	59.49	143.59	49.01	36.60
2012	878.04	647.85	25.17	70.35	61.70	48.82	24.15
2011	746.54	454.94	31.73	82.51	119.36	24.81	33.18
2010	688.11	448.90	21.12	67.60	105.38	26.21	18.89
2009	565.29	404.08	14.39	33.53	73.28	15.22	24.80
2008	559.07	435.48	54.91	8.76	36.77	3.64	19.52
2007	265.06	165.93	15.74	15.40	49.02	11.26	7.70

到 10 万亿美元左右。按照目前的发展趋势，不出数年，中国对外投资将居世界前列。另据世界银行统计，中国海外净资产[①]（包括金融资产在内，Net Foreign Assets）连续 10 多年居世界首位，其中 2012 年达到 4 万多亿美元，远大于美、日的 590 亿和 10979 亿美元，国际遥遥领先（参见图 6—2）。[②]

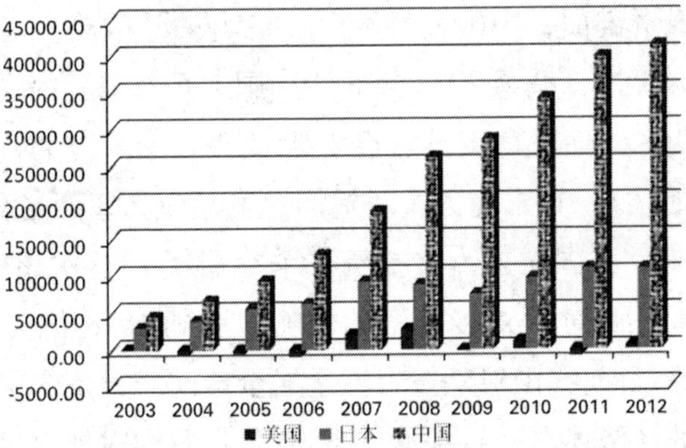

图 6—2 美日中三国对外净资产比较（亿美元）

① 净国外资产，由外汇、黄金占款和中央银行在国际金融机构的净资产构成，其中外汇、黄金占款是中央银行用基础货币来收购的。该指标反映一国拥有的对外债权扣除对外负债的净值，如果大于零，表明该国为净债权国，反之则是净债务国。

② 该表为作者参考世界银行数据库数据和汤森路透 EIKON 数据库加工而成。其中，每年数据值由当地货币按照当年年终美元现汇汇率折算得出。

此外，中国的政治、军事、外交等方面实力同样快速壮大，在全球影响力不断提升。中国的经济、贸易、投资以及政治、军事等力量的发展，为人民币国际化夯实了基础，提供了条件。

三、国际“再平衡”需求日增

金融危机以来，不合理的美元独霸的国际货币体系，已经越来越引发世界各国的不满，要求改革现有体系的呼声此起彼伏，越来越大。危机初期，欧盟、俄罗斯、中国等就提出各自改革设想和方案，并利用G20、IMF会议等国际双边、多边场合，推动现有国际体系的改革，取得一定成果。

“后危机”时代，随着国际金融危机最困难阶段的过去，在美国的重重阻力下，要求改变现有货币体系的呼声表面上虽有所减弱，但从未消失。相反，该力量在不断累积。俄罗斯、伊朗、委内瑞拉甚至部分欧洲国家都在探讨在全球范围内“去美元化”，减少对美元的依赖，推动实现本币结算和国际储备多元化。国际社会对一个稳定强势的人民币的需求日增，为人民币国际化开创了空前良好的国际环境。国际要求改革和“再平衡”美元主导的货币体系，其背后动因是多方面的。

首先，降低或对冲美国利用货币特权，施加不对称影响力。美元的特殊地位，已被美国千方百计加以利用，向他国施压实现其地缘政治目的。美元已成为美国全球霸权战略的重要支柱，“去美元化”可在一定程度上实现对美国力量的“再平衡”。2006年，为应对美国的金融制裁和货币封锁，伊朗政府曾下令将其央行美元资产转换成欧元，并推动与其他国家和地区的贸易、投资结算使用欧元。2014年初，乌克兰危机爆发，俄罗斯遭受美欧国家的经济和金融制裁，使得俄罗斯遭受巨大损失，国家安全面临严重威胁。对此，俄罗斯加大“去美元化”力度，多次强调建立本国支付系统，减少对欧美金融服务的依赖，推动对外贸易与投资的本币结算或非美元结算，维护国家经济安全。对此，俄罗斯央行成立机构，力图在2015年1月1日正式建立本币支付和结算系统；同时，加强与中国等金砖国家合作，促进双边或多边货币合作，摆脱美元依赖症。

除了美国的“敌对”或“不友好”国家寻求削弱美元地位外，美国在欧洲的部分同盟国也同样希望改变“美元独霸地位”。2014年6月，美国控告法国巴黎银行在2002—2012年间“严重违反美国法律”，向苏丹、伊朗和古巴等国转移资金，并宣布对该银行处以重罚和制裁。该举引发法国不满，法国财长米歇尔·萨潘呼吁国际社会对国际支付中使用的货币进行“再平衡”，更多使用欧元和新兴市场国家货币，降低对美元的依赖。这被视为继戴高乐之后，法国再次对“美元特权”的反击。事实上，近两年来，英国、德国、法国、卢森堡、瑞士等欧洲国家积极支持与中国的货币金融合作，发展人民币离岸中心，“助推人民币国际化”，除了有经济方面的考虑外，也有借此推动国际储备多元化的考虑。

其次，维护国际货币与金融稳定，促进各国自身经济利益。国际货币体系的不稳定性是今年全球金融危机频发的重要原因。美国为实现自身经济目标，无视货币纪律，不惜牺牲国际经济稳定，不惜牺牲他国经济利益。为维护自身经济利益，越来越多国家在汇率制度安排、货币锚的选择等方面，开始“与美元拉开距离”。近几年来，由于美元相对全球主要货币走软，造成各国资产缩水，阿拉伯货币基金组织多次建议海湾国家放弃与美元挂钩的汇率制度，实行有管理的浮动汇率制，或采取钉住一揽子货币的制度。

事实上，目前我国领导人出国访问，能够明显感受到与之前的不同之处，那就是与中国进行货币金融合作已成外国政要希望从中国得到的“大礼”之一，从侧面应证了前面提出的国际存在对“再平衡人民币”的需要的论断。“现在中国国家的领导人出国访问，人民币国际化以及相关的一些便利条件，往往成为对方所要求提供的一项内容，是我们谈判的一张牌……美国在人民币国际化这个问题上是非常担忧的，但是英、法、德却事实上站在了中国这一边。”①

第三节　人民币崛起面临的挑战

美元独霸的货币体系已证明是积弊重重，人民币走向国际是大势所趋，其背后有市场力量的推动，也是国际政治经济格局发展、各国追求力量“再平衡”的内在要求。一国政治、经济和军事崛起的结果，必然伴随着货币不断走强的过程。随着中国在世界政治经济中的地位不断提升，人民币必将成为国际主导货币。但人民币的成长与崛起不会一帆风顺，在复杂的国际政治经济环境下，必然面临多种内外部挑战。

一、内部挑战

从历史上看，一国经济变强大后，不一定走货币国际化路线，比如第二次世界大战之后初期的德国和日本，两国为了保持出口竞争力，在很长一段时间内都进行严格的资本管制，压低本币币值。一国是否选择本币国际化，要看本国经济结构和国情。人民币国际化是中国为加速国内经济调整和改革、服务实体经济

① 李稻葵：“人民币国际化是中国经济转型升级的助推器”，清华大学经管院教授李稻葵在跨境人民币业务五周年座谈会上的发言，2014 年 10 月 20 日，http：//www.pbc.gov.cn/redianzhuanti/118742/118666/119012/2808690/index.html。

发展的现实选择，其首要出发点是为国内经济改革和发展服务。如果国内经济发展不成熟，货币国际化条件不成熟，人民币走向国际将困难重重。

一是国内金融市场体系建设尚待完善。只有国内建成自由开放、有一定深度和广度的金融市场体系，人民币国际化才有可行性。要推进人民币跨境使用，首先，人民币要能走出去，即本国居民和机构可向国外提供人民币，外国居民也能通过出口、信贷或吸收投资等手段获得人民币。其次，要有人民币回流机制，要想境外居民持有人民币，人民币就必须有便利的投资渠道。而这一切，只有当中国金融市场有足够的流动性和开放性，方有可能。当前，我国金融市场化改革尚未完成，资本与货币市场体系不完善，利率、汇率尚未完全市场化，人民币走出去的根基仍不牢固。

二是金融监管机制尚须强化，宏观经济管理能力尚待提升。只有有序、稳定的市场环境，才能降低人民币资产的市场风险，增强境内外居民对人民币的信心。同时，有序的市场监管和科学的宏观调控体系，能够降低人民币国际化对国内经济的负面影响。当人民币国际化进展到一定程度，其进程是难以逆转的，而国内资本市场达到一定深度和广度，在国际资金自由流动的情况下，政府的经济货币政策环境趋于复杂，甚至可能面临“经济与货币主权流失”的风险。

三是稳健可持续的经济增长、法治社会和稳定的国内社会政治环境。货币国际化，需要良好的社会经济条件。首先，良好的经济发展前景。人民币要想成为国际主导货币，成为国际市场广为接受的国际货币，首先必须是可靠的、坚挺的、有利可图的货币。日元国际化之所以未取得完全成功，原因之一是日本经济长期陷于低迷，经济增长前景黯淡，外国居民对该国经济的未来缺乏信心。其次，有弹性的国内经济体系。僵化无弹性的经济，也不利于“吸收”汇率、利率波动的负面影响。其三，法治与稳定和谐的社会政治经济环境。腐败、政企不分、动荡不安的社会，其货币的吸引力必然下降。中国社会经济形势良好，但仍有一定的隐忧，应继续推进全面改革和经济结构调整，夯实人民币走出去的基础。

四是货币国际化与国内经济发展模式相匹配的挑战。推动货币国际化，意味着中国的改革开放进入全新阶段。不同的经济发展模式，决定着其对外开放的方式和程度。德国、日本等制造业发达，出口在经济中的重要性突出，因此，德国和日本的开放模式与英美不同，德国强调汇率和利率的稳定，日本则是对外相对封闭的经济体系。中国如果推行货币国际化，则意味着进口市场、金融市场更高程度的开放必然导致汇率宽幅自由浮动，导致人民币总体趋于升值（人民币的国际需求上升），如果国内经济增长模式继续沿袭以往出口驱动型，那么人民币国际化将带来负面冲击。

二、外部挑战

（一）货币竞争与货币摩擦的挑战

历史上，新兴货币的崛起，一般会面临与传统强币之间的摩擦和竞争。欧洲拿破仑战争的结束，揭开英镑独霸全球的序幕；两次世界大战，德国马克崛起之势受阻，英镑地位削弱，而美元则坐收渔利，在20世纪20年代一举成为事实上的霸权货币，并延续至今。二战结束后，英国试图维持英镑的国际主导货币地位，并通过外交、军事、援助等手段，成功地使30多国家货币钉住英镑，直至20世纪50年代，英镑仍主导全球近半贸易，并雄踞国际外汇储备的半壁江山。[①] 但1956年苏伊士运河危机，美国成功逼退英镑的努力，打破维系英镑地位的英联邦体系，为美元独霸全球扫清道路。20世纪70、80年代，日本快速崛起，GDP总量一度逼近美国经济总量的70%，甚至大有超越后者之势，日元的地位蒸蒸日上。随后，美国发起国际贸易的“东京回合谈判”和“广场协议”，以贸易和金融两手，重挫日本的雄心，日元在国际上的地位冲高回落，至今再未回复昔日的荣光。欧元的崛起，同样面临与美元的紧张关系。欧元刚刚问世，1999年在美国主导下发动科索沃战争，使得欧元汇值一落千丈，面临巨大危机。观察家认为不排除美国借机打击欧元的可能。国际货币之间的摩擦，本质上是国际强权政治摩擦在货币领域的延伸。“只要出现超级大国，它的货币就将就在国际上发挥中心作用”，因为其本身货币的国际化给它带来巨大利益，任何可能挑战或取代其货币的事物或改革倡议，超级大国一般都会予以否决。[②]

从各方面衡量，人民币是未来数十年唯一可能挑战美元地位的货币。[③] 因此，人民币的崛起，面临最重大的外部挑战将是如何处理与传统强币美元的关系问题。自奥巴马上台以来，美国一改小布什以反恐为重心的路线，推行“亚太再平衡”战略，将外交和军事资源向亚太倾斜，从军事、安全、外交、经济等方面巩固亚太盟友关系，重塑美在亚太的地位；同时，煽动、炮制“中国威胁论”，插手和推动周边各国与中国的领土纠纷。在中国周

① Catherine Schenk, *The Decline of Sterling: Managing the Retreat of an International Currency*, Cambridge: Cambridge University Press, 2010.

② ［美］罗伯特·蒙代尔著，向松祚译：“国际货币：过去、现在和未来”，《蒙代尔经济学文集》（第六卷），北京：中国金融出版社，2009年1月版，第120页。

③ Alan Wheatley, “The Pretenders to the Dollar’s Crown”, *The Power of Currencies and Currencies of Power* (Edited by Alan Wheatley), Routlege and IISS, Nov. 2013, p. 56.

边制造不稳定，可以起到“一石二鸟”效果，既可借机打击人民币，又可以巩固盟友对美元霸权的支持。

另一方面，在以太平洋和大西洋为两翼，以北美为主轴，完成全球经贸布局，分别以“跨太平洋战略伙伴关系协定”（TPP，Trans-Pacific Partnership Agreement）和“跨大西洋贸易和投资伙伴关系协定”（TTIP，Trans-Atlantic Trade and Investment Partnership）为两大支柱，“一体两翼”全球经贸战略成形。如该战略得到成功落实（目前正处于紧张的谈判之中，估计2015年前后可完成主体谈判），美国将强化全球经贸规则制订主导权，掌控占全球60%产值和40%国际贸易的区域，不仅可有力支撑美国独霸地位，还可使中国面临高标准、高门槛的国际经贸体系的压力，从根本上冲击人民币的基础。

此外，美国还在国际货币领域，推出一系列修补、加强美元地位的措施。如2013年10月，与日本、英国、欧元区、加拿大、瑞士等央行实行“无限量”、“不设期限”多边货币互换合作计划，使得“六大央行互联互通”，可以用自身及其他货币干预货币市场，维护市场稳定。①

可以预见，随着人民币地位的上升，美国还会出台其他的政治、外交、军事、经贸和金融等方面政策措施，企图从正面或侧面冲击人民币的存在基础，巩固美元霸主地位。如何应对美元，将是人民币未来相当长时期内必须直面的战略问题。

（二）美欧主导的国际秩序的挑战

新兴力量的崛起，必然遇到一个结构性的问题：是接受现行秩序，还是变革现有秩序。人民币地位的提升是在当前国际货币

---

① ECB Press Release, ECB Establishes Standing Swap Arrangements With Other Central Banks, 31 October 2013, https: //www. ecb. europa. eu/press/pr/date/2013/html/pr131031. en. html.

体系的背景下进行的，同时也是催动当前国际货币体系变迁的首要因素。因此，人民币国际化，必然面临与现行国际货币制度体系的紧张关系。现有国际政治经济秩序是当前国际货币体系存在的基础，前者决定后者的本质。当前国际秩序反映美西方的根本利益，其本质是以美为首的西方世界主导并控制国际事务，拥有制定规则体系的话语权和主导权。人民币崛起之后，与之相伴随的不断上升的中国国际影响力，必将在国际规则体系的制定、国际机构的运转和领导、国际货币与金融事务的应对处理等方面有所反映，从而导致双方的某种对立。现行货币制度体系是美西方主导制订的，符合美西方利益，因此人民币在“走出去”进程中，必须找到一种处理与现行制度和秩序相互关系的新模式。如何管控和处理该类紧张关系，将长期伴随人民币崛起过程始终。

（三）现有国际货币体系的内在矛盾带来的挑战

纸币本位下的国际货币体系，至今历时不过40余年，是人类社会前所未有的货币大实验。人民币国际化是对现有体系的一个补充，但并未从根本上改革现有体系，其内在根本矛盾仍然存在，那就是国际公共产品供应和主权国家自身政治经济利益之间的矛盾。作为国际货币，人民币如何实现国际投放与国际回流的良性循环？如何处理主权信用货币充当国际货币所面临的“特里芬难题”问题？人民币采取何种的汇率制度？中国与各国国际货币协调机制如何？如何解决中国在国际治理机构中的话语权问题？等等需要深思。

总之，人民币面临挑战的性质和大小，与人民币国际化的目标、路径、模式直接相关联。如果人民币的战略目标雄心勃勃，希望取代美元成为国际顶级货币，即谋求所谓的“货币霸权”，那么人民币将面临巨大挑战和战略压力；如果人民币只希望成为与美元、欧元等齐驱并驾的强币之一，其面临的压力也将随之减轻；如果人民币的目标清晰，即成为与日元、澳元、加拿大元等相同地位的货币，拥有足够的自主权，但并不挑战美元的霸权地位，那么其受到的战略压力更轻。人民币到底应谋求什么样的地位，最符合国家利益？下面从成本和收益对此进行探讨。

第四节　明确人民币的国际定位

一国货币国际化后，可能成为默默无闻的可自由兑换货币，也可能成为区域性强币，或者全球广为接受的主导货币或霸权货币。制定人民币战略，首先需要明确人民币的角色定位，明确人民币国际化的最终目的。中国的外交总体目标是维护国家主权，维护国际和平，永不称霸。走霸权扩张路线，最终不仅伤害世界和平稳定，而且不利本国长远发展和本国人民的根本利益。要避免货币的“霸权陷阱”，正如美国彼得森国际经济研究所的阿尔温德·苏布拉马尼亚所言，要抵制货币霸权的诱惑，抵制“喝下圣杯中的毒酒”的冲动。[①] 在此总方针下，要明确人民币国际化的收益和成本，明确人民币的国际定位。

一、货币国际化的收益

目前，学界对国际货币收益与成本的讨论很多，概括起来，国际货币对发行国的“好处”主要有如下几点：

第一，有利于本国居民减少交易成本，提高企业竞争力，拓展对外贸易和投资。一国居民进行国际交易，使用本国货币进行

① Arvind Subramanian, *Eclipse*: *Living in the Shadow of China's Econoic Dominance*, Washington DC: Peterson Institute for International Economics , PIIE Press, Sep. 2011, p. 115.

计价、支付、结算，可减少买卖外国货币的成本和时间，规避汇率变动的风险。对一国企业而言更是如此，交易规模越大，收益越是明显，从而在国际竞争中获得成本优势。

最受益的是该国金融行业，因为该国本土的银行等金融机构更易于获得其央行提供的资源，较外国银行更易于扩大本币标价的资产和负债业务，更易于以较低成本在国际上扩张业务，获取更大收益。这种收益被称为是“计价租金”（Denomination Rent）。[①]

第二，铸币税收入（Seigniorage）。铸币税的定义随着时代发展不断变化，最初的定义是指主权国家因为垄断货币发行铸造权力，通过将金属铸造为货币获取的收益。现在则泛指货币面值与货币生产成本之差。体现在国际货币上，铸币税收入是指一国货币被外国政府和居民持有而获得的收益。[②] 国际货币的铸币税收益来源包括两个方面：

一是外国政府和居民持有国际货币现金而给发行国带来的收益。因为对主权信用货币而言，现金其实是一国央行的负债，因此外国持有的现金，相当于对该国央行的无息贷款，是该国对外国等额价值的实际资源（商品和服务）的无偿占有。据美国财政部统计，目前，美联储发行的净现金存量中，约60%在美国境外流通，该数值在2005年约为4500亿美元。[③] 这些货币并非全部属于铸币税收入，因为这是一种负债，最终美国需要用实际资源偿

---

① Alexander K. Swoboda, “The Euro-Dollar Market: An Interpretation”, Essays in the *International Finance*, No. 64, Princeton, NJ: International Finance Section, Dept. of Economics, Princeton University, 1968.

② John Willamson, “The Dollar and the US Power”, from *The Power of Currencies and Currencies of Powers* (Edited by Alan Weatley, Chapter 3), IISS, Routledge Press, Nov. 2013, pp. 79-80.

③ U. S. Treasury, 2006.

还，但是由于美国掌控货币发行权力和操控货币价值的权力，这笔负债的实际价值不断缩水，并且外国居民和政府失去了应该得到的利息收入。外国所失就是美国铸币税所得，我们可以据此大致估算美国的铸币税收入。2013 年，流通中的美元现金存量约为 11983 亿美元，[①] 其中约 6 成在国外流通，那么流向海外的现金约 7000 亿美元；自 1985 年至今，美国长期通胀率平均约为 2%，美国的基本利率为 3.5%。[②] 因此，美国在该项的铸币税收入每年约为：

7000 ×（2% +3.5%）= 385 亿美元（相当于美国当年 GDP 的 2.65‰）。

二是国外持有的低息美元资产与市场上普通美元资产的息差。由于美元现金的低收益，国外居民和政府大多选择持有债券、股票等美元资产。外国居民的资产形式多元化，其收益由市场选择决定，与美国境内普通公民类似，因此息差主要来自外国政府持有的美元储备（通常是流动性较高的国库券），这个息差平均约为 80 个基点（0.8%）。[③] 美国用这些低息获得的资金，在国内或国际进行投资，获取高得多的收益。根据美国财政部的核算，2013 年底外国政府持有的美国国债总值约为 57931 亿美元。[④] 因此，考虑到美国的年通胀率，美国在该项的铸币税年收入约为：

57931 ×（2% +0.8%）= 1622 亿美元（约合当年美国 GDP

① 参见美联储统计，http：//www.federalreserve.gov/paymentsystems/coin_data.htm。

② Thomson Reuters Eikon 统计。

③ Franci E. Warnock and Veronica Cacdac Warnock，"International Capital Flows and U. S. Interest Rates，" *Journal of International Money and Finance*，Vol. 28，No. 6，2009. 麦肯锡全球研究院的报告（2009 年 12 月）估算，认为外国政府大量购买美债，使得美国居民和政府的借贷成本下降 50—60 基点。

④ 参见美财政部统计，http：//www.treasury.gov/ticdata/Publish/mfh.txt。

的1.1%）

将上述两方面合并，可以得出美元特权地位在2013年带给美国的铸币税年总收入约为2000多亿美元，不及美国当年GDP的1.4%。对美元铸币税收入的各种预测多有不同，比如本杰明·科恩的估计约为1680亿美元①，而麦肯锡全球研究院报告的估算约为1000亿美元②，总体而言，各家的估计值约为美国GDP总额的0.5%—1.5%之间。这个数额看似不大，但是考虑的美国全年新增财富总数（一般3000亿美元左右），美国的铸币税收入占30%—60%。这是比较惊人的数字，意味着美国不但是寅吃卯粮的债务型经济，而且还是坐享其成的寄生型经济，每年通过印发钞票，吸食他国巨额的民资民膏。

各家的估算结果之所以不一致，主要原因是部分数据难以获得，比如美国境外流通的美元现金数量等；此外，各种估算是在不同时间进行的，因而外国持有的美元现金和资产总额以及美元利率都在变化，从而铸币税收益也在不断波动。

第三，转嫁经济调整成本，获得经济政策自主权。当危机来临，各经济体面临外部负面冲击时，美国可以不顾国际收支状况，推行对自己有利的财政和货币政策，不必为了取得经济的外部平衡而牺牲内部平衡目标，从而将经济调整成本转嫁给外国政府。

第四，有助于扩大一国的国际权力和软实力。这是强势货币给一国带来的政治和权力方面的好处，虽然不容易量化，但收益很明显。一是增强动员资源的能力。国际货币发行国政府、军队

① Benjamin J. Cohen，“The Benefit and Costs of an International Currency：Getting the Calculus Right”，*Open Economic Review*，June 2011.

② Richard Dobbs et al，“The Exorbitant Privilege? The Implications of Reserve Currencies for Competitiveness”，Discussion Paper，Mckinsey Global Institute，Dec. 2009.

和企业可以比他国以更低的利率、更便利的条件获得经济发展所需的资金支持，即享有更强的从全球获取金融资源和动员资源的能力。19 世纪英法战争期间，英国由于其良好的信誉和国际筹款能力，使得英国军队即使远在欧洲大陆，也能以远低于法国军队的利率借款，这种动员资源的能力最终为英国战胜法国提供了条件。二是增强影响他国政治经济的权力。包括两个方面，货币发行国政治经济政策，间接改变货币汇率和价值，对他国政治经济产生影响；或是通过“金融制裁”（强制）或“利益输送”（利诱），迫使对方采取有违自身意志的行动。三是为发行国带来良好国际声誉，增强其软实力和国际威望。

二、货币国际化的成本

第一，国际货币的利益分配效应。国际货币的铸币税虽然总的来说，对一国是收益，但对不同居民，其影响不同。对于某些债务多于债权的居民（银行存款低于债务，借款需求较大的居民），铸币税拉低了借款成本，因而获得收益；但对于债务少于债权的居民（储蓄存款多于债务，是市场的信贷供给方）而言，铸币税带来了损失。麦肯锡的研究报告指出，由于铸币税的存在，使得后者的损失达到400 亿美元。①

第二，货币估值过高倾向和“债务依赖症”削弱发行国的经济实力。一方面，某国货币成为国际货币后，该国货币将在国际市场上受到追逐，货币需求上升将使得该货币趋于升值或价值高估，最终削弱该国企业竞争力。这是上世纪 80 年代以前的德国和日本极力阻止本币国际化的重要原因。麦肯锡研究报告预计，美

① Richard Dobbs et al, “The Exorbitant Privilege? The Implications of Reserve Currencies for Competitiveness”, Discussion Paper, Mckinsey Global Institute, Dec. 2009.

元每升值5%，将导致美国每年丧失300亿美元。[①] 另一方面，就像弗雷德·伯格斯滕所说的，国际货币霸权带来的“可以轻易地为财政赤字和贸易赤字融资”的特权以及不受约束的自由，会导致政府或私人部门“借债上瘾”和产生不负责任的行为，带来金融不稳定。[②]

第三，自主权的外部约束。当外国政府和居民积累国际货币资产达到一定程度时，货币霸权国的政策自主性便受到制约和影响，巨额的外债将是一把高悬的“达摩克利斯之剑”，使得国际货币发行国行动不能不受约束。一是货币环境复杂化，扰乱发行国的金融秩序。美联储前主席格林斯潘称，美国央行常规货币政策越来越难以达到政策目标，因为国际社会对美元的强劲需求，使得一些主权财富基金或政府机构不计成本持有美元资产，美联储希望投放美元压低利率和汇率的努力总告失败。二是政策自主性受到削弱。为了安抚、稳住巨额本币债务持有者，防止后者资金抽逃或抛售本币资产，国际货币发行国有时必须牺牲本国某些利益，以稳住国际投资者。三是授人以柄，让他国获得影响本国的“战略工具”。1966年，马来西亚因为拥有英国对英联邦国家14%的净外债，当英国强迫马来西亚与新加坡建立货币同盟，后者威胁抛售其持有的英镑储备，成功挫败英国的图谋。

第四，肩负国际责任，提供公共产品。一是霸权国为了自身利益，需要承担维护全球货币金融稳定的责任。在制定政策时，霸权国不能完全忽视其行为的国际影响，当某些国家发生金融危机时，霸权国需要向其提供支援和贷款，因为其他国家是国际货币的持有者和需求者，一旦陷入危机，可能影响其持有的霸权国

---

① Richard Dobbs et al,“The Exorbitant Privilege? The Implications of Reserve Currencies for Competitiveness”, Discussion Paper, Mckinsey Global Institute, Dec. 2009.

② C. Fred Bergsten,“The Dollar and the Deficits”, *Foreign Affairs*, Vol. 88, No. 6, Nov./Dec., 2009, pp. 20-38.

货币资产，从而影响国际金融及货币环境的稳定。二是霸权国要维持其货币的国际地位，必须维持开放、自由的市场体系，包括自由兑换的货币，向全球开放的资本和金融市场，以及较少受限制的国际资本流动。非国际货币发行国则不必承担此种负担。尤其是在经济动荡时期，霸权国必须敞开国内市场，为他国提供进口市场，提供金融援助和贷款，否则世界经济就会陷入以邻为壑的混乱局面，其国际货币地位必然难保，而这就为某些国家提供了“免费搭车”的机会。

三、货币霸权的利弊转折点

货币霸权有利益，也有成本，当两者相当，则货币霸权就达到“利弊转折点”，超过这一点，继续维持货币主导地位将得不偿失，有损其国家利益。如何找到这个“转折点”？需要对货币霸权的经济收益与成本、政治收益和成本进行综合考察。

1. 货币霸权的经济收益与成本

（1）收益。降低交易成本、铸币税收入以及转嫁经济调整成本等是货币霸权的主要收益来源。货币竞争的结局，总是极少数货币占据统治地位，即全面垄断记账单位、价值储藏以及交易手段等领域。[①] 但国际货币是有生命周期的，从成长期到高峰期，最后地位衰落，让位于其他强势货币。随着一国国力的增长，该国货币的国际影响力也在扩张，使用、持有该国货币及资产的人数不断上升。因此，一国货币在上升期（地位上升至顶点前的这段时间），货币霸权经济收益是逐步递增，其收益与外国持有和使用该国货币的规模正相关。当该国货币国际地位达到顶点，其

---

① Benjamin J. Cohen, “The Benefit and Costs of an International Currency: Getting the Calculus Right”, *Open Economic Review*, June 2011.

货币的国际份额也到了顶点（霸权货币占国际总量介于0—1之间），霸权收益增长缓慢，基本稳定在某个水平。当该国货币地位下降，国际使用份额不断萎缩，其货币霸权的收益也将下滑。

假定国际经济总量不变（主要是为了下面建模和表述方便），根据上述表述，国际货币的收益是该国货币国际份额的递增函数，但增长率逐步递减，最后收敛于某个极值，因为该货币的国际份额不可能永远增大，而是有个极限。从历史上看，美元国际份额曾达到80%以上，如布雷顿森林体系，但即使是那时，黄金、特别提款权等仍承担一定的国际货币功能。设国际份额为k，国际货币收益为R，则国际货币的收益函数可以表示为：

$R = f(k)\ (0 < k < 1)$

用图来表示，参见图6—3。

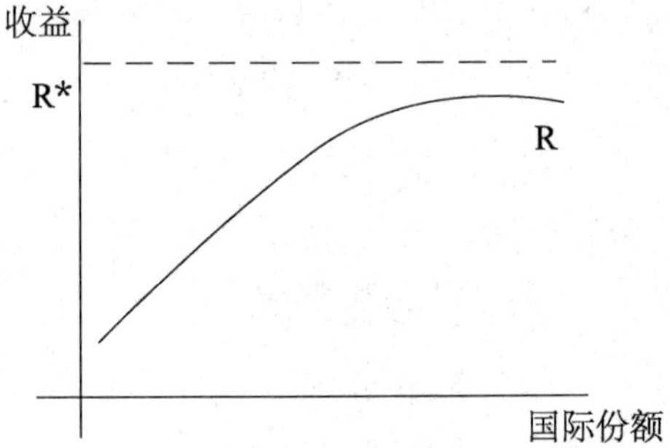

图6—3　国际货币收益函数

如图6—3，曲线R向上递增，但增速递减，最后收敛于R*，表明任何国家，在特定时候，其货币霸权的经济收益是有上限的。

（2）成本。本币估值偏高、债务依赖症、宏观经济自主权丧失等是成本的主要来源。外国持有本国货币资产（储备）越多，本币“被升值”的几率越大，从而会导致逆差和失业。当外国持有的本币资产在本国资产市场的比例越大，本国货币与经济自主权将越受到削弱，市场监管和维持金融稳定的成本递增。为了让外国投资者维持或就增持本币资产比，就必须提升市场利率，以吸引外流资本，从而侵蚀铸币税好处。① 设国际货币成本为 C，则国际货币成本的函数可表示为：

$C = \varphi(k) \qquad (0 < k < 1)$

用图来表示，参见图 6—4。

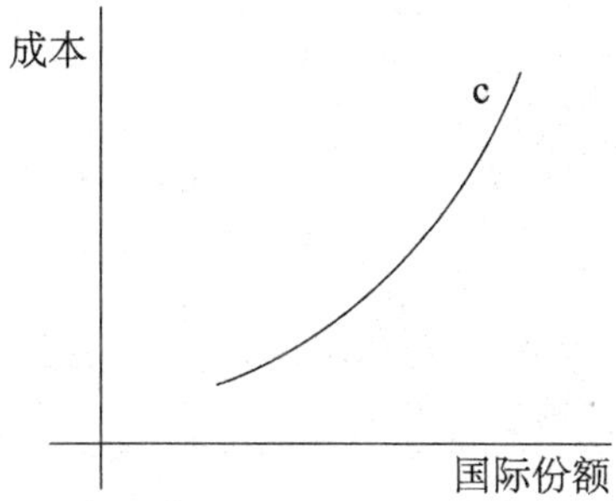

图 6—4　国际货币成本函数

（3）收益与成本的利弊转折点。结合上述两个方面，在不考虑其他因素的条件下，当一国货币在国际上地位上升，国际货币霸权的成本和收益存在一定消长关系（参见图 6—5）。

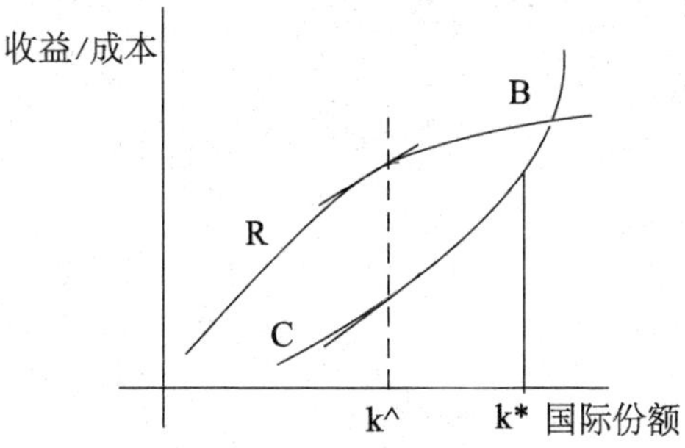

图 6—5　国际货币霸权利弊转折点

① Benjamin J. Cohen, "The Seigniorage Gain of an International Currency: An Empirical Test," *Quarterly Journal of Economics*, Vol. 85, No. 3, August 1971, pp. 494-507.

如图6—5，在B点，国际货币收益与成本达到平衡，相应的货币使用国际份额为k∗，超过该点，国际货币霸权的成本大于收益，该国将得不偿失，因此B点就是国际货币霸权的利弊转折点。为了获取货币霸权的最大经济收益，该国应将国际货币份额保持在k^处[①]，该点则为货币霸权的经济利益极大化点。

2. 货币霸权的权力收益和成本

前面的分析忽略了权力因素，但实际上，无论是联系性权力还是结构性权力，都将改变货币霸权的收益和成本模式。

（1）联系性权力。指通过一国的政治、经济、军事等实力，迫使他国货币升值、长期持有本国货币资产等，降低本币升值及外资撤离等带来的损失。纵观历史，无论是一国货币处于上升期，还是衰落期，都可以看见权力影响的影子。二战后，英国为了维持英镑的地位，美国先后通过史密森协议、广场协议等迫使他国货币升值，转嫁成本，扩大货币霸权收益。20世纪60年代，美国还曾利用权力迫使西德维持美元储备，支持美元地位，即美国维持在西德的军事存在，保护西德的安全，但后者必须维护美元霸权。[②] 除了迫使他国维持美元储备外，美国还广泛动用外交和军事手段，促进美元在国际定价、结算、汇率安排和政府投资模式等领域的主导地位，比如利用沙特阿拉伯、海湾国家、日本等盟国体系及其对美国的安全依赖，促进石油的美元定价机制等。[③]

---

① 在该处，两条曲线切点的斜率相等。数学证明如下：令Y（k）=R（k）-C（k），要取得极大值，对Y（k）求导，且令dY/dk=0，可得dY/dk=dR/dk-dc/dk=0，即dR/dk=dC/dk。

② Hubert Zimmermann, *Money and Security: Troops, Monetary Policy and West Germany's Relations with the United States and Britain, 1950-1971*, Washington, D.C.: German Historical Institute, 2002.

③ Bessma Momani, "Gulf Cooperation Council Oil Exporters and the Future of the Dollar", *New Political Economy*, Vol. 13, No. 3, pp. 293-314.

2005年前后，美国故伎重演，再度向中国施压，企图迫使人民币升值。对此，伯格斯滕为美国策划“应对人民币的五大战略”①：一是利用G7和IMF，通过多边的力量，迫使中国将人民币升值，即“广场协议Ⅱ”（Plaza Ⅱ）；二是挖掘利用WTO的潜力，形成关于“中国以货币干预为手段进行出口补贴”和“WTO第15条第4款关于不得利用货币手段违反自由贸易协定精神”法案；三是通过双边手段直接施压，美国财政部通过半年一次的报告，将中国列为“货币操纵国”，迫使中国就范；四是当多边举措失效，采取单边货币干预行动，财政部进入货币市场，进行直接、间接货币买卖，借力市场手段迫使人民币升值，由于美元是国际货币和国际公认的干预货币，因此美国在“货币战争”中拥有无限武器弹药。由于人民币资本账户不开放，美国无法通过直接买卖人民币影响中国政府行为，因此美国必须寻找最佳的替代手段，让大量美元流入中国货币市场，使得中国政府要么选择通货膨胀，要么选择货币升值。五是采取更高级别的单边行动，即国会与白宫联手，通过国会立法，对中国实施单边制裁。这些方法美国已经或多或少在利用，其中，前面两个是多边战略，第三个是双边战略，最后面两个是单边战略，其性质都是一样的，那就是利用权力，影响中国的行为。

（2）结构性权力。即通过影响整体环境，包括塑造国际货币制度体系，达到影响结果（维持美元霸权地位）的能力。美元的基础是美国雄厚的综合国力，包括政治、经济、军事、文化等实力，美国的综合国力决定了国际货币运行所依赖的国际权力结构和相应的制度体系。正像苏珊·斯特兰奇所说，美国一个方面实

① C. Fred Bergsten, “The Dollar and the Renminbi”, Statement before the Hearing on US Economic Relations with China: Strategies and Options on Exchange Rates and Market Access, Subcommittee on Security and International Trade and Finance, Committee on Banking, Housing and Urban Affairs, United States Senate, May 23, 2007.

力的衰落（比如经济实力），不代表美国结构性权力的衰落，相反，通过多年的巩固发展，美国的权力反而加强了。[①] 霸权国家运用结构性权力的结果，就是改变外围国家的预期和行为模式，让他国分担美国维持货币霸权的成本，从而达到延长美元霸权的目的。

（3）权力的收益和成本。一是收益。包括：延长、维持货币的国际地位所带来的经济收益；利用国际货币的特权，诱惑或逼迫他国服从本国意志，从而取得地缘政治利益，如美国巴拿马的金融制裁、[②] 对伊朗的金融制裁等。二是成本。要发挥权力的影响，维持货币的超级国际地位，美国就必须付出一定的代价。这些代价包括：军事开支、对储备价值稳定的承诺和担保、提供出口市场、提供官方援助、当对外债务（外国人持有的本币资产）积累到一定程度导致的经济治理自主权丧失等。比如，美国必须加大军事力量的建设，保持美军的领先优势和威慑力量，保护盟友的安全，换取盟友对美元的支持。一旦其军事、外交等无法满足外国美元持有者的需要，或者经济上无法继续为外国提供出口市场（由该国经济规模决定），那么美元的基础将动摇。20 世纪 50、60 年代，当业已衰落的大英帝国最终发现，即使发挥各种外交和权力资源，也难以维持英镑的全球顶级货币地位，而且就算勉强支撑住英镑地位（比如通过外交等手段让英联邦国家保留英镑储备），英国依然要付出难以承受的国内经济代价。为了维持

---

① ［英］苏珊·斯特兰奇著，肖宏宇、耿协峰译：《权力的流散：世界经济中的国家与非国家权威》，北京大学出版社，2005 年 10 月版。

② 1988 年，巴拿马与美国产生激烈争端，美国决心将时任巴拿马总统 Manuel Noriega 赶下台，对巴拿马进行了金融制裁，冻结巴拿马在美国银行系统的资产，禁止任何对巴拿马的美元支付和转移等。由于巴拿马是“美元化”国家，其结果是巴拿马遭受了毁灭性的打击，绝大多数巴拿马本地银行被迫关门，经济面临极端的流动性短缺，动摇了巴拿马对抗美国的基础。

汇率稳定，英国央行必须保留足够的外汇储备干预汇市；为了留住外国资本，英国必须维持高水平利率，从而束缚国内经济政策自主权，甚至导致经济紧缩，带来失业。随着外国持有的英镑资产越来越多，他们对英国也具备了相当大的影响力。与之相比，维持英镑国际地位所提供的好处有限。更主要的是，英国经济军事地位急剧下滑，英国金融市场、进口市场在全球份额中缩小，难以容纳、吸收支撑其世界顶级货币地位所需国际贸易和投资量。美国、欧洲大陆等地的市场则急剧扩大，成为英国的重要替代。英国军事实力的下降，原有殖民地纷纷独立，英联邦体系分崩离析，原先那种“以安全保护换取他国对英镑地位支持”的基础也已瓦解。因此，英国最后选择接受英镑衰落的地位，其中既有被动的成分，也有主动的成分。货币的国际化水平如果超出本国的政治经济地位，将带来收益小于成本的情况。

总之，无论联系性权力还是结构性权力，其基础都是国家的综合国力。在国际货币霸权经济收益相对固定的情况下，如果一国国力衰落，维持其货币霸权的基础势将萎缩，此时，维持超越本国实力的国际货币地位，成本将超过收益。

四、避免“霸权陷阱”

货币霸权是双刃剑，一国不能一味追求货币霸权，而要根据自身情况，有选择地推动货币国际化战略，以最大程度地维护和扩大国家利益。中国不应追求“人民币独大”，在可预见的将来，中国将长期是发展中国家或中等发达国家，无力承受追求货币全球霸权所带来的巨大成本。将人民币的目标定位于“取代美元”成为全球货币霸权，不利于中国根本利益。因此，要制定好切实可行的人民币国际战略，设计好人民币崛起的战略路线图，以维护我国家利益和国际发展空间。

首先，量力而行，根据货币发行国的政治经济实力推进货币国际化。根据本杰明·科恩的划分，国际货币可分为顶级货币、显贵货币、精英货币和外围货币等几个级别，其中，顶级货币（Top Currency）是指无论在国际货币的功能领域[①]上，还是空间使用范围上，都占据垄断地位的货币，1870年以来至今，符合这个标准的只有历史上的英镑和美元；显贵货币（Patrician Currency）是指在各功能领域和空间使用范围上拥有较重要地位，不具有垄断性，符合该标准的货币包括欧元、日元等货币；精英货币（Elite Currency）是指有足够的市场吸引力，可在一定程度和范围内充当国际货币（在使用功能和范围上均较有限）的货币，如当前的英镑、瑞士法郎、加拿大元以及澳大利亚元等。[②] 可以看出，当前国际货币的格局与国际力量格局与分布基本一致，那就是各国货币的地位与各国国力的地位基本相符。经济实力很重要，但不是决定货币地位的唯一要素，欧盟的经济实力以及市场容量与美国齐驱并驾，甚至超过后者，但欧元的地位远逊于美元，因为欧盟是二流国家组成的国家间组织，其国际影响力不如美国。

其次，相机抉择，根据本国利益偏好有选择地推动货币国际化。如果某国只想追求经济利益，那么该国没有必要追求顶级货币地位，而应注重提升货币在国际贸易结算、报价、投资中的地位，提升本币的国际市场吸引力。比如20世纪60、70年代，日本、德国则为了发展经济，选择抵制日元和马克的过度国际化，因为这不利于通过加大出口促进经济发展。如果某国国力不强，

---

① 一般而言，国际货币的功能包括六个方面：作为国际记账单位是指私人国际交易报价和官方的货币“锚”；作为国际交易手段是指私人国际交易结算货币以及官方市场干预货币；作为国际价值储值手段是指私人国际投资货币和官方储备货币。

② Benjamin J. Cohen, The Benefits and Costs of an International Currency: Getting the Calculus Right, *Open Economies Review*, June 2011.

政治野心不大，并不想成为区域霸权或国际霸权，那么精英货币可能是其最好的选择。但如果某国国力雄厚，并希望在国际政治舞台发挥领导作用，那么通过市场和权力手段，促进本国货币成为显要货币或顶级货币是可行的选择。

第五节　优化中国货币战略

人民币的崛起，是中国崛起和中华民族复兴的重要组成部分，既是政治问题又是经济问题。但人民币崛起需要大战略。当前，人民币走出去面临历史性机遇，同时面临多方面挑战，应该立足长远，面向世界，统筹谋划，制定科学可行的中国货币大战略。推进人民币成为国际强币，要明确战略定位，做好“顶层设计”，既需要国家的保驾护航，又需要发挥市场力量的推动作用。同时，还需要搞好经济金融外交，联手国际同道，推进国际合作，完善全球治理，在国际货币体系“增量”中推进渐进改革，提升人民币的国际地位，尤其需要创新思维，处理好与美元的关系，这是人民币最终崛起要谨慎处理好的关键问题。战略贵在实施，当前，我国“一带一路”宏伟规划已经扬帆起航，这是做大做强人民币的历史性机遇，要善加把握，扎实推进，创造强大人民币和民族复兴的辉煌伟业。

一、服务总体，加强“顶层设计”

国际货币地位从来只是大国的结果，而不是大国的原因。国家具备强大的政治经济实力，是一国提升其货币国际地位的基础和前提。强币可以为发行国带来经济收益和一定的国际权力杠杆，能在一定程度上增强该国实力，但历史上鲜有仅通过提升货币地位而实现强国富国梦的案例。决定一国实现民族复兴的，不是该国的货币，而是该国的资源、人口、科技教育以及良好的制度和国家发展战略；相反，如果一国实力不足，“硬撑”着维持国际强币角色，反而可能有损该国国家利益。恰当的货币战略定位，才是服务国家利益的最佳选择。

因此，必须将人民币战略纳入到国家总体战略目标当中。人民币国际化战略是国家总体发展战略的一部分，前者必须服务于后者。国家总体战略是人民币战略的基础和前提，而货币战略是实现国家总体战略的手段之一。当前，不少人认为货币的特权能为一国带来丰厚利益，因此主张国家的崛起必须追求国际货币霸权，该说法夸大了货币对一国发展的地位和作用。人民币“绝不应为了国际化而国际化，而应成为深化改革、扩大开放从而实现中国总体战略发展目标的重要手段。”①

首先，要明确国家总体战略目标。中国共产党“十八大”再次明确重申了中国的总体战略发展目标，即到2020年全面建成小康社会，到新中国成立100周年（2049年）建成富强、民主、文明与和谐的社会主义现代化强国。中国目前仍是发展中国家，中国经济无论在人均产值，还是创新能力、产业竞争力等方面，在未来相当长时间内，仍难超越西方发达经济体，要推动人民币走向国际，必须认清形势，始终坚守该战略主线。

其次，要依据国家总体发展战略，把握人民币国际化的节奏，积极稳妥循序渐进推进实现人民币自由兑换和货币国际化。纵观国际货币发展历史，至今尚无发展中低收入国家的货币充当过国际强币。在实现21世纪中叶将我国建成市场体系完善的现代化强国之前，人民币尚无力承担过多国际责任，无力成为国际货币霸主。当前阶段，货币国际化要服务于国内经济改革和结构调

① 成思危：《人民币国际化之路》，北京：中信出版社，2014年2月版，第7页。

整，服务于促进经济的内、外部平衡，服务于推动中国经济起飞。在国家崛起和起飞阶段，人民币国际化总体上有助于吸收利用国际金融资源（包括铸币税等），有助于我国居民和企业降低交易成本，促进中国企业在海外的扩张，但必须强化对国际资金流动的监管，以降低货币自由化后的不利冲击。

第三，全国一盘棋，统筹国内国外两个大局，以系统的眼光和思路，处理协调好人民币事务和我国经济、金融、财政、经贸、投资、产业、社会、外交、安全等发展与改革事务之间的关系。人民币战略不仅仅包括国际化战略，还包括国内战略，要促进人民币与国内其他方面发展之间相得益彰的关系，形成“总体大于部分之和”的大合力；国强才能货币强，唯有将人民币战略建立在国家综合国力增长的基础之上，才能有更加光明的未来。

二、立足市场，政经结合助推人民币国际化

纵观国际货币发展史，市场选择和政治保障是一国货币行于世界之林的两大“车轮”，缺少任何一个方面，终难形成大气候。人民币要更好走向世界，需要市场和国家两大力量相互配合，共襄盛举，共同推动。

（一）自觉发挥市场的基础性作用

国际强币一定是受国际市场欢迎的货币，而市场选择是建立在趋利基础上的。因此，要立足国情，一是完善金融市场建设。要培育建设开放、公平、有广度、有深度的金融市场，提供品种丰富、高质量的人民币金融产品，利于各国人民持有购买。二是出台对全球投资者和人民币使用者有利可图的政策，增加人民币在国际市场上的吸引力，比如，加大金融改革，降低购买、持有、投资人民币资产的成本；加大制度和管理机制建设，确保信

息共享、法治完善、规则健全，增强国际对人民币的信心；健全财政，发展经济，加强宏观审慎管理，提升民众对人民币资产的保值和盈利预期；等等。对中国居民与企业而言，在国际交易中使用人民币，有利节省交易成本，提供便利；对境外居民而言，坚挺、稳定的人民币，提供了全球配置资产的新选项，提供分享中国经济发展红利与稳定世界经济的新渠道，因此，人民币国际化是有结实的市场力量支撑的。

上述是对市场力量的“被动利用”，主要做法是促进市场自由化、便利化，搞好市场宏微观环境。要用好市场力量，除此之外，还要“主动利用”，即根据人民币国际化的战略规划，有意创造、培育市场力量，“四两拨千斤”，助推具体计划目标的实现。比如，有意通过税收安排、工商便利甚至金融支持等政策，培育人民币的使用群体；推动国内居民和企业（包括部分境外居民和企业）在定价、支付、结算、投资等经济活动中，使用人民币；利用我资源进口大国地位，在完善市场交易基础设施的同时，促进国内外市场主体在石油、矿石、粮油等大宗商品交易中，部分使用人民币等等。

（二）主动发挥国家保驾护航和引领支撑作用

近年来，中国政府为人民币国际化做了大量工作，在国内，加大金融市场改革，推进新型自贸区开放试点，不断完善法律制度与管理机制建设，规范市场行为净化市场环境；在国际上，加强与各国双边、区域与国际的货币金融合作，扩大货币互换，加大海外离岸中心和清算中心建设，推进人民币国际支付结算体系，推动“亚投行”、“金砖银行”等国际金融机构，这些举措为人民币国际化铺平道路。此外，国家还应通过强大的外交、安全力量，确保国内稳定和国家安全，确保人民币相关的海外利益安全，等等，这些对稳定国际社会对人民币信心举足轻重，是人民币走向全球的重要保障和有力支撑。

（三）国家与市场各有长处，要善于综合利用，为人民币国际化排除险难

货币体系问题牵涉方方面面，仅从货币金融角度，难以解决问题，有时除了金融与货币措施，还应用综合策略，结合经贸、投资、政治、外交等手段，走“综合治理”之道。

第一，经贸金融结合，制定大金融战略和大贸易战略。国际贸易和金融紧密关联，两者本来是一体的。但由于各种原因，目前国际上金融和贸易彼此分立，各有一整套国际管理机制，两者相互独立，互不牵涉。罗伯特·佐利克称，贸易问题其实就是货币问题，贸易和金融的分割已经成为当前国际货币体系尚未解决的最大历史遗留问题之一，而这种割裂，客观上也导致各国金融与贸易政策的互不关联。

金融与贸易是人民币国际化的两个助力，缺一不可。巴里·艾肯格林等的研究表明，美国早在1870年前后，经济产值就已经超越英国，在1912年，商品出口超过了英国，即使如此，美元在国际上却没有任何地位。但自从1913年美联储成立以来，美元的地位开始出现翻天覆地的变化。一是大力发展国际金融。允许银行设立海外分支机构，建立国际金融网络；允许银行从事贸易信贷业务；大力建设有深度、广度和高流动性的本国金融市场以及国际金融中心。二是拓展国际贸易网络，确保美国商品和服务可自由出入各主要国际市场。美国两路并进，尤其是“基于贸易承兑汇票市场的发展”，后者极大促进美国与世界各国的贸易，也吸引了全球商人的眼光，美元最终在国际舞台上出露头角。

中国当前已经是世界第一商品贸易大国，是世界上100多个国家和地区最重要的贸易伙伴。但是，中国还不是贸易强国。中国的服务贸易水平较低，加工贸易仍占相当大比例，国际贸易的增长方式仍是粗放型，缺乏自主创新。中国还面临巨大的国际贸易规则竞争的压力。中国的金融服务业同样发展滞后，与美欧相比，金融业竞争力仍有较大差距。因此，中国应借鉴美国的经验，将金融与贸易相互贯通，统筹考虑，制订大经贸与大金融战略，为人民币走向世界夯实基础。

第二，应对“特里芬难题”。20世纪60年代，美国教授特里芬首次提出，布雷顿森林体系双挂钩模式不可持续，因为世界各国对美元需求日增，而美元供应是以美国经常项目逆差方式提供的，当外部世界的美元债权积累到一定程度，人们对美元的信心也趋于下降，最终会出现向美国挤兑黄金的现象。黄金非货币化，再加上浮动汇率制度的确立，使“特里芬难题”大大缓解，以至于一度出现“特里芬难题”消失的声音。

“特里芬难题”是主权货币充当国际货币时出现的问题，其意义与20世纪60年代相比，已经有了很大的变化，现在泛指一国货币的流动性清偿与信心问题。除非货币本位发生根本变化，否则该问题难以完全消除。人民币成为国际货币之后，也会面临该问题，从而可能对我国经济稳定带来挑战。制订人民币国际战略，应该将该问题列入考虑范围之内。一是充分发挥金融市场的功能，应对流动性不足问题。社会上一直存在误解，认为要向国际提供流动性供给，只有通过贸易逆差的渠道，这导致“特里芬难题”被片面化和被夸大化。历史上，英镑的国际化并没有导致“特里芬难题”，因为英国的发展模式是以资本输出带动商品输出，形成良性循环。理论上，要让货币走出去，除了贸易渠道之外，还可以通过国际借贷、国际资本市场运作等实现目的。美国之所以面临“特里芬难题”，与其债务型经济模式不无关系。二是建立机制化国际合作网络。强有力的国际货币合作，可以在一定程度上缓解信心危机，并解决流动性清偿问题。三是推动国际货币体系的改革。“特里芬难题”本质上是当前国际货币体系的制度缺陷。要从根本上消除，必须推动货币体系的改革，加强国际治理。

三、创新思维，推动全球金融共治

人民币国际化进程深受国际因素制约，同时也对全球带来巨大影响。中国的国际地位今非昔比，“埋头苦干”闷声做大人民币已是不可能的任务，中国无法自外于国际社会，因此必须制订好人民币的国际战略。一是继续推进双边、区域金融合作，适当让利，累积共识，培育人民币影响圈。二是联合同道，推进“增量建设”和“外围改革”，渐进推进国际货币体系改革。“亚投行”和金砖银行等是当前国际金融体系的“增量建设”，在不挑战现有秩序的前提下，结合国际需要，在局部建立与现有体系互补和竞争的新机构新机制，一方面倒逼国际改革，另一方面，在“增量”和“外围”制度改革和建构中，扩大中国的话语权。“增量建设”还指在现有机构改革中，先不触碰既得利益者的“奶酪”，通过扩大其规模和功能，在增量部分提升新兴大国的地位和权力分配，引入新理念新机制。三是完善多边治理，自觉维护G20、世界银行、世界贸易组织等的地位。放弃狭隘的货币霸权思想，立足自身和国际长远利益，主动推动建立科学稳定、公正合理的国际货币体系。

构建新兴与传统强币的新型合作关系是重中之重。新兴大国与传统大国的关系，一直是国际关系中最棘手的一对关系。中国与美国能否构建“新型大国关系”，将是困扰世界政治的长期性问题。反映在货币领域，就是人民币和美元之间的竞争关系。罗伯特·蒙代尔曾忧心忡忡地说，“不知道未来日元与人民币、日元与美元（注：在80年代末，日元正处上升势头）将是一种什么关系，我们只是衷心希望：在预测国际货币体系未来演变时，不需要考虑重要经济大国之间的正面冲突。”①

历史上，新兴强币取代传统强币往往是战争的结果，即老牌帝国被新兴帝国打败和取代，传统货币逐步退出历史舞台。美元取代英镑是特殊的历史过程，美、英并非通过战争，而是通过“和平”的方式实现地位转换。首先，两次世界大战，使得英、法、德等欧洲列强的实力遭受重挫，沦为二流国家，而美国则大发战争财，坐收渔利，垄断全球四分之三的黄金储备，崛起为全球霸权。其次，英美存在的特殊关系，也使货币格局转换带有特殊的“烙印”。其三，战后国际地缘政治出现巨变，两极格局的出现，使得美、英及其他欧洲强国面临共同的地缘政治压力。同时，在南亚、东南亚等地的民族独立运动，以及苏联势力的扩张，使得英国对美国存在巨大的战略需求，美国也需借重与英国的盟友关系，实现美国的全球目标。即使如此，美、英的货币主导权交接过程中还是出现激烈的地缘政治角力。1956 年苏伊士运河危机，即是美国借强大的政治、军事、经济、金融实力，迫使英国放弃英联邦体制的残余，为美元走向全球扫清道路的重要布局。

人民币崛起如何应对美元的战略挑战？战争显然很难成为选项，但可以预见，双方的战略冲突难以避免。为管控好双方潜在的冲突，中国应及早制定好人民币的长远战略。

第一，探索可行的中美新型大国关系，即以相互尊重、互利共赢为核心的双边伙伴关系。为巩固、加强该种关系，中美双方应以此为核心，加大双边交流，建立包括从机制化的高层次战略沟通和对话，到普通民间的经济文化交流的立体化多层次关系，

① ［美］罗伯特·蒙代尔著，向松祚译：“国际货币：过去，现在和未来”，自《蒙代尔经济学文集》（第六卷），北京：中国金融出版社，2009 年 1 月版，第 133 页。

累积共识，促进共同利益。最重要的是，要有清晰可预测的国家战略，及时让美方知晓：中国的长远战略目标，就是中国无论在历史上还是在现实性上，永远都不谋霸、不称霸；中国追求改革现有秩序，但不挑战现有秩序，而且是现有秩序的得益者。

第二，推动构建包容有序的国际金融秩序。“人民币独大”并非我国应该追求的战略目标，在可预见的未来，中国将在相当长的时期内是发展中国家或中等发达国家，中国的国力无法承受“人民币独大”的巨大成本。人民币的未来定位是国际主导货币，或者顶多实现与美元、欧元“三足鼎立”局面，并要协调处理好与其他强币之间的关系，而非一味如某些政治学家鼓吹的“取代美元”成为“顶级货币”。即使是美元在其顶峰时期，比如二战之后的50年代，美国在巨大的承重下也独力难支，最终被迫放弃原先设计的美元全球制度。从某种程度上，美元是“被霸权”的，因为布雷顿森林体系初建时的“游戏规则”并非后来的“双挂钩”模式，后者明显不符合美国的长远利益。明确人民币的战略目标定位，制定符合我国家利益和国家实力的货币国际化战略，有利于缓解与美元的竞争关系。

第三，加大与欧元、日元以及其他新兴货币的战略合作。一方面，加强货币之间的合作，有利于促进各方贸易与投资，有利于增进各自的经贸关系，有利于抵御外部风险，维护国际经济稳定。另方面，在人民币的壮大过程中，应根据实际情况，促进与其他各国货币的合作，更好地抗衡美国维持美元霸权的战略压力。

四、借力“一带一路”，为人民币崛起添翼

以习近平为总书记的新一代中央领导集体履新以来，中国对外经贸布局出现新的拓展，为亚太经济一体化带来新的动力和

“中国选项”。“一带一路”战略（BAR，Belt and Road Initiative）即“丝绸之路经济带”和“21世纪海上丝绸之路”的提出，翻开亚太经贸合作新的一页。2013年9月和10月，中国国家主席习近平在哈萨克斯坦和印度尼西亚分别提出建设“新丝绸之路经济带”和“21世纪海上丝绸之路”的战略构想，[①] 立刻引发全球关注。随后，中国政府开始密集部署和宣传，使得“一带一路”战略逐步清晰、完善。[②] 中国国务院总理李克强参加2013年中国－东盟博览会时强调，铺就面向东盟的海上丝绸之路，打造带动腹地发展的战略支点。2014年11月4日，习近平总书记在中央财经领导小组第8次会议和11月8日北京钓鱼台国宾馆举行的“加强互联互通伙伴关系对话会”等重要会议上，进一步作出部署。2015年2月1日，推进“一带一路”建设工作会议在北京召开，中国国务院副总理张高丽主持会议并讲话。[③] 2015年博鳌亚洲论坛开幕式上，习近平发表主旨演讲，进一步阐明“一带一路”战略。2015年3月28日，国家发改委、外交部和商务部联合推出《推动共建丝绸之路经济带和21世纪海上丝绸之路的愿景与行动》，标志着中国“一带一路”战略进入全面实施阶段。

（一）全新的布局

“一带一路”战略是中国对外经贸战略布局的伟大创举，是中国历史上首次以全球大国姿态推出的由中国主导的国际经贸合作项目。数千年来，虽然中国曾是世界上首屈一指的大国，曾拥

---

① 参见2013年9月7日习近平在哈萨克斯坦纳扎尔巴耶夫大学的演讲，以及2013年10月3日习近平主席在印尼国会的演讲。

② 最早，“一带一路”工程主要是推进地区基础设施互联互通，之后逐步扩展完善，成为涵盖政策、基础设施、资金、商品、人文沟通等“五通”的经济、金融、贸易、文化、外交等综合性战略大工程。参见Scott Kennedy，David A. Parker，Building China’s “One Belt，One Road”，http：//www. csis. org?，Apr 3，2015.

③ “‘一带一路’建设工作领导小组成员亮相”，中国经济网，2015年2月2日。

有全球近1/3的国民产值，但是提出如此横跨亚非欧三大洲、牵涉65个国家、动员全球资源的经贸投资合作战略，尚属首次。因此，“一带一路”与“马歇尔计划”或任何其他西方主导的区域合作不同，是中国的国际制度创新，无论是在合作理念、机制、模式还是内容上，均深深打上中国烙印，势将引领亚太经济合作新潮流。[①]

首先，新的合作理念。从目标上看，“一带一路”发扬“和平合作、开放包容、互学互鉴、互利共赢”的古丝绸之路精神，致力于亚欧非大陆及附近海洋的互联互通，建立和加强沿线各国互联互通伙伴关系，构建全方位、多层次、复合型的互联互通网络，实现沿线各国多元、自主、平衡、可持续的发展，最终建成中国与周边及沿线国家的利益共同体、责任共同体以及生命共同体。共建“一带一路”旨在促进经济要素有序自由流动、资源高效配置和市场深度融合，推动沿线各国实现经济政策协调，开展更大范围、更高水平、更深层次的区域合作，共同打造开放、包容、均衡、普惠的区域经济合作架构。从原则上看，在恪守联合国宪章的宗旨与原则和遵守和平共处五项原则基础上，坚持开放合作，坚持和谐包容，坚持市场运作，坚持互利共赢。

其次，新的合作模式。“一带一路”是促进共同发展、实现共同繁荣的合作共赢之路，是增进理解信任、加强全方位交流的和平友谊之路。“一带一路”基于共商、共建和共享的模式，坚持开放、包容、灵活、多元的合作机制，而非大国主导、针对第三方的战略意味浓厚的西方“老路”。对这种创新性的合作模式，目前国际政治理论、经济合作理论尚难以提供有说服力的解释。

第三，新的合作内容。不同于现有的自由贸易区、关税同

① 国家发展改革委、外交部、商务部：“推动共建丝绸之路经济带和21世纪海上丝绸之路的愿景与行动”，国家发改委官网，2015年3月28日。

盟、共同市场和经济一体化的经济合作模式，“一带一路”是在多方平等协商基础上，以基础设施互联互通为抓手，以沿线产业园区和经济合作走廊为依托，以开放创新的金融合作、政策沟通和人文交流为辅翼的新型经贸合作路径。基于亚洲各国的历史文化和经济发展实情，该工程以政策沟通、设施联通、贸易畅通、资金融通、民心相通（五通）为主要内容加强合作，实际上涵盖贸易、金融、投资、产业、基础设施、科技文化、外交等领域，已经远远突破美国 TPP、TTIP 及其他所有“21 世纪经贸规则体系”的框架，目标宏大深远。

（二）全新的影响

“一带一路”是宏大综合的国家经贸战略，将对全球政经发展产生重要的战略性影响。[①]

首先，人心所向，“一带一路”倡议引领国际区域合作的新潮流。“一带一路”倡议基于亚欧共同历史遗产和现实发展需求，倡导各国共同参与、共享共建、合作共赢，其目的不是为了建立“势力范围”或谋求“地缘目的”，而是推动形成“利益共同体、责任共同体和生命共同体”。一是更切合国际现实需求。“一带一路”项目并非如 TPP 等美方倡导的高门槛倡议那么遥不可及或水土不服，而是立足实情，切实可行的合作倡议。二是更有利全球和谐发展。“一带一路”与当前各国已有发展战略对接融合，它的提出充分考虑到俄罗斯“欧亚联盟”战略、印度“东向战略”、韩国的“亚欧倡议”、欧洲的融入亚洲战略，可以有效汇聚合力，避免战略摩擦。反观美国的 TPP 模式、日本的 EPA 模式等，不仅广度、深度以及空间范围有限，而且与亚洲各国当前的经贸战略和“强国梦想”交集有限，难孚众望。三是不挑战和冲击现有国

---

① Scott Kennedy，David A. Parker，Building China's “One Belt，One Road”，http：//www. csis. org?，Apr 3，2015.

际秩序。“一带一路”建立在当前已有的合作机制基础上，如上海合作组织（SCO）、中国—东盟“10 + 1”、亚太经合组织（APEC）、亚欧会议（ASEM）、亚洲合作对话（ACD）、亚信会议（CICA）、中阿合作论坛、中国—海合会战略对话、大湄公河次区域（GMS）经济合作、中亚区域经济合作（CAREC）等现有多边合作机制作用，不是空中楼阁。同时，中国多次重申，中国在倡导推进“一带一路”、“亚投行”等的过程中，将与世界银行、亚洲开发银行等全面合作，并欢迎美国等西方国家参与共建。但是，中国引领的国际合作机制遵循新的包容性发展理念，不同于现有美西方主导的国际体系，两者有一定竞争，但更多是补充完善，有利于推进世界发展。

其次，齐心协力，“一带一路”倡议推动“亚欧经济时代”来临，助力“亚洲世纪”诞生。从当前公布的内容看，“一带一路”工程覆盖东北亚部分地区、东南亚、南太平洋、南亚、中亚、西亚和东欧等广大区域，其中：丝绸之路经济带重点畅通中国经中亚、俄罗斯至欧洲（波罗的海）；中国经中亚、西亚至波斯湾、地中海；中国至东南亚、南亚、印度洋；21 世纪海上丝绸之路重点方向是从中国沿海港口过南海到印度洋，延伸至欧洲；从中国沿海港口经过南海到南太平洋。[①] 虽然这是中国历史上首次全球意义上的经贸战略布局，规模庞大，项目庞杂，且缺乏国际经验，但由于其不同于西方殖民主义、帝国主义和霸权主义传统，该倡议一经推出，便受到60 多个国家的欢迎和全球主流舆论的好评，先声夺人。[②] 与该项目相关的“亚洲基础设施投资银行”（AIIB）、“丝路基金”等金融合作项目，从提出到启动的短短 1

① 国家发展改革委、外交部、商务部：“推动共建丝绸之路经济带和21 世纪海上丝绸之路的愿景与行动”，国家发改委官网，2015 年 3 月 28 日。

② 王毅：“构建以合作共赢为核心的新型国际关系”，在中国发展高层论坛午餐会上的演讲，2015 年 3 月 23 日。

年多时间，获得多国支持和加入。[①]

数千年来，地球上政治经济重心是欧亚大陆，古丝绸之路是联通欧亚大陆东西两端繁华市场的通商之道、交流之道，推动人类社会进步。500 年前，由于世界经济与技术的发展，尤其是航海技术的发展，大西洋、太平洋和印度洋取代“丝绸之路”，成为国际经贸的新主干道，“海洋”文明上升为人类文明和经济生产的重心。世界经济与科学技术的发展，尤其是航空、高铁、高速公路以及网络信息等的发展，“一带一路”倡议应运而生，新丝绸之路崛起，“欧亚经济”和新亚洲秩序开始到来。[②] 今后，亚欧整合将成为亚太经贸合作与一体化的新重心、新方向，合作的广度深度将进入新的水平。

第三，激发活力，重塑全球经济产业格局。“一带一路”的影响不仅限于亚太，而是具有全球性。一是改变产业格局。“一带一路”引领亚欧大陆各国合作新潮，将使得占全球 63% 人口、GDP 规模占全球 29%、以广大发展中国家为主体的世界性新兴大市场逐步形成、壮大，使得资金、技术、人力资本等国际流动聚焦亚欧大陆，新生产业业态不断发展，从而改变全球的产业布局。二是改变全球的货币金融格局。在“一带一路”的带动下，“亚投行”、丝路基金等新兴国际金融机构以及沿线各国的经济金融合作，必将推动各国的货币合作、银行联盟合作、亚洲金融市场的广化深化、人民币国际化的加速推进，从而促进美国主导的全球货币金融体系的“再平衡”，推进国际货币与金融体系向更合理更稳定方向发展。三是改变全球经济治理格局。“一带一路”、“亚投行”等无论在资金、技术、经验上，还是在全球治理

① 亚投行在创始国申请最终期限 2015 年 3 月 31 日，已经吸引超过 50 个国家递交申请书。其中，英国、德国、法国、意大利、韩国、澳大利亚等美国盟国在美方的警告和压力下，仍然积极加入亚投行。亚投行受欢迎程度超出各国预期。

② Evan A. Feigenbaum, The New Asian Order, *Foreign Affairs*, Feb. 2, 2015.

模式上，能相当程度满足亚欧发展中国家经济社会发展的巨大需求，而这是亚洲开发银行（ADB）、世界银行等现有国际金融机构一直想做但无力实现的。当前世界经济已陷入“新平庸”[①] 低迷期，西方力推多年的非常规货币政策等刺激措施不但不能重启世界经济，反而给全球增添新的不确定因素。“一带一路”引领的全球经济倡议，倡导新型国际合作，注重基础设施建设和包容性发展，为救治当前世界经济慢性病提供“一剂良方”。

（三）抓住机遇，助力人民币崛起

“一带一路”和“人民币国际化”是中国两大重要发展战略，而这两者有一定重叠，是相得益彰相辅相成的关系。其中，“一带一路”的“五通”中，有一个是资金货币相通，即推动“一带一路”国家货币金融合作，共建统一金融市场，共建金融基础设施和金融安全网络，因此推动落实“一带一路”倡议将直接为人民币走出去带来巨大机会。“一带一路”对人民币国际化的间接作用更加突出，因为“五通”中的其他四通无不有利人民币国际化：政策相通有利国际互信和沟通，可提升对人民币的信心；贸易相通和投资资金相通，有利推动人民币计价、结算的国际使用，提升人民币的影响力；道路和其他基础设施相通，便于人民币的流通、汇兑、转移和使用；民心相通，则可提升境外民众对人民币的认知度和亲和度。因此，“一带一路”战略的实施是人民币国际化的历史性机遇，要善加利用，逐步在沿线地区建立与欧元区、美元区相对应的人民币货币区。

第一，发挥中国的经济与地缘优势，促进区域经济一体化，推动人民币成为关键的贸易计价结算货币。“一带一路”沿线国

① 2014年10月9日，IMF总裁拉加德（Christine Lagarde）在2014年IMF—世界银行秋季年会上，提出需要通过大胆的政策，避免全球经济增长陷入“新的平庸状态”（new mediocre）。

家与中国互为重要经贸伙伴国，中国是其中多个国家最大的贸易伙伴。这些国家和中国的双边贸易额超过了1万亿美元，占到了中国外贸总额的四分之一。在对外投资方面，中国是其重要资金来源国。随着中国的经济快速增长，两者经贸联系将进一步增强，人民币的国际需求将大幅提升。其中，中国与该地区地理接近，国土相邻，道路联通，信息通畅，人民相交，这是美、欧、日所不具有的巨大优势，是人民币走出国门的天然条件，作用不可低估。

第二，发挥资金投资和基础设施建设的优势，推动人民币成为该地区的关键投资货币。根据亚洲开发银行的估计，未来10年，亚洲基础设施每年资金缺口8千亿美元，而中国拥有比较高的基础设施的建设水平，并已经成为国际最大对外投资者（从流量看），因此，有条件成为“一带一路”基础设施融资体系的组织者和重要的资金供应方，使人民币成为最常用的基础设施投融资货币。此外，随着“一带一路”相关的六大“经济走廊”建设推进，以及各类产业园区的落地，中国在“一带一路”国家的投资占比将从目前对外总投资的13%进一步提高，未来10—20年每年总投资将超过1500亿美元，为人民币国际化打造重要支撑点。

第三，发挥资源消费大国优势，推动人民币成为世界关键资源计价结算货币。中国的原油、大宗粮食商品、金属矿物等进口量全球第一，是国际大宗商品的主要需求国，占中国总进口的20%（近8000亿美元），且未来进口消费还将进一步提升。“一带一路”区域是全球资源的出口基地，随着“五通”渐成规模，中国对全球资源的影响力和定价权必将提升，并推动部分大宗商品改由人民币定价。据估算，如果“一带一路”沿线国家对华出口的大宗原材料和能源有一半使用人民币计价结算，那么全球贸易中人民币计价结算的份额会提升到7.05%，这样无疑会大大提升人民币国际化的水平。[1]

第四，发挥我政治与外交优势，推动区域与国际多边货币金融合作，为人民币“起飞”打造更大国际平台。目前，“一带一路”发展战略已经进入加速实施阶段，以此为平台，中国已经在推动国际货币与金融合作方面成果良多，包括亚投行、丝路基金、上合银行、中国—东盟开发银行等新型多边金融基础设施，从区域层面初步实现对现有国际金融体系的突破，打破束缚人民币国际化的国际制度约束。同时，货币互换、本币贸易结算等双边金融合作深入开展，区域共同金融基础设施（亚洲统一债券市场等）和金融安全网络（如“清迈倡议”升级版）建设加速起步，人民币国际化将拥有越来越多的国际大平台，人民币在国际上的合法地位将进一步巩固。

总之，作为影响全球政治经济格局的大手笔，“一带一路”发展战略与人民币国际化战略相得益彰，是中国推进人民币战略的重要契机和抓手。“海阔凭鱼跃，天高任鸟飞”，有了日益繁荣强盛的祖国的支撑，人民币一定能直抵云霄，为中华民族伟大复兴和世界繁荣发展作出伟大贡献。

---

① 陈雨露：“人民币有望在两年内成为第四大国际货币”，2015 国际货币论坛暨《人民币国际化报告》发布会，中国人民大学，2015 年 7 月 18 日。

附　录

人民币国际化大事记[1]
（2009—2015）

2009 年

1 月 20 日，中国人民银行与香港金融管理局签署了规模为 2000 亿人民币/2270 亿港币的双边本币互换协议。

2 月 8 日，中国人民银行与马来西亚国家银行签署了规模为 800 亿人民币/400 亿林吉特的双边本币互换协议。

3 月 11 日，中国人民银行与白俄罗斯共和国国家银行签署了

---

① 根据中国人民银行网站资料整理，其中，2015 年统计到 9 月 30 日之前。据个人观察，截至目前，人民币国际化进程大致可以分为三大阶段：第一阶段是 2008 年之前的时期。人民币国际化处在探索尝试和准备阶段，中国对人民币国际化的路径、战略尚在摸索和讨论中。第二阶段是 2009 年—2014 年。金融危机的爆发，激发全球对当前国际货币体系的深思和大讨论。2009 年后，人民币国际化进入主动推进的新阶段，也是取得快速进展的时期。该阶段与之前阶段有较大的不同，中国政府路线明确，积极作为，国内力推金融改革，国际加强货币与金融合作，并加快金融制度建设和金融基础设施建设，开创人类史无前例的货币国际化大实践（与法国法郎、英镑、美元以及德国马克、日元等不同）。第三阶段是 2015 年以后。该阶段，中国货币的国际化进入全新领域，其标志是中国主导推出“一带一路”倡议、亚洲基础设施建设银行、“金砖银行”等系列国际性经济、金融大手笔。2015 年 11 月 30 日，IMF 宣布将人民币纳入 SDRs 货币篮子，成为人民币国际化历程中的里程碑性事件。

规模为200亿人民币/8万亿白俄罗斯卢布的双边本币互换协议。

3月23日，中国人民银行与印度尼西亚银行签署了规模为1000亿人民币/175万亿印尼卢比的双边本币互换协议。

4月2日，中国人民银行与阿根廷中央银行签署了规模为700亿人民币/380亿阿根廷比索的双边本币互换协议。

4月20日，中国人民银行与韩国银行签署了规模为1800亿人民币/38万亿韩元的双边本币互换协议。

6月29日，中国人民银行与香港金融管理局就内地与香港跨境贸易人民币结算试点业务签订《补充合作备忘录（三）》。

7月1日，中国人民银行、财政部、商务部、海关总署、国家税务总局和中国银行业监督管理委员会联合发布《跨境贸易人民币结算试点管理办法》（中国人民银行 财政部 商务部 海关总署 国家税务总局 中国银行业监督管理委员会公告〔2009〕第10号）。

7月3日，中国人民银行与中国银行（香港）有限公司签署修订后的《香港人民币业务清算协议》，配合跨境贸易人民币结算试点工作的开展。

7月3日，为贯彻落实《跨境贸易人民币结算试点管理办法》，中国人民银行发布《跨境贸易人民币结算试点管理办法实施细则》（银发〔2009〕212号）。

7月6日，上海市办理第一笔跨境贸易人民币结算业务；人民币跨境收付信息管理系统（RCPMIS）正式上线运行。

7月7日，广东省4城市启动跨境贸易人民币结算试点工作。

7月14日，中国人民银行、财政部、商务部、海关总署、国家税务总局、中国银行业监督管理委员会联合向上海市和广东省政府发布了《关于同意跨境贸易人民币结算试点企业名单的函》（银办函〔2009〕472号），第一批试点企业正式获批开展出口货物贸易人民币结算业务，共计365家。

9 月 10 日，中国人民银行和国家税务总局签署《跨境贸易人民币结算试点信息传输备忘录》。

9 月 15 日，财政部首次在香港发行人民币国债，债券金额共计 60 亿元人民币。

11 月 6 日，中国人民银行批复国家开发银行开展境外项目人民币融资试点业务，这是我国金融机构首次开展此类业务。

12 月 22 日，中国人民银行发布《跨境贸易人民币结算试点相关政策问题解答》。

2010 年

2 月 11 日，香港金融管理局发布《香港人民币业务的监管原则及操作安排的诠释》。

3 月 8 日，中国人民银行发布《人民币跨境收付信息管理系统管理暂行办法》（银发〔2010〕79 号）。

3 月 19 日，中国人民银行和海关总署签署《关于跨境贸易以人民币结算协调工作合作备忘录》。

3 月 24 日，中国人民银行与白俄罗斯共和国国家银行签署了《中白双边本币结算协议》。该协议是我国与非接壤国家签订的第一个一般贸易本币结算协议。

6 月 9 日，中国人民银行与冰岛中央银行签署了规模为 35 亿人民币/660 亿冰岛克朗的双边本币互换协议。

6 月 17 日，中国人民银行、财政部、商务部、海关总署、国家税务总局和中国银行业监督管理委员会联合发布《关于扩大跨境贸易人民币结算试点有关问题的通知》（银发〔2010〕186 号），扩大跨境贸易人民币结算试点范围。

7 月 19 日，中国人民银行与香港金融管理局在香港签署《补充合作备忘录（四）》，与中国银行（香港）有限公司签署修改后的《关于人民币业务的清算协议》。

7 月 23 日，中国人民银行与新加坡金融管理局签署了规模为 1500 亿人民币/300 亿新加坡元的双边本币互换协议。

8 月 17 日，中国人民银行发布《关于境外人民币清算行等三类机构运用人民币投资银行间债券市场试点有关事宜的通知》（银发〔2010〕217 号）。

8 月 19 日，经中国人民银行授权，中国外汇交易中心在银行间外汇市场完善人民币对马来西亚林吉特的交易方式，发展人民币对马来西亚林吉特直接交易。

8 月 31 日，中国人民银行发布《境外机构人民币银行结算账户管理办法》（银发〔2010〕249 号）。

11 月 22 日，经中国人民银行授权，中国外汇交易中心在银行间外汇市场完善人民币对俄罗斯卢布的交易方式，发展人民币对俄罗斯卢布直接交易。

2011 年

1 月 6 日，中国人民银行发布《境外直接投资人民币结算试点管理办法》（中国人民银行公告〔2011〕第 1 号），允许跨境贸易人民币结算试点地区的银行和企业开展境外直接投资人民币结算试点，银行可以按照有关规定向境内机构在境外投资的企业或项目发放人民币贷款。

4 月 18 日，中国人民银行与新西兰储备银行签署了规模为 250 亿元人民币/50 亿新西兰元的双边本币互换协议。

4 月 19 日，中国人民银行与乌兹别克斯坦共和国中央银行签署了规模为 7 亿元人民币/1670 亿乌兹别克斯坦苏姆的双边本币互换协议。

5 月 6 日，中国人民银行与蒙古银行签署了规模为 50 亿元人民币/1 万亿蒙古图格里克的双边本币互换协议。

6 月 3 日，中国人民银行发布《关于明确跨境人民币业务相关问题的通知》（银发〔2011〕145 号）。

6 月 9 日，昆明富滇银行与老挝大众银行共同推出人民币与老挝基普的挂牌汇率。

6 月 13 日，中国人民银行与哈萨克斯坦国家银行签署了规模为 70 亿元人民币/1500 亿坚戈的双边本币互换协议。

6 月 23 日，中国人民银行与俄罗斯联邦中央银行签订了新的双边本币结算协定，规定两国经济活动主体可自行决定用自由兑换货币、人民币和卢布进行商品和服务的结算与支付。

6 月 28 日，中国工商银行广西分行和中国银行新疆分行相继推出人民币兑越南盾、哈萨克斯坦坚戈挂牌交易。

6 月 30 日，交通银行青岛分行、韩国企业银行青岛分行推出人民币对韩元的柜台挂牌交易。

7 月 27 日，中国人民银行、财政部、商务部、海关总署、国家税务总局、中国银行业监督管理委员会发布《关于扩大跨境贸易人民币结算地区的通知》（银发〔2011〕203 号），明确将跨境贸易人民币结算境内地域范围扩大至全国。

10 月 13 日，中国人民银行发布《外商直接投资人民币结算业务管理办法》（中国人民银行公告〔2011〕第 23 号）。

10 月 24 日，中国人民银行发布《关于境内银行业金融机构境外项目人民币贷款的指导意见》（银发〔2011〕255 号）。

10 月 26 日，中国人民银行与韩国银行续签双边本币互换协议，互换规模由原来的 1800 亿元人民币/38 万亿韩元扩大至 3600 亿元人民币/64 万亿韩元。

11 月 4 日，根据中国人民银行公告〔2003〕第 16 号确定的选择香港人民币业务清算行的原则和标准，中国人民银行授权中国银行（香港）有限公司继续担任香港人民币业务清算行（中国人民银行公告〔2011〕第25号）。

11月22日，中国人民银行与香港金融管理局续签双边本币互换协议，互换规模由原来的2000亿元人民币/2270亿港币扩大至4000亿元人民币/4900亿港币。

12月16日，中国证券监督管理委员会、中国人民银行、国家外汇管理局联合发布《基金管理公司、证券公司人民币合格境外机构投资者境内证券投资试点办法》（证监会令第76号）。

12月22日，中国人民银行与泰国银行签署了中泰双边本币互换协议，互换规模为700亿元人民币/3200亿泰铢。

12月23日，中国人民银行与巴基斯坦国家银行签署了规模为100亿元人民币/1400亿卢比的双边本币互换协议。

12月29日，人民币对泰铢银行间市场区域交易在云南省成功推出，这是我国首例人民币对非主要国际储备货币在银行间市场的区域交易。

12月31日，中国人民银行发布《关于实施〈基金管理公司、证券公司人民币合格境外机构投资者境内证券投资试点办法〉有关事项的通知》（银发〔2011〕321号）。

2012年

1月17日，中国人民银行与阿联酋中央银行签署了规模为350亿元人民币/200亿迪拉姆的双边本币互换协议。

2月6日，中国人民银行、财政部、商务部、海关总署、国家税务总局和中国银行业监督管理委员会联合发布《关于出口货物贸易人民币结算企业管理有关问题的通知》（银发〔2012〕23号）。

2月8日，中国人民银行与马来西亚国家银行续签了中马双边本币互换协议，互换规模由原来的800亿元人民币/400亿林吉特扩大至1800亿元人民币/900亿林吉特。

2月21日，中国人民银行与土耳其中央银行签署了规模为100亿元人民币/30亿土耳其里拉的双边本币互换协议。

3月20日，中国人民银行与蒙古银行签署了中蒙双边本币互换补充协议，互换规模由原来的50亿元人民币/1万亿图格里克扩大至100亿元人民币/2万亿图格里克。

3月22日，中国人民银行与澳大利亚储备银行签署了规模为2000亿元人民币/300亿澳大利亚元的双边本币互换协议。

4月3日，经国务院批准，香港地区人民币合格境外机构投资者（RQFII）试点额度扩大500亿元人民币。

6月1日，经中国人民银行授权，中国外汇交易中心在银行间外汇市场完善人民币对日元的交易方式，发展人民币对日元直接交易。

6月26日，中国人民银行与乌克兰国家银行签署了规模为150亿元人民币/190亿格里夫纳的双边本币互换协议。

6月29日，中国人民银行发布《关于明确外商直接投资人民币结算业务操作细则的通知》（银发〔2012〕165号）。

7月31日，中国人民银行发布《境外机构人民币银行结算账户开立和使用有关问题的通知》（银发〔2012〕183号）。

8月31日，中国人民银行与台湾方面货币管理机构签署《海峡两岸货币清算合作备忘录》。

9月24日，中国人民银行与中国银行澳门分行续签《关于人民币业务的清算协议》。

11月13日，经国务院批准，香港地区人民币合格境外机构投资者（RQFII）试点额度扩大2000亿元人民币。

12月11日，中国人民银行授权中国银行台北分行担任台湾人民币业务清算行。

2013 年

1 月 25 日，中国人民银行与中国银行台北分行签订《关于人民币业务的清算协议》。

2 月 8 日，中国人民银行授权中国工商银行新加坡分行担任新加坡人民币业务清算行，并于 4 月与其签订《关于人民币业务的清算协议》。

3 月 1 日，中国证券监督管理委员会、中国人民银行、国家外汇管理局联合发布《人民币合格境外机构投资者境内证券投资试点办法》（证监会令第 90 号）。

3 月 7 日，中国人民银行与新加坡金融管理局续签了规模为 3000 亿元人民币/600 亿新加坡元的中新双边本币互换协议。

3 月 13 日，中国人民银行发布《关于合格境外投资者投资银行间债券市场有关事项的通知》（银发〔2013〕69 号）。

3 月 26 日，中国人民银行与巴西中央银行签署了规模为 1900 亿元人民币/600 亿巴西雷亚尔的双边本币互换协议。

4 月 10 日，经中国人民银行授权，中国外汇交易中心在银行间外汇市场完善人民币对澳元的交易方式，发展人民币对澳元直接交易。

4 月 25 日，中国人民银行发布《关于实施〈人民币合格境外机构投资者境内证券投资试点办法〉有关事项的通知》（银发〔2013〕105 号）。

6 月 21 日，两岸签署《海峡两岸服务贸易协议》，允许台资金融机构以人民币合格境外机构投资者（RQFII）方式投资大陆资本市场，投资额度考虑按 1000 亿元掌握。

6 月 22 日，中国人民银行与英格兰银行签署了规模为 2000 亿元人民币/200 亿英镑的双边本币互换协议。

7 月 9 日，中国人民银行发布《关于简化跨境人民币业务流程和完善有关政策的通知》(银发〔2013〕168号)。

8月23日，中国人民银行办公厅发布《关于优化人民币跨境收付信息管理系统信息报送流程的通知》(银办发〔2013〕188号)。

9月9日，中国人民银行与匈牙利中央银行签署了规模为100亿元人民币/3750亿匈牙利福林的双边本币互换协议。

9月11日，中国人民银行与冰岛中央银行续签了规模为35亿元人民币/660亿冰岛克朗的双边本币互换协议。

9月12日，中国人民银行与阿尔巴尼亚银行签署了规模为20亿元人民币/358亿阿尔巴尼亚列克的双边本币互换协议。

9月23日，中国人民银行发布《关于境外投资者投资境内金融机构人民币结算有关事项的通知》(银发〔2013〕225号)。

10月1日，中国人民银行与印度尼西亚银行续签了规模为1000亿元人民币/175万亿印尼卢比的双边本币互换协议。

10月8日，中国人民银行与欧洲中央银行签署了规模为3500亿元人民币/450亿欧元的双边本币互换协议。

10月15日，第五次中英经济财金对话宣布给予英国800亿元人民币合格境外机构投资者(RQFII)额度。

10月22日，中新双边合作联合委员会第十次会议宣布给予新加坡500亿元人民币合格境外机构投资者(RQFII)额度。

12月31日，中国人民银行发布《关于调整人民币购售业务管理的通知》(银发〔2013〕321号)。

2014年

3月14日，中国人民银行、财政部、商务部、海关总署、国家税务总局和中国银行业监督管理委员会联合发布《关于简化出口货物贸易人民币结算企业管理有关事项的通知》(银发〔2014〕

80 号）。

3 月 19 日，经中国人民银行授权，中国外汇交易中心在银行间外汇市场完善人民币对新西兰元的交易方式，发展人民币对新西兰元直接交易。

3 月 26 日，中法联合声明宣布给予法国 800 亿元人民币合格境外机构投资者（RQFII）额度。

3 月 28 日，中国人民银行与德意志联邦银行签署了在法兰克福建立人民币清算安排的合作备忘录。

3 月 31 日，中国人民银行与英格兰银行签署了在伦敦建立人民币清算安排的合作备忘录。

4 月 25 日，中国人民银行与新西兰中央银行续签了规模为 250 亿元人民币/50 亿新西兰元的中新双边本币互换协议。

6 月 11 日，中国人民银行发布《关于贯彻落实＜国务院办公厅关于支持外贸稳定增长的若干意见＞的指导意见》（银发〔2014〕168 号）。

6 月 17 日，中国人民银行授权中国建设银行（伦敦）有限公司担任伦敦人民币业务清算行。

6 月 18 日，中国人民银行授权中国银行法兰克福分行担任法兰克福人民币业务清算行。

6 月 19 日，经中国人民银行授权，中国外汇交易中心在银行间外汇市场完善人民币对英镑的交易方式，发展人民币对英镑直接交易。

6 月 28 日，中国人民银行与法兰西银行签署了在巴黎建立人民币清算安排的合作备忘录，与卢森堡中央银行签署了在卢森堡建立人民币清算安排的合作备忘录。

7 月 3 日，中国人民银行与韩国银行签署了在首尔建立人民币清算安排的合作备忘录，给予韩国 800 亿元人民币合格境外机构投资者（RQFII）额度；4 日，授权交通银行首尔分行担任首尔人民币业务清算行。

7月7日，在德国总理默克尔来华访问期间，李克强总理宣布给予德国800亿元人民币合格境外机构投资者（RQFII）额度。

7月18日，中国人民银行与阿根廷中央银行续签了规模为700亿元人民币/900亿阿根廷比索的中阿双边本币互换协议。

7月21日，中国人民银行与瑞士国家银行签署了规模为1500亿元人民币/210亿瑞士法郎的双边本币互换协议。

8月21日，中国人民银行与蒙古银行续签了规模为150亿元人民币/4.5万亿蒙古图格里克的双边本币互换协议。

9月5日，中国人民银行授权中国银行巴黎分行担任巴黎人民币业务清算行，授权中国工商银行卢森堡分行担任卢森堡人民币业务清算行。

9月16日，中国人民银行与斯里兰卡中央银行签署了规模为100亿元人民币/2250亿斯里兰卡卢比的双边本币互换协议。

9月28日，中国人民银行办公厅发布《关于境外机构在境内发行人民币债务融资工具跨境人民币结算有关事宜的通知》（银办发〔2014〕221号）。

9月30日，经中国人民银行授权，中国外汇交易中心在银行间外汇市场完善人民币对欧元的交易方式，发展人民币对欧元直接交易。

10月11日，中国人民银行与韩国银行续签了规模为3600亿元人民币/64万亿韩元的双边本币互换协议。

10月13日，中国人民银行与俄罗斯联邦中央银行签署了规模为1500亿元人民币/8150亿卢布的双边本币互换协议。

11月1日，中国人民银行发布《关于跨国企业集团开展跨境人民币资金集中运营业务有关事宜的通知》（银发〔2014〕324号）。

11月3日，中国人民银行与卡塔尔中央银行签署了在多哈建立人民币清算安排的合作备忘录，签署了规模为350亿元人民币/208亿元里亚尔的双边本币互换协议，给予卡塔尔300亿元人民币合格境外机构投资者（RQFII）额度；4日，授权中国工商银行多哈分行担任多哈人民币业务清算行。

11月4日，中国人民银行、中国证券监督管理委员会联合发布《关于沪港股票市场交易互联互通机制试点有关问题的通知》（银发〔2014〕336号）。

11月5日，中国人民银行发布《关于人民币合格境内机构投资者境外证券投资有关事项的通知》（银发〔2014〕331号）。

11月8日，中国人民银行与加拿大银行签署了在加拿大建立人民币清算安排的合作备忘录，签署了规模为2000亿元人民币/300亿加元的双边本币互换协议，并给予加拿大500亿元人民币合格境外机构投资者（RQFII）额度。9日，授权中国工商银行（加拿大）有限公司担任多伦多人民币业务清算行。

11月10日，中国人民银行与马来西亚国家银行签署了在吉隆坡建立人民币清算安排的合作备忘录。

11月17日，中国人民银行与澳大利亚储备银行签署了在澳大利亚建立人民币清算安排的合作备忘录，给予澳大利亚500亿元人民币合格境外机构投资者（RQFII）额度；18日，授权中国银行悉尼分行担任悉尼人民币业务清算行。

11月22日，中国人民银行与香港金融管理局续签了规模为4000亿元人民币/5050亿港元的货币互换协议。

12月14日，中国人民银行与哈萨克斯坦国家银行续签了规模为70亿元人民币/2000亿哈萨克坚戈的双边本币互换协议。

2015年（1—9月）

1月21日，中国人民银行与瑞士国家银行签署合作备忘录，就在瑞士建立人民币清算安排有关事宜达成一致，并同意将人民币合格境外机构投资者（RQFII）试点地区扩大到瑞士，投资额度为500亿元人民币。

3月25日，中国人民银行与亚美尼亚中央银行签署了规模为10亿元人民币/770亿亚美尼亚德拉姆的双边本币互换协议。

3月30日，中国人民银行与澳大利亚储备银行续签了规模为2000亿元人民币/400亿澳大利亚元的双边本币互换协议。

4月10日，中国人民银行与南非储备银行签署了规模为300亿元人民币/540亿南非兰特的双边本币互换协议。

4月17日，中国人民银行与马来西亚国家银行续签了规模为1800亿元人民币/900亿马来西亚林吉特的双边本币互换协议。

4月29日，人民币合格境外机构投资者（RQFII）试点地区扩大至卢森堡，初始投资额度为500亿元人民币。

5月10日，中国人民银行与白俄罗斯共和国国家银行续签了规模为70亿元人民币/16万亿白俄罗斯卢布的双边本币互换协议。

5月15日，中国人民银行与乌克兰国家银行续签了规模为150亿元人民币/540亿乌克兰格里夫纳的双边本币互换协议。

5月25日，中国人民银行与智利中央银行签署了规模为220亿元人民币/22000亿智利比索的双边本币互换协议；同日，双方签署了在智利建立人民币清算安排的合作备忘录，并同意将RQFII试点地区扩大到智利，投资额度为500亿元人民币。

6月27日，中国人民银行与匈牙利中央银行签署了在匈牙利建立人民币清算安排的合作备忘录和《中国人民银行代理匈牙利央行投资中国银行间债券市场的代理投资协议》，并同意将RQFII试点地区扩大到匈牙利，投资额度为500亿元人民币。

7月7日，中国人民银行与南非储备银行签署了在南非建立人民币清算安排的合作备忘录。

7月14日，中国人民银行印发《关于境外央行、国际金融组织、主权财富基金运用人民币投资银行间市场有关事宜的通知》（银发〔2015〕220号），对境外央行类机构简化了入市流程，取消了额度限制，允许其自主选择中国人民银行或银行间市场结算代理人为其代理交易结算，并拓宽其可投资品种。

7月24日，发布中国人民银行公告〔2015〕第19号，明确境内原油期货交易跨境结算管理规定。

8月11日，中国人民银行发布关于完善人民币兑美元汇率中间价报价的声明。自2015年8月11日起，做市商在每日银行间外汇市场开盘前向中国外汇交易中心提供的报价应主要参考上日银行间外汇市场的收盘汇率，并结合上日国际主要货币汇率变化以及外汇供求情况进行微调。

8月26日，中国人民银行下调金融机构人民币贷款和存款基准利率，以进一步降低企业融资成本。其中，金融机构一年期贷款基准利率下调0.25个百分点至4.6%；一年期存款基准利率下调0.25个百分点至1.75%；其他各档次贷款及存款基准利率、个人住房公积金存贷款利率相应调整。同时，放开一年期以上（不含一年期）定期存款的利率浮动上限，活期存款以及一年期以下定期存款的利率浮动上限不变。

8月31日，中国人民银行发布《关于加强远期售汇宏观审慎管理的通知》（银发〔2015〕273号），将远期售汇纳入宏观审慎管理框架，对开展代客远期售汇业务的金融机构民取外汇风险准备金。

9月3日，中国人民银行与塔克斯坦中央银行签署了规模为30亿元人民币/30亿索摩尼的双边本币互换协议。

9月7日，中国人民银行印发《关于进一步便利跨国企业集团开展跨境双向人民币资金池业务的通知》（银发〔2015〕279号）。

9月17日，中国人民银行与阿根廷中央银行签署了在阿根廷建立人民币清算安排的合作备忘录。

9月29日，中国人民银行与赞比亚中央银行签署了在赞比亚建立人民币清算安排的合作备忘录。

9月30日，发布中国人民银行公告〔2015〕第31号，开放境外央行（货币当局）和其他官方储备管理机构、国际金融组织、主权财富基金依法合规参与中国银行间外汇市场。

参考文献

一、专著部分

（一）中文专著

1. 马克思：《资本论》第2卷，北京：人民出版社，1975年版。

2. 马克思：《马克思恩格斯全集（第31卷）》，北京，人民出版社，1998年版。

3. ［美］米尔顿·弗里德曼著，安佳译：《货币的祸害——货币史片段》，上海：商务印书馆，2008年5月版。

4. ［美］米尔顿·弗里德曼，安娜·施瓦茨著，巴曙松等译：《美国货币史（1876—1960）》，北京：北京大学出版社，2012年6月版。

5. ［英］弗里德里希·冯·哈耶克著，邓正来译：《个人主义与经济秩序》，上海：上海三联书店，2003年1月版。

6. ［英］弗里德里希·冯·哈耶克著，姚中秋译：《货币的非国家化》，北京：新星出版社，2007年8月版。

7. ［美］罗伯特·蒙代尔著，向松祚译：《蒙代尔经济学文集》（1—6卷），北京：中国金融出版社，2009年1月版。

8. ［美］罗纳德·麦金农著，覃东海等译：《麦金农经济学文集》（1—6卷），北京：中国金融出版社，2006年10月版。

9. ［美］查尔斯·金德尔伯格著，徐子健等译：《西欧金融史》（第二版），北京：中国金融出版社，2010 年 10 月版。

10. ［美］巴里·艾肯格林著，陈召强译：《嚣张的特权：美元的兴衰和货币的未来》，北京：中信出版社，2011 年 12 月版。

11. ［美］巴里·艾肯格林著，彭兴韵译：《资本全球化：国际货币体系史》（第二版），上海：上海人民出版社，2009 年 8 月版。

12. ［美］罗伯特·基欧汉、海伦·米尔纳主编，姜鹏等译：《国际化与国内政治》，北京：北京大学出版社，2005 年 10 月版。

13. ［美］约瑟夫·格里科、约翰·伊肯伯里著，王展鹏译：《国家权力与世界市场：国际政治经济学》，北京：北京大学出版社，2008 年 6 月版。

14. ［美］本·伯南克著，宋芳秀等译：《大萧条》，辽宁：东北财经大学出版社，2013 年 1 月版。

15. ［美］卡门·莱因哈特、肯尼斯·罗格夫著，刘晓锋等译：《这次不一样：八百年金融危机史》，北京：机械工业出版社，2012 年 12 月版。

16. ［美］利雅卡特·艾哈迈德著，巴曙松等译：《金融之王：毁了世界的银行家》，北京：中国人民大学出版社，2012 年 5 月版。

17. ［美］富兰克林·艾伦、道格拉斯·盖尔著，张健康等译：《理解金融危机》，北京：中国人民大学出版社，2010 年 1 月版。

18. ［英］保罗·霍尔德法莱、罗纳德麦克唐纳著，何璋译：《国际货币与金融》，北京：北京师范大学出版社，1997 年版。

19. ［日］黑田明伸著，何平译：《货币制度的世界史——解读“非对称性”》，北京：中国人民大学出版社，2007 年 11 月版。

20. ［美］詹姆斯·里卡兹著，常世光译：《谁将主导世界货币？即将到来的新一轮全球危机》，北京：中信出版社，2012 年

7 月版。

21.《新帕尔格雷夫经济学大辞典》，中文版第二卷，北京：经济科学出版社，1996 年版。

22. 陈彪如：《国际货币体系》，上海：华东师范大学出版社，1990 年版。

23. 戴金平、熊爱宗、谭书诗：《国际货币体系：何去何从?》，福建：厦门大学出版社，2012 年 10 月版。

24. 陈岱孙等主编：《英汉国际金融大辞典》，北京：北京工业大学出版社，1994 年版。

25. 姜波克编著：《国际金融新编》（第 4 版），上海：复旦大学出版社，2009 年 9 月版。

26. 华民：《国际经济学》，上海：复旦大学出版社，1998 年 1 月版。

27. 林毅夫，余江译：《从西潮到东风》，北京：中信出版社，2012 年 9 月版。

28. 张五常：《货币战略论》，北京：中信出版社，2010 年 1 月版。

29. 周小川：《国际金融危机：观察、分析与应对》，北京：中国金融出版社，2012 年 10 月版。

30. 黄梅波、熊爱宗：《国际货币体系改革：困境与出路》，北京：经济科学出版社，2012 年 6 月版。

31. 赵长峰：《国际金融合作：一种权力与利益的分析》，北京：世界知识出版社，2006 年 11 月版。

32. 姚遂主编：《中国金融史》，北京：高等教育出版社，2013 年 1 月版。

33. 秦亚青：《权力 · 适度 · 文化》，北京：北京大学出版社，2008 年 9 月版。

34. ［美］保罗 · 克鲁格曼著，刘波译：《萧条经济学的回归和2008年经济危机》，北京：中信出版社，2009年3月版。

35. 王元龙：《中国抉择：走向国际金融强国战略》，北京：中国金融出版社，2011年10月版。

37. ［英］阿弗雷德·马歇尔著，廉运杰译：《经济学原理》，上海：华夏出版社，2009年1月版。

39. ［英］约翰·乔恩著，李广乾译：《货币史——从公元800年起》，上海：商务印书馆，2002年9月版。

39. ［美］道格拉斯·诺思著，杭行译：《制度、制度变迁与经济绩效》，上海：格致出版社，2012年11月版。

40. ［英］尼尔·弗格森著，唐颖华译：《金钱关系》，北京：中信出版社，2012年10月版。

41. ［英］苏珊·斯特兰奇著，肖宏宇、耿协峰译：《权力的流散：世界经济中的国家与非国家权威》，北京：北京大学出版社，2005年10月版。

42. 郭秋永："权力概念的解析"，《人文和社会科学集刊》，第18卷第2期（95/6）。

43. 范家骧、高天虹：《西方经济学（上）》，北京：中国经济出版社，1994年6月版。

44. 成思危：《人民币国际化之路》，北京：中信出版社，2014年2月版。

45. ［美］罗伯特·基欧汉著，苏长和等译：《霸权之后：世界政治经济中的合作与纷争》，上海：上海人民出版社，2006年12月版。

46. ［美］罗伯特·吉尔平著，杨宇光、杨炯译：《全球政治经济学：解读国际经济秩序》，上海：上海人民出版社，2006年6月版。

47. ［美］曼瑟尔·奥尔森著，陈郁等译：《集体行动的逻辑》，上海：上海三联出版社和上海人民出版社，1995年版。

48. ［美］詹姆斯·布坎南著，平新乔等译：《自由、市场与国家》，上海：上海三联书店，1989 年版。

（二）英文专著

1. Alan Wheatley, *The Power of Currencies and Currencies of Power*, The International Institute for Strategic Studies, Oxon: Routledge Press, 2013.

2. Arvind Subramanian, *Living in the Shadow of China's Economic Dominance*, Peterson Institute for International Economics Press, 2011.

3. A. Schwartz, *Money in Historical Perspective*, Chicago: the University of Chicago Press, 1987.

4. Benjamin J. Cohen, *The Geography of Money*, Ithaca, New York: Cornell University Press, 1998.

5. Benjamin J. Cohen, *The Future of Money*, Princeton: Princeton University Press, 2004.

6. Benjamin J. Cohen, *The Future of Global Currency*, London: Routledge, 2010.

7. Barry Eichengreen, *Globalizing Capital: A History of the International Monetary System* (Secondary Edition), Princeton University Press, 2008.

8. Charles P. Kindleberger, *Power and Money: The Politics of International Economics and the Economics of International Politics*, New York and London: Basic Books, Publishers Inc., 1970.

9. Charle P. Kindleberger, *The World in Depression* 1929-1933, Berkley: University of California Press, 1973.

10. Catherine Schenk, *The Decline of Sterling: Managing the Retreat of an International Currency*, Cambridge: Cambridge University

Press. , 2009.

11. C. Fred. Bergsten, *The Dilemmas of the Dollar, The Economics and Politics of United States International Monetary Policy*, New York University Press, 1975

12. Douglass C. North, *Understanding the Process of Economic Change*, Princeton: Princeton University Press, 2005.

13. Elhanan Helpman, Paul R. Krugman, *Market Structure and Foreign Trade: Increasing Returns, Imperfect Competition, and the International Economy*, MIT, 1985.

14. European Central Bank, *The International Role of the Euro*, Frankfurt Germany, July 2013

15. Hubert Zimmermann, *Money and Security: Troops, Monetary Policy and West Germany's Relations with the United States and Britain*, 1950-1971, Washington, D. C. : German Historical Institute, 2002.

16. Jeffrey Issac, *Power and Marxist Theory: A Realist View*, Ithaca: Cornell University Press, 1987.

17. Joseph E. Gagnon with Marc Hinterschweiger, *Flexible Exchange Rates for a Stable World Economy*, Peterson Institute for International Economics, Sep. 2011.

18. Joseph A. Schumpeter, *The Theory of Economic Development: An Inquiry into Profits, Capital, Credit, Interest, and the Business Cycle*, Cambridge: Harvard University Press, 1934.

19. Jonathan Kirshner, *Currency and Coercion: The Political Economy of International Monetary Power*, Princeton: Princeton University Press, 1995.

20. Kenneth Waltz, *Man, the State and War*, New York: Columbia University Press, 1959.

21. Loukas Tsoukalis, *The Political Economy of International*

Money: in Search of a New Order, London: Sage Publications, 1985.

22. Nichlas John Spykman, *America's Strategy in the World: The United States and the Balance of Power*, New York: Harcourt Brace, 1942.

23. Peter Bachrach and Morton Baratz, *Power and Poverty: Theory and Practice*, New York: Oxford University Press, 1970.

24. Peter Morriss, *Power: A Philosophical Analysis*, 2nd Edition, New York: Manchester University Press, 2002.

25. Phillip Coggan, *Paper Promises: Debt, Money and New World Order*, London: Penguin, 2012.

26. Robert Gilpin, *Global Political Economy: Understanding the International Economic Order*, Princeton: Princeton University Press, 2001.

27. Robert O. Keohane, *After Hegemony: Cooperation and Discord in the World Political Economy*, Princeton: Princeton University Press, 1984.

28. Robert O. Keohane, Joseph S. Nye Jr., *Power and Interdependence* (4th Edition), Princeton: Princeton University Press, March 2005.

29. Richard N. Cooper et al. *Can Nations Agree? Issues in International Economic Cooperation*, Washington D. C.: Brookings Institution, 1989.

30. Susan Strange, *States and Markets*, Second Edition, London: Pinter, 1994.

31. Susan Strange, *Sterling and British Policy: A Political Study of a Intenational Currency in Decline*, London: Oxford University Press, 1971.

32. Susan Strange, ed., *Paths to International Political Economy*, London: Manchester University Press, 1984.

33. Susan Strange, *The Retreat of the State: the Diffusion of Power in the World Economy*, Cambridge: Cambridge University Press, 1996.

34. Steven Lukes, *Power: A Radical View*, London: Macmillan, 1974.

二、论文部分

（一）英文论文

1. Benjamin J. Cohen, " Currency and State Power", Presentation in Princeton University Conference: Back to Basics: Power in the Contemporary World, Oct. 2010.

2. Benjamin J. Cohen, "the International Monetary System: Diffusion and Ambiguity", *International Affairs*, 2008, Volume 84, Issue 3, May 2008.

3. Benjamin J. Cohen, "The Benefit and Costs of an International Currency: Getting the Calculus Right", *Open Economic Review*, June 2011.

4. Benjamin J. Cohen, "The Seigniorage Gain of an International Currency: an Empirical Test," *Quarterly Journal of Economics*, Vol. 85, No. 3, August 1971.

5. Barry Eichengreen, "The Dollar and the New Bretton Woods System", The Henry Thornton Lecture Delivered at the Cass School of Business, Dec. 15, 2004.

6. Barry Eichengreen, "Sterling's Past, Dollar's Future: Historical Perspectives on Reserve Currency Competition", NBER Working

Paper, NO. 11336, May 2005.

7. Barry Eichengreen and Masahiro Kawai, "Issues for Renminbi Internationalization: an Overview", Asia Developent Bank, ADBI Working Paper, No. 454, January 2014.

8. Barry Eichengreen, Kathleen Walsh and Geoff Weir, "Internationalisation of Renminbi: Pathways, Implications and Opportunities", Centre for International Finance and Regulation, Research Report, March 2014.

9. Bank for International Settlemnet, Triennial Central Bank Survey, "Foreign Exchange Turnover in April 2013: Preliminary Global Results", Sep. 2013.

10. Charles P. Kindleberger, "International Public Goods Without International Government", *America Economic Review*, Vol. 76, No. 1, 1986.

11. C. Fred Bergsten, "The Dollar and the Deficits", *Foreign Affairs*, Vol. 88, No. 6, Nov./Dec., 2009.

12. C. Fred Bergsten, "The Dollar and the Renminbi", Statement before the Hearing on US Economic Relations with China: Strategies and Options on Exchange Rates and Market Access, Subcommittee on Security and International Trade and Finance, Committee on Banking, Housing and Urban Affairs, United States Senate, May 23, 2007.

13. C. Fred Bergsten, "The Dollar and the Deficits: How Washington Can Prevent the Next Crisis", *Foreign Affair*, Vol. 88, No. 1, Oct. 2009.

14. Carmen Reinhart and Kenneth Rogoff, "The Modern History of Exchange Rate Arrangements: A Reinterpretation", *Quarterly Journal of Economics*, Vol. 119, No. 1, 2004.

15. D. Kahn, "The International Monetary System: Reforms to Enhance Stability and Governance", *International Finance Forum*, Beijing, November 16, 2009.

16. Douglass C. North, "Institutions", *The Journal of Economic Perspectives*, Vol. 5, No. 1, Winter 1991.

17. David Descoteaux, "Bitcoin: More Than a Currency, a Potential for Innovation", *Economic Note*, Monteraal Economic Institute, Jan. 2014.

18. Eduardo Levy-Yeyati and Federico Sturzenegger, "To Float or to Fix: Evidence on the Impact of Exchange Rate Regimes on Growth", *American Economic Review*, Vol. 93, No. 4, 2003.

19. Franci E. Warnock and Veronica Cacdac Warnock, "International Capital Flows and U. S. Interest Rates," *Journal of International Money and Finance*, Vol. 28, No. 6, 2009.

20. G. Schnabl and S. Freitag, "An Asymmetry Matrix in Global Current Accounts", Unversitat Leipzig Working Paper No. 76, 2009.

21. Gilles Oudiz and Jeffrey Sachs, "Macroeconomic Policy Coordination among the Industrial Economies", Brooking Papers on Economic Activity, Vol 1, 1984.

22. Guillermo Calvo and Carmen Reinhart, "Fear of Floating", *Quarterly Journal of Economics*, Vol. 117, No. 2, 2002.

23. J. Tobin, "A Proposal for International Monetary Reform", *Eastern Economic Journal*, Vol. 4 (3-4), 1978.

24. James Gwartneya and Robert Lawson, "The Concept and Measurement of Economic Freedom," *European Journal of Political Economy*, No. 19, 2003.

25. John Gerard Ruggie, " International Responses to Technology: Concepts and Trends", *International Organization*, Vol. 29 No.

3 (Summer), 1975.

26. Jay Shambaugh, "The Effect of Fixed Exchange Rates on Monetary Policy", *Quarterly Journal of Economics*, Vol. 119, No. 1, 2004.

27. Kenneth Austin, "Communist China's Capitalism: The Highest Stage of Capital Imperialism", *World Economic*, Vol. 12, No. 1, 2011。

28. Kenneth Rogoff, Aasim Husain, Ashoka Mody, Robin Brooks, and Nienke Oomes, "Evolution and Performance of Exchange Rate Regimes", IMF Working Paper, WP/03/243, 2003.

29. L. Goldberg and C. Tille, "The International Role of the Dollar and Trade Balance Adjustment", NBER Working Paper, No. 12495, 2006.

30. L. Costabile, "Current Global Imbalances and the Keynes Plan: A Keynesian Approach for Reforming the International Monetary System", *Structural Change and Economic Dynamics*, Vol. 20, 2009.

31. L. Summers, "Reflection on Global Account Imbalances and Emerging Markets Reserve Accumulation", Lecutre in Reserve Ban of Indaia, Mumbai, India, March 2006.

32. Michael Pettis, "An Exhorbitant Burden", *Foreign Policy*, Sep. 7, 2011.

33. Machael Bordo, Barry Eichengreen, D. Klingebiel and M. Martinez-Peria, "Is the Csrisis Problem Growing More Severe?" *Economic Policy*, Vol. 16, No. 32, April 2001.

34. Maurice Obsfield and Kenneth Rogoff, "The Mirage of Fixed Exchange Rates", *Journal of Economic Perspectives*, Vol. 9, No. 4, 1995.

35. Robert Dahl, "A Critical of the Ruling Elite Model", *American Political Science Reviews*, Volume 52, 1958.

36. Ronald H. Coase, "The Nature of the Firm", *Economica*, New Series, Vol. 4, No. 16, Nov. 1937.

37. R. Clarida, "With Privildge Come?", PIMO, Global Persectives, Oct. 2009.

38. Richard Dobbs et al, "The Exorbitant Privilege? The Implications of Reserve Currencies for Competitiveness", Discussion Paper, Mckinsey Global Institute, Dec. 2009.

39. A. Rosenson, "International Commodity Reserve Standard Reconsidered", *The Review of Economics and Statistics*, 30 (2), 1948.

40. Richard Cooper, "Proposal for a Common Currency among Rich Democracies", International Economics and Economic Policy Workshop Paper, 3 (3-4) 2006.

41. Richard Cooper, "The Future of the Dollar", Peterson Institute for International Economics Policy Brief, No. PB 09-21, 2009.

42. Richard Cooper, R. Dornbush, and R. Hall, "The Gold Standard: Historical Facts and Future Prospects", Brookings Papers on Economic Activity, 1982 (1).

43. Richard Cooper, "A Monetary Sysem for the Future", *Foreign Affairs*, 1984, 63 (1).

44. Richard Cooper, "Toward an International Commodity Standard", *Cato Journal*, 1988, 8 (2).

45. Susan Strange, "The Politics of International Currencies", *World Politics*, Vol. 23, Issues 2.

46. Samar Maziad et al., "Internationalization of Emerging Market Currencies: A Balance between Risks and Rewards", IMF Staff

Discussion Note SDN/11/17，19 October 2011.

（二）中文论文

1. 姜波克、张青龙：货币国际化：条件与影响的研究综述，《新金融》，2005 年 8 月。

2. 姜波克、李怀定：均衡汇率理论文献综述，《当代财经》，2006 年第 2 期。

3. 姜波克：关于国际货币体系的演变与改革，《世界经济》，1985 年第 1 期。

4. 余永定：国际货币体系改革和中国外汇储备资产保值，《国际经济评论》，2009 年。

5. 陈凤英：新兴市场国家仍具后发优势，《人民日报》03 版，2014 年 02 月 19 日。

6. 陈凤英：多元国际货币体系前途漫漫，《解放军报》第 3 版，2009 年 3 月 31 日。

7. 陈凤英：未来 20 年是人民币国际化战略机遇期，新浪财经论坛发言，2010 年 11 月 2 日，http：//finance. sina. com. cn/hy/20101102/14008886533. shtml。

8. 张礼卿：《国际金融体系：历史、现状与趋势》，《求是》，2003 年第 22 期。

9. 陈雨露、陆猛：《引入欧元后的国际货币体系改革》，《金融研究》1999 年第 6 期。

10. 黄梅波、熊爱宗：《国际货币体系与金融危机》，《经济学家》，2009 年第 7 期。

11. 黄梅波、熊爱宗：《特别提款权与国际货币体系改革》，《国际金融研究》，2007 年第 8 期。

12. 熊爱宗、黄梅波：《国际货币多元化与国际货币体系稳定》，《国际金融研究》，2010 年第 9 期。

13. 戴金平：《国际货币体系变革中的人民币国际化》，《南开学报（哲学社会科学版）》，2011 年第 3 期。

14. 刘骏民：《双本位国际货币体系的形成及其历史趋势——三大趋势如何冲破固化的世界经济格局》，《开放导报》，2011 年第 2 期。

15. 黄泽民：《黄金在国际货币体系中的前世今生》，《传承》，2011 年第 1 期。

16. 李建军：《当代国际货币体系运行的理论框架、模式和面临的风险》，《国际金融研究》，2009 年第 7 期。

17. 宋芳秀、李庆云：《美元国际铸币税为美国带来的收益和风险分析》，《国际经济评论》，2008（7—8）。

18. 殷德生：《权力、相互依赖于国际货币合作——基于国际货币史的考察》，《世界经济与政治》，2011 年第 8 期。

19. 洪小芝：《国际货币体系改革的文献综述》，《甘肃金融》，2011 年第 8 期。

20. 朱纯福：《主权货币国际化内在矛盾及其策略选择——兼论国际货币体系多元发展路线的历史逻辑》，《世界经济研究》，2011 年第 3 期。

21. 胡祖六：《国际货币体系无需推倒》，《IT 时代周刊》，2011 年第 12 期。

三、网站与数据库部分

1. Thomson Reuters EIKON 数据库

2. Thomson Reuters DATASTREAM 数据库

3. 国际货币基金组织（IMF）网站及其数据库

4. 世界银行（WB）网站及其数据库

5. 国际清算银行（BIS）网站及其数据库

6. 联合国贸发会议（UNSTAD）网站及数据库

7. 经济与合作发展组织（OECD）网站及其数据库

8. 世界贸易组织（WTO）网站及数据库

9. 美联储（FED）网站及相关数据

10. 欧洲央行网站及相关数据

11. 英格兰银行（BOE）及相关数据

12. 麦肯锡公司网站及相关数据

13. 英国《金融时报》网站

14. 中国人民银行网站及相关数据

15. 中国统计局网站及相关数据

16. 中经网

17. 国研网

后　　记

经过近一年苦涩难熬的埋头写作与无穷无尽的文字修改及材料补充工作，本书初稿终于完成。但交稿后，心头却并没有想象中的那种如释重负之感。细究其原因，主要有二：

一是本书的主题“国际货币体系变迁”可能太过宏大沉重，花费再多时间精力，仍觉得有许多缺漏有待弥补完善。本书的分析框架仍需要进一步完善细化，相关案例剖析的史料证据仍待丰富强化，关于当前国际货币体系改革的方案设计仍显粗糙，中国的货币战略构想仍有待优化。所有这些，只有待来日慢慢完成。

二是本书的完成，有太多的人需要感谢。我能够坚持完成论文，与一直默默支持我的各位老师和朋友密切相关。尤其是我的博士生导师陈凤英研究员，她的渊博学识、严谨治学，让我得窥学术门道；她的谆谆教导、殷殷期盼，为我指明前行方向；她的指点，帮我解除了选题和写作中的彷徨苦闷；她的勉励，打断了我中途放弃写作的念头；她的劝诫，让我看到前景的光明，也看清自身的不足。如果说陈老师的谆谆教诲，让我心存感谢，而她对我生活上的殷切关照，则让我心存感激。在生活和工作生涯上，陈老师及时给予热心的帮助和鼓励，给予我许多宝贵的开导和劝勉，让我重树信心。师恩如山，永生不忘。

全国人民代表大会常务委员、全国人大财政经济委员会副主作、中国著名财政学泰斗与税务问题大家郝如玉先生不吝指导，并欣然为本书作序，给予本人莫大鼓励。郝老师虚怀若谷，学识渊博，乐于提携后学后进，本人感恩敬佩不已。

本书的出版，要特别感谢中国现代国际关系研究院院长季志业研究员以及其他各位院领导，没有中国现代国际关系研究院出版基金的全力资助，该书不可能这么快面世。

其他老师的帮助也至关重要：国际关系学院院长陶坚研究员在百忙中拨冗指点，对提升我在该领域的研究提供了巨大帮助；中国现代国际关系研究院傅梦孜副院长为我指出许多有待完善的地方；赵锡军教授、王元龙研究员、陆燕研究员、姜跃春研究员对我予以悉心点拨和精心指导；刘军红研究员曾在我写作本书时给予许多灵感；江涌研究员、张运成研究员、赵宏图研究员对我论文的修改和完善均提出了许多宝贵的建议。

本书的出版，还要感谢一直给予我大力帮助的朋友们。中铁航空港建设集团高级经理高永强先生拥有丰富的市场实战经验和敏锐的洞察力，为本书写作提供了不同灵感。这里尤其要提出感谢的是中国龙信数据集团董事长、中央统战部建言献策小组成员、首都经济贸易大学兼职教授李钰先生。李钰先生作为中国大数据事业最早一批成功的创业者、企业家和我国在该领域的领军人物之一，胸怀与眼界超群，本书很多观点和构思离不开他的远见卓识。

中国现代国际关系研究院研究生处的刘铁环处长、张建副处长和高颖研究员对本书的出版提供了大量支持。时事出版社的王基建社长、苏绣芳副社长和责任编辑王力对本书的编辑出版付出大量心血。本书编排付印过程中，王力事无巨细倾力工作，找出原稿无数的漏洞和错误。

最后，要特别感谢幕后默默支持、关心我的师兄师弟以及我的家人。廖峥嵘师兄的虚怀若谷和敏锐的洞察力让我受益匪浅；孙立鹏、徐毅、谢渐升、张茂荣、汪淼等不厌其烦，热心提供许多帮助。家人的支持则是我学业和事业的坚强后盾。本书写作期间，家父横遭车祸，身上多处骨折，为了不打扰我学习，坚持不让回家探视；妻子蒋丽在繁忙的教学及科研工作之余，包揽所有家务，以解后顾之忧；女儿徐婉参加中考但坚持不让我抽时间辅导，并不孚众望，考中京师名校北京师范大学第二附属中学的实验班。师长、朋友和家人的拳拳关爱和无私付出，是我在事业、学业上奋勇前行的不竭动力，我万分珍惜。

当然，由于我才学有限，时间仓促，本书难免存在遗漏和错误，对此，本人担负全部责任，也敬请不吝批评指正。

徐飞彪

2015 年 9 月 14 日